海外우리語文學研究叢書 120

백두산의 옛전설 (1)

권택무 外

한국문학사

차 례

사화　조종의 산 …………………………… 황청일(3)
　　　1. 소서노………………………………………(3)
　　　2. 조상의 땅을 찾아……………………………(16)
　　　3. 류씨부인의 조언 ……………………………(27)

전설　백두산의 돌사자…………………수집 권택무(36)
　〃　장기바위 ………………………………〃 박상용(46)
　〃　대각봉과 연지봉…… ……………………〃 조수영(53)
　〃　잣을 물고 온 소백산비둘기…………〃 서봉제(63)

사화　백두산에 기를 꽂은 김종서……………… 권택무(73)

전설　괘궁정과 10층탑…………………수집 황청일(90)
　〃　천지속의 룡궁………………………〃 박상용(94)
　〃　천지가의 샘물 안명수 ……………〃 조수영(101)
　〃　백두산의 사슴이끼…………………〃 서봉제(110)

사화　곤장덕………………………………… 권택무(119)

전설　천지의 우뢰소리…………………수집 황청일(131)

야담　백두산노랑포수 ………………………〃 박상용(138)

전설 천지속의 장수검 ······················· 수집 서봉제(145)

야담 군복벗긴 김군교 ······················· 권택무(153)

전설 오리발과 백두산호랑이 ················ 수집 황청일(162)

〃   대홍단의 국사당 ······················· 〃   박상용(171)

민화 박지 못한 쇠말뚝 ······················ 〃   황청일(177)

전설 과부바위 ······························ 수집 박상용(186)

〃   옥샘에서 나온 장수들 ·················· 〃   서봉제(192)

〃   삼인정과 강두수 ······················· 〃   박상용(201)

사화 임진년의 백두산 ······················· 황청일(207)

전설 오 갈 암 ······························ 수집 박상용(219)

조종의 산

1. 소서노

부여산 밤빛말 세마리가 끄는 호화로운 수레에 비단옷을 입은 스물이 될가말가한 아름다운 녀인이 앉아있었다.
오월이라 산과 들에는 초목이 푸르렀고 가없이 트인 맑은 하늘에는 종다리가 떴다. 밤빛말들은 가물이 들어 울퉁불퉁 굳어붙은 황토길로 네굽을 놓으며 기운차게 달렸다. 마부의 호기있는 채찍소리, 수레바퀴들의 덜컹거리는 소리, 말들의 거센 숨소리… 녀인은 반쯤 두눈을 감으며 까딱않고 자리에 앉아있었다. 따스한 봄볕에 취했는지 아니면 두고 온 그 무슨 추억에나 잠기였는 지…
때는 기원전 279년. 광대한 북방령토엔 바야흐로 력사의 새 기운이 태동하고있었다. 천여년의 력사를 자랑하던 고조선과 부여도 이젠 자기 발전의 절정을 넘어선듯 철 지난 고사리처럼 기운이 쇠진해가고 구려국 역시 나라를 재건해줄 위인을 기다리며 해와 달을 되풀이하고있었다. 구려국은 당시 졸본부여라고도 불렀는데 압록강상류, 이통하류역, 태자하상류, 혼하상류를 포괄하면서 서쪽으로 고조선, 동북쪽으로 부여와 린접하고있었다.
구려에는 연나부, 절나부, 관나부, 순나부, 계루부라는 다섯개의 지방행정단위가 있었는데 왕으로는 연나부의 출신만이 될수 있었다.…
녀인의 이름은 소서노, 반달처럼 휘여든 가느다란 눈섭아래 수심 겨운 눈빛이며 꼭 다문 자그마한 입술은 퍼그나 애달픈 인상을 자아냈다.

길은 어느 골짜기를 꿰지르더니 자그마한 강을 끼고 숨박꼭질이나 하듯 가까왔다 멀어졌다하며 구불구불 끝없이 뻗어갔다. 그 강은 비류수였다.

문득 녀인은 반쯤 감았던 눈을 뜨며 말들을 멈춰세우게 하였다.

강기슭 자드락에 전에 보지 못했던 보리밭이 펼쳐졌던것이다. 보리는 벌써 허리를 넘게 자랐는데 그 푸른 기운은 강물과 더불어 소서노의 침울한 기분을 말끔히 가셔냈다.

《저 보리밭은 언제 생긴것이냐?》

소서노는 호기심이 어린 눈길을 마부에게 던졌다.

《지난해부터 생겨난줄로 아옵니다.》

《그래 밭임자는 누구냐?》

소서노는 넓은 벌을 지나오는동안 저렇게 잘된 보리는 처음보았던것이다.

《지난해 동부여에서 고주몽이란 사나이가 몇몇 부하들을 데리고 도망쳐왔는데 저 골짜기에 초막들을 짓고 그 무슨 나라를 세운다며 사람들을 모으고 농사도 짓고있는줄로 압니다.…》

《그가 무슨 힘으로 나라를 세운다더냐?》

《글쎄 소인은 그것까지는 모르겠으나 주몽이 영특하게 생기고 무예가 출중하여 많은 사람들이 따른다고 합니다. 이 졸본천일대에선 주몽을 모르는 사람이 없소이다.》

소서노의 얼굴엔 일순 감동의 표정이 떠오르는듯싶었다. 처음 들어보는 이름이다. 고주몽! 그는 어떤 사람일가? 부여에선 왜 도망쳐왔을가?

소서노는 서늘한 바람에 늠실늠실 물결쳐오는 푸른 보리밭에서 한동안 눈길을 떼지 못했다.

이윽고 마차는 다시 덜커덩거리며 앞으로 달려가기 시작하였다.

마차가 얼마후 강기슭벼랑굽이를 돌아서는데 불쑥 앞에 장창을 꼬나든 세명의 기마수들이 나타났다. 모두들 험상궂게 생겼다.

《야, 말을 세우라—》

왼뺨에 검은 기미가 유표한 작자가 제잡담 우둘거리며 큰소리를 쳤다. 마차는 멎어섰다.

《이게 무슨 버릇없는짓들이냐?》
소서노는 차일을 반쯤 들치며 엄한 소리로 입을 열었다. 그들은 소서노를 보자 주춤거렸다. 아릿다운 녀인의 모습에 한순간 얼떨떨했던것이다.
그러나 그것은 순간일뿐 검은 기미의 얼굴에는 느슨한 웃음이 떠돌았다. 그는 소서노한테 다가오더니 꺼리낌없이 그의 손목을 덥석 잡았다. 소서노는 손목을 뽑으려 했으나 어쩔수없었다.
《이 더러운놈! 손을 걷지 못할테냐…》
소서노가 이러며 안깐힘을 쓰는데 어데선가 획-하며 화살 하나가 날아와 검은 기미의 팔뚝에 와 박혔다. 검은 기미는 악-외마디 비명을 지르며 손을 움츠렸다. 그들은 깜짝 놀라 사방을 두리번거렸다. 시내물건너 저편 기슭에 사나이 셋이 서있는데 그중 키가 후리후리한 사람이 활을 들고 서있었다.
《어허 고약한 도적놈들같으니… 백주에 무슨 로략질들이냐. 살고싶거던 빨리 달아나버려-》
《추장님, 고주몽이올시다.》
팔뚝에서 화살을 뽑으려고 안깐힘을 쓰고있는 두목에게 한녀석이 겁에 질린 목소리로 말했다.
《으 흠… 어디 두고 보자.》
검은 기미는 피흐르는 팔목을 감싸쥐며 뿌드득 이발을 갈았다. 얼굴엔 잔인한 빛이 흘렀다.
《할수 없다. 애들아, 가자-》
검은 기미는 돌아서다 말고 다시한번 소서노에게 탐욕스러운 눈길을 던졌다. 그들은 황황히 꽁무니를 빼고말았다.
《하하하…》
시내물 저쪽에서 호탕한 웃음소리들이 터졌다.
소서노는 눈물이 그렁그렁해서 젊은 사나이의 호방한 모습을 바라보았다.
(아 저이가 고주몽이란 말인가!…)
그러자 소서노의 가슴속엔 한줄기 뜨거운 피가 샘솟듯하였다. 어디서 저런 름름한 사나이가 우리 졸본땅에 왔단 말인가. 저 사나이에게 이제 어떤 앞날이 차례질것인지 하늘이여 알려주옵소서.
소서노는 그 어떤 륙감으로 자기를 향해 다가오고있는 비상한것울 느끼며 불현듯 가슴을 떨었다.
《어서 말을 몰거라…》
소서노는 고개를 돌리며 황황히 그자리를 떴다. 하면서도 주몽의 모습이 저 멀리 바위굽이에 가리워 보이지 않을 때까지 눈길을 거두지 못했다.
《도대체 그게 어떤놈들이였더냐?》
소서노는 불시에 그 어떤 수치감을 느끼며 말구종에게 물었다.
《그건 말갈놈들인데 자주 이 부근에 출몰하옵지요. 마구 빼앗고 죽이고… 정말 무지한놈들이외다. 오늘 하마트면 아씨께서 큰 봉변을 당할번 했소이다.》
소서노는 말없이 고개를 끄덕였다. 그러자 생명을 구원해준 은인에게 한마디 인사도 없이 황황히 떠나온 자신이 퍼그나 용렬하게 생각되면서 얼굴을 붉히였다.
그때로부터 달포가 지나간 어느날 저녁이였다.
계루부의 가장 높은 귀족인 연타발의 집은 전에없이 흥성거렸다. 지금 연타발의 호화로운 저택에는 고주몽과 그의 세 부하들인 오이, 마리, 협부가 귀빈으로 와있었다. 연타발은 마치 오랜 지기나 만난것처럼 연신 그에게 음식과 술을 권하며 후한 인정을 베풀고있었다. 녀종들이 문돌쩌귀에 불이 나게 드나들며 음식그릇들을 날라들이였다. 얼굴에 홍조를 띤 소서노가 부엌일을 감독하고있었다.
《그대를 좀더 일찌기 만나보지 못한것이 나의 실책이였소그려… 내 딸의 생명을 구원해준 은인을 인차 찾아보지 않아 정말 송구한 마음을 어쩔수없구려…》
연타발은 주름진 눈가에 흐뭇한 미소를 그리며 젊은 주몽을 바라보았다. 지혜가 샘솟듯하는 영특한 두눈, 번듯한 이마아래 남아다운 기개와 용맹을 과시하듯 성큼하게 솟아있는 코마루, 꾹 다물린 두툼한 입술… 연타발은 주몽을 보는 순간 흠칫 가슴을 떨었다.
(이야말로 하늘이 낸 인물이로다! 우리 졸본땅 그 어느곳에 이런 인물이 있을손가! 활을 그처럼 잘 쏜다니 그 재주 또 얼마나 출중한가!)
연타발은 자기의 마음이 저도 모르게 주몽이한테로 기울어지는것을 느꼈다. 그는 이젠 늙었다. 자기한테도 이런 아들이 하나 있었

으면 마음놓고 눈을 감으련만… 그도 이미전에 계루부의 졸본천가
슭에 동부여에서 도망해온 사람들이 림시로 초막을 짓고 살고있다
는 소리를 들었었다. 그들이 비록 계루부의 땅에 거처하고있으나
그곳은 사람들이 살지 않는 유축진곳이라 크게 관심을 두지 않았
다. 뿐만아니라 그들이 황무지를 개간하여 오곡을 심고 사냥도 하
며 살아간다니 오히려 그들의 처지에 동정이 갔었다. 그러던중 딸
의 말을 듣게 되자 주몽을 한번 만나보고싶은 생각이 들었다.
 그러나 주몽은 좀처럼 응하지 않았다. 소서노는 아버지에
게 주몽은 그렇게 쉽게 남의 말을 들을 사람이 아니니 전일 자기의
일을 생각하여 좋은 비단과 보물을 보내여 인사라도 차리면 어떤가
고 귀뜸하였다. 연타발은 소서노의 말대로 했다.
 주몽은 뜻밖에 계루부의 우두머리가 인사를 차려오자 그를 찾아
올 결심을 하게 되였다. 그역시 연타발과의 관계를 좋게 하여 나
쁠 까닭이 없었던것이다. 소서노를 본 주몽의 젊은 가슴은 부풀
어올랐다. 그날 말갈놈들을 쫓아버려 구원한 녀인이 연타발의 딸일
줄은 꿈에도 생각 못한 주몽이였다. 주몽은 인타발과 이야기를 하
면서도 자주 저도 모르게 문지방 저쪽에서 울려오는 그 녀자의 말
소리며 발걸음소리들에 귀를 기울이군하였다.
 연타발이 주몽의 마음을 헤아리고 딸을 불렀다.
 《이애, 이젠 그만하고 들어오너라.》
 소서노는 아버지의 령을 못이기는듯 조심스럽게 방안으로 들어왔
다. 그의 뒤를 나어린 시녀가 따랐다.
 《네가 술이나 한잔 부어라.》
 연타발이 웃음어린 눈길로 주몽을 가리켜보였다.
 시녀가 얼른 번쩍거리는 은대접을 들고 소서노한테 다가갔다. 소
서노는 은대접에 가득 넘쳐나게 술을 부었다. 옥으로 다듬어만든듯
하얀 두손이 천근만근이나 되는듯 은대접을 받들어 시녀에게 넘기
였다. 시녀는 은대접을 받아 주몽에게 고개를 숙이며 두손으로 조
심스럽게 받쳐올리였다. 시녀의 행동을 지켜보던 소서노의 눈길이
한순간 주몽과 마주쳤다. 주몽의 얼굴은 화끈 달아올랐다. 그는 단
숨에 은대접의 술을 쭉 들이켰다.
 《허허, 역시 사내대장부로다!》
 연타발의 얼굴에는 만족한 웃음이 떠돌았다. 주몽의 부하들도 서

로 마주보며 호탕한 웃음들을 터뜨렸다. 그들도 역시 소서노가 마음에 들었던 모양이였다. 그날저녁 주몽은 자기의 어린 시절 이야기며 부여의 금와왕의 아들들에게 죽을번했던 일, 친구들과 같이 남쪽으로 오던 모험담을 꺼내여 연타발을 즐겁게 하였다. 거기다 그의 친구들인 오이, 마리, 협부가 이야기를 보충하여 연회는 시종일관 즐거운 분위기속에서 흘러갔다. 오이가 주몽이 아이때 물레우에 앉은 파리까지 쏘아맞힌 소리를 하자 연타발은 《과시 명궁이로다!》하며 수염을 내리쓸었다. 소서노는 두눈을 반쯤 내리깐채 마치 호기심많은 소녀처럼 가슴울렁이며 그들의 말을 들었다. 연회가 끝난후 주몽은 부하들과 함께 기꺼운 마음으로 대문을 나섰다. 그들은 말을 타고 들길을 달리였다. 말은 귀전에 바람을 일쿠며 네굽을 놓았다. 주몽은 고삐를 튼튼히 거머쥔채 연신 말배때기를 걷어찼다. 어머니가 골라주었던 주홍빛준마는 별빛이 부서져내리는 들길로 나는듯이 달렸다. 깊은 잠에 취한 북방의 드넓은 광야가 주몽을 향해 마주왔다. 주몽은 흥분하였다. 뜻밖에 이렇게도 연타발의 신임을 얻을줄은 꿈에도 생각 못했었다.

(오, 광활한 령토여! 나의 조상의 땅이여! 너 내 말발굽소리에 잠에서 깨여날때가 되지 않았느뇨! 내 이제 쉼없이 말을 달려 너의 태고연한 잠을 깨우려 하거니 저기 지평선끝에 새날의 려명이 멀지 않았도다.…)

이렇게 되뇌이며 말을 달리는 주몽의 눈앞에는 불현듯 은대접을 받들어올리던 소서노의 모습이 떠올랐다. 순간 그는 번쩍 정신이 들었다.

(어머니 용서하십시오. 저는 잠시나마 큰일을 앞두고 타향녀인의 눈길에 가슴 흔들렸습니다.)

주몽은 부여땅에 두고온 어머니의 모습을 그리며 이렇게 중얼거렸다.

이튿날 연타발은 소서노를 불렀다.

《애야 너 주몽을 어떻게 생각하느냐?》

《…?》

소서노는 얼굴을 붉히며 두눈을 내리깔았다.

《난 이미 결심했다. 난 주몽을 사위로 맞으려 한다.》

소서노는 고개를 들었다.

《아버님, 그건 안될 말씀이오이다. 주몽은 보통사람이 아니옵고 그 품은 뜻도 하늘처럼 높사온데 저는 한낱 이름없는 녀자로서 어찌 감히 그의 짝이 될수 있겠습니까…》

그것은 소서노의 진심에 넘친 말이였다. 소서노 역시 주몽에게 마음이 끌리였다. 그러나 상대의 뜻을 모르는 녀자로서 주저하지 않을수 없었다.

연타발은 버럭 성을 냈다.

《너는 언제부터 이 애비의 말을 거역해 버릇했느냐? 나는 주몽을 장차 우리 계루부의 대표자로 천거할 생각이다. 그가 우리 계루부를 이끈다면 나는 아무런 여한도 없이 눈을 감겠다…》

말을 마친 연타발은 더 흥정할 여지가 없다는듯 침실로 들어가버렸다. 소서노는 무릎을 꿇은채 일어설념을 못했다. 기쁘기도 하고 서글프기도 한 눈물이 그의 두볼을 타고 내렸다.

또다시 한해가 언듯 흘러가버렸다. 시누렇게 익어가는 보리밭을 옆에 끼고 두마리의 준마가 앞서거니뒤서거니 먼지를 뽀얗게 일으키며 달려가고있었다. 주몽과 그의 안해 소서노였다. 소서노는 간편하게 남복을 하고있었다. 주몽은 소서노가 손수 지은 붉은 옷을 입었는데 팔소매와 동정에 아름다운 구슬을 달아 멀리서 보아도 눈이 부시였다. 그들은 보리밭머리에서 말을 멈춰세웠다. 소서노의 가무스름히 탄 얼굴에는 일찌기 있어본적없는 행복한 미소가 남실거렸다. 소서노는 주몽과 결혼하자 자기의 재산을 통털어 그를 뒤받침하였다. 소서노는 부여에서 질좋은 말들을 많이 사들여 군마로 만들었고 그에 필요한 마구들과 비파형단검들, 천과 식량들을 구입하였다. 그리하여 한해도 못되는 짧은 기간에 주몽의 력량은 크게 자라났다. 얼마전 주몽은 비류국왕 송양을 만났는데 그가 자기를 부용(신하국)으로 되라고 하자 단연 그 제의를 거절하고 재주를 겨뤄 송양을 꼼짝 못하게 눌러버렸으며 그를 굴복시켰다. 고주몽에 대한 구려사람들의 신임과 기대는 나날이 커갔다. 소서노는 바로 거기서 인생의 참된 기쁨을 찾고있었으며 그의 성업을 위해 자기의 모든 힘을 다 바칠 각오로 가슴을 불태우고있었다.

그들은 말에서 내려 보리밭을 감회깊은 눈길로 바라보았다. 주몽은 운명적인 그밤 오곡종자를 넣어주던 어머니의 모습이 눈앞에 삼삼해서 눈앞이 뿌얘지고말았다. 어머니 류화는 아들이 새 나라를 세우고 오곡을 심어 백성들에게 만복을 가져다주리라 기원하면서 밤새워 주머니를 깁고 거기에 한알두알 좋은 씨앗을 골라넣었던것이다. 부여왕의 아들들이 주몽을 죽이려고 칼을 벼리던 그밤은 눈에 흙이 들어가도 영원히 잊지못할 밤이였다. 눈물을 씹어삼키며 장부의 큰 뜻을 품고 떠나온 부여땅이 아니였던가! 하나밖에 없는 아들을 미지의 세계로 떠나보내며 어둠속에 바위처럼 굳어져있던 어머니의 모습은 영원히 주몽의 눈에 아로새겨졌다. 그 모습은 오로지 아들들의 위업을 위해 자신의 모든것을 다 바쳐사는데서 기쁨과 보람을 찾군하던 이 나라의 소박하고 자애에 넘친 인정많은 어머니들의 첫 모습이였다.…

주몽은 보리밭 저 너머 북쪽하늘에 눈길을 던졌다. 어머니가 보고싶었다.

《무릇 씨앗처럼 빨리 번성하는것은 없는가보오. 어머니가 준 얼마안되는 저 보리씬 해마다 저렇게 무성해가고있는데 난 아직 뜻을 못이루고있구려.… 그래 새 나라를 세우려는 우리 뜻이 언제면 저 넓은 대륙을 뒤덮을것 같소?》

《너무 상심하지 마소이다.》

소서노는 주몽의 마음이 헤아려져 눈굽이 뜨거워졌다.

《그 뜻은 벌써 졸본땅을 뒤덮고있사옵니다.…》

주몽은 못마땅한듯 설레설레 고개를 저었다.

《나를 낳아 길러준 어머니의 그 진정에 비할 때 난 아직 너무도 한일이 없소. 어머니의 일생은 고통속에서 흘러갔소. 외할아버진 어머니가 승인없이 외간남자와 사귀였다고 태백산(백두산) 남쪽 우발수에 정배를 보냈더랬소. 어머니는 어릴적부터 천지에서 흘러내린 압록강물을 젖줄기처럼 마시고 자라서 의지가 굳고 절개가 높았소. 어머니는 우발수의 늪가에서 태백산을 바라보며 골짜기를 울리는 호랑이의 울음소리에 가슴을 조이기도 하고 우발수에 물마시려내려오는 한쌍의 백록을 바라보며 자신의 외기러기신세로 눈물을 흘리기도 했소. 그러나 어머니가 고독한 처지와 불행한 운명앞에서 쓰러지지 않은것은 벌써 자신의 몸안에 새 생명이 태동하고있음을 느낀 까닭이였소. 그 생명의 씨앗은 어머니의 첫 기쁨이였고 마음의 기둥이였소. 어머니는 태백산상의 흰눈을 바라보며 태백산의 기상을 지닌 름름한 아들이 태여나기를 빌고 또 빌군했더랬소. 아

불행한 나의 어머니시여!…》
 소서노는 가슴이 뭉클하였다. 주몽의 어머니를 생각하자 저절로 머리가 숙어졌다. 주몽이 뜻을 이뤄 어머니를 새 나라로 모셔왔으면 얼마나 기뻐하랴! 자신은 주몽을 낳아키운 그 어머니의 높은 뜻을 다는 따르지 못할것 같았다. 불현듯 소서노의 가슴에는 류화가 한때 정배살이를 한 우발수며 태백산으로 가고싶은 불같은 충동이 일어났다. 우발수에 물마시려 내려온다는 태백산의 살찐 사슴을 잡아 주몽의 식찬을 마련했으면 얼마나 좋으랴. 어제도 소서노는 졸본천의 산천어를 잡아 찬을 만들었다. 주몽은 매우 밥을 달게 먹으며 기분이 좋아했다.
 얼마후 두사람이 보리밭을 떠나려는데 말 한필이 먼지를 뽀얗게 일으키며 달려왔다. 주몽과 함께 부여땅에서 온 협부였다.
 《이거… 큰일 났소이다. 말갈놈들이 마을에 달려들어 사람들을 죽이고 재물들을 빼앗아가지고 달아나고있소이다.》
 고주몽의 숱진 눈섭이 곤두섰다.
 《좋다! 이번 기회에 아예 그놈들과 결판을 내야 할가부다. 빨리 가서 군령을 내리고 대기하라. 내가 직접 출전하겠노라.》
 고주몽은 날쌔게 말우에 뛰여올랐다. 성난 호랑이의 기상이였다.
 《부인은 걱정 말고 기다리오. 그러잖아도 내 말갈놈들과 한번 싸움을 하려던참이였소.》
 《부디 몸성히 승리하고 돌아오소이다.》
 소서노는 깊숙이 허리를 굽혀 절을 하였다. 머리를 드니 주몽은 벌써 저쪽 산굽이로 사라져가고있었다. 소서노는 물기어린 눈으로 주몽의 뒤모습을 하염없이 바라보았다.
 말갈사람들과 싸움을 하려던참이였다는 주몽의 말은 거짓이 아니였다. 당시 구려의 북방 한 부락에는 말갈족의 일부가 살고있었다. 그들은 아직 원시적인 락후한 생활을 하고있었다. 그러다보니 여러가지 생업에 힘쓸대신 이웃 지역의 다른 종족들에 대한 습격과 략탈을 일삼고있었다. 이것은 구려사람들의 큰 우환거리로 되고있었다. 주몽은 말갈족들을 눌러놓아 구려사람들의 환심을 사려고 생각하고있었다. 마침 그 기회가 찾아왔던것이다.
 닷새후 고주몽은 말갈족을 평정하고 구려땅으로 돌아왔다. 구려사람들은 남녀로소가 다 행길에 떨쳐나와 승전고를 울리며 돌아오는 주몽과 그의 군사들을 환영하였다. 대오의 뒤꽁무니에서 인질로 끌려오는 말갈추장의 비굴한 모습과 름름하게 말을 타고오는 주몽의 모습은 너무도 대조적이였다.

주몽은 다시는 구려땅에 침범하지 않겠노라는 말갈놈들의 맹세까지 받아내고 오는터여서 자못 기개가 당당하였다. 그후 말갈사람들은 그 약속을 지켜 주몽이 고구려를 세운후에도 수백년동안 고구려의 정사를 받들어나갔다고 한다.

소서노는 승리하고 돌아오는 주몽을 대문가에서 맞이하였다. 소서노가 열어주는 대문으로 들어서던 주몽은 두눈이 휘둥그래졌다. 화초가 울긋불긋한 련못주변에 몸에 흰 점이 다문다문 박힌 사슴 세마리가 아름다운 뿔을 건듯 추켜든채 까만 눈알을 디룩거리며 주몽을 바라보았다.

《아니 이건 어데서 온 사슴들이요?》

소서노는 조용히 웃음을 머금었다. 그때 소서노의 말구종이 나서며 주몽에게 아뢰였다.

《승리하고 돌아오는 대장군님을 위하여 마님께서 우리들을 데리고 태백산에 가서 잡아온 비록(살찐 사슴)임을 알아주소이다.…》

주몽은 감동어린 눈길로 소서노를 바라보았다.

《고맙소! 그대는 정말 담찬 녀걸이요!》

소서노의 두뺨은 저녁노을처럼 붉게 타올랐다.

주몽을 기쁘게 했다는 그 한가지 생각으로 그의 가슴은 터질듯 부풀었다. 소서노는 주몽이 말갈부락을 치러 간 다음 몇몇 사냥군들을 얻어가지고 태백산으로 갔었다. 그들은 사슴들을 사로잡아가지고 오늘아침에야 졸본으로 돌아왔다. 태백산일대에서의 며칠간은 소서노의 가슴에 잊을수 없는 인상을 남기였다. 그는 행복하였다.

그날저녁 주몽은 사슴을 잡아 큰 연회를 베풀었다. 여기에는 병약한 연타발과 계루부의 이름높은 귀족들이 거의다 참가하였다. 모두들 말갈족을 굴복시킨 주몽의 공로를 찬양하여 축배를 들었다. 누구도 주몽이 곧 연타발의 뒤를 이어 계루부의 대표자가 되리란것을 의심하지 않았다.

얼마후 계루부의 귀족평의회에선 주몽을 우두머리로 선출했다. 계루부의 대표자로 된 주몽은 구려왕을 만나 수시로 국사를 의논하는 몸이 되였다. 당시 구려5부가운데서 연나부의 우두머리가 국왕으로 되고있었다. 때문에 연나부는 국왕의 직할지기도 했다. 구려왕은 틈틈한 풍채와 뛰여난 지략을 가지고있는 홍안의 주몽을 만나자 대뜸 그에게 현혹되고말았다. 주몽을 만나는 도수가 잦을수록 왕의 기대와 관심은 나날이 커갔다. 어느덧 그의 마음속에는 주몽을 사위로 삼아 자기의 대를 잇게 하리라는 결심이 무르익어가고 있었다.

그에게는 아들이 없었던것이다. 어느날 구려왕은 자기 둘째딸을 주어 주몽을 부마로 삼을 의향을 터놓았다. 주몽은 난감한 처지에 빠졌다. 어쩌면 연타발의 경우와 비슷한 일이 또 자기한테 다가들었는지 몰랐다. 이 역시 하늘의 뜻이였단 말인가.

주몽은 소서노를 보기가 민망하였다. 자기의 오늘을 위하여 뜨거운 진정을 쏟아부은 소서노! 주몽을 위해 소서노가 무슨 일인들 안 했던가! 북부여에서 모아들인 황금, 졸본천의 미어와 태백의 사슴, 압록강의 명주(아름다운 구슬)숱한 군마들과 무기들… 주몽은 소서노를 버릴수 없었다. 그의 진정을 배반할수 없었다. 아니 소서노는 그의 영원한 방조자요 사랑하는 안해였다. 무언의 고통속에서 하루하루가 흘러갔다. 주몽의 얼굴은 눈에 뜨이게 수척하여졌다.

상현달이 후원에 활짝 피여난 모란이며 란초며 백합의 연연한 잎사귀들을 얼비치는 달밤이였다.

주몽은 잠이 오지 않아 후원을 거닐고있었다.

그는 문득 등뒤에서 인기척을 느꼈다. 밤이슬을 밟는 조심스러운 발자국소리… 주몽은 돌아보지 않고도 그 발자국의 임자가 소서노임을 알았다. 그러나 주몽은 모른척 마치 달을 즐기기라도 하는듯 하늘을 우러러 머리를 들었다.

《저… 한가지 여쭐 말이 있어서 찾아왔습니다.》

떨리는듯하는 소서노의 목소리에 주몽은 흠칫 하며 돌아섰다. 뒤발자국앞에 때없이 소복단장을 한 소서노가 서있었다.

《그런데 저 어찌하여 한낱 이름없는 아녀자때문에 대업을 망치려하옵니까?…》

낮으나 마디마디가 준절한 음조로 가득찼다. 주몽은 갑자기 숨이 꽉 막히는것을 느꼈다.

(아 소서노가 벌써 눈치를 다 챘구나!…)

주몽은 얼굴을 붉히며 소서노의 눈길을 피했다.

《저는 큰 뜻을 향해 달리는 장군의 말발굽밑에 놓인 하나의 돌맹이에 지나지 않습니다. 어서 저를 뛰여넘으시여 앞으로 나가주소이다. 그것이 저의 기쁨이요 행복이옵니다. 오히려 그 말발굽에 휘뿌리여 저 졸본천의 조약돌이 됐으면 더 큰 소원이 없겠습니다.》

주몽은 황황히 소서노의 말을 막았다.

《부인! 이 무슨 외람된 말이요? 누가 어쨌다고 그러오. 이 주몽은 결코…》

《아니, 아니오이다.》

소서노의 목소리는 간절한 기대로 떨렸다.

《이제 구려국의 운명이 누구의 어깨우에 얹혀야 하옵니까… 어서 주저마시고 국왕의 부마로 되여주소이다. 그러면 온 구려땅이 조만간에 손안에 들어올것입니다. 구려는 이미 쇠진한 나라이니 기울어진 국운을 바로세워 이 땅에 강대하고 부강한 나라를 세워주시오이다.…》

《소서노!―》

주몽의 두눈은 열기를 띠고 번뜩이였다. 소서노는 할말을 다한듯 다소곳이 고개를 떨구었다. 물론 주몽은 소서노를 두고 새로운 영달의 길로 나갈수도 있었다. 그러나 주몽은 그렇게 할수 없었다. 바로 그점에 주몽의 고민이 있었다.

달빛에 고개를 떨구고 조용히 서있는 소서노의 모습은 한떨기 백합처럼 너무도 청초하고 소담하였다. 주몽은 일찌기 소서노가 이렇게 아름답게 보일줄은 몰랐다. 그는 가슴의 피가 한덩어리로 엉켜붙는듯싶었다. 그의 목소리는 떨렸다.

《소서노! 제발 그런 말은 하지 마오. 이 주몽의 가슴속엔 소서노밖에 자리잡을 녀인이 없소.》

《아! 어찌하여 저의 말을 그렇게밖에 생각하지 못하오이까. 한 녀인에 대한 사사로운 감정때문에 대업을 그릇치려들다니 정말 안타까운 마음 이루 다 헤아릴수 없습니다.…》

소서노의 두눈굽에 이슬이 고였다. 그것은 곧 발그스름한 두볼을 타고 샘솟듯 흘러내리기 시작하였다. 주몽은 가슴이 쩌릿해오는것을 느꼈다. 그는 비로소 소서노의 진정을 깨닫는듯싶었다.

《그것이 정녕 그대의 소원이라면 내 기꺼이 받아들이겠소. 나를 너무 탓하지 마오. 자 어서 눈물을 거두고 나를 보오. 그대는 나에게 오늘 큰 힘을 주었소. 내 꼭 뜻을 성취하고야말테요.》

주몽은 소서노의 손을 꽉 그러잡으며 뜨겁게 맹세를 다졌다. 소서노의 자그마한 주먹은 주몽의 억센 줌안에서 녹아없어지는것 같았다.

그로부터 며칠후 주몽은 구려왕의 둘째딸과 잔치를 치렀다. 구려땅을 뒤흔드는 사변들은 련이어 닥쳐왔다.

기원전 277년! 주몽은 뜻밖에도 구려왕이 급병으로 세상을 떠나자 구려5부전체의 합법적인 통치자로 되였다. 권력을 잡은 고주몽은 나라이름을 고구려라 고치고 새로운 봉건적질서를 확립해나갔다. 당시 주몽의 나이는 22살, 홍안의 영웅호걸이였다. 새것은 언제나 왕성하는 법이다. 력사는 새 인물을 맞아 앞으로 줄달음치기 시작하였다. 주몽-동명왕은 주변의 소국들을 련이어 통합하면서 북방의 드넓은 령토를 개척해나갔다. 기원전 272년에는 태백산동남쪽에 있는 행인국을 공격하여 그 지역을 고구려의 고을로 만들었다.

조종의 산-태백산은 고구려의 광대한 령토의 한가운데 우뚝 솟아있게 되였다. 동명왕은 이 나라 조종의 산의 천기와 슬기로운 기개를 타고 난 고구려의 첫 임금이였다.

소서노는 동명왕의 동정서벌의 개가를 들으면서 취미 도도한 중에 두 아들을 낳았다.

세월은 흘렀다. 소서노의 활달한 성품과 기질은 세월의 흐름속에서도 변하지 않았다. 그는 언젠가 건국의 주추돌이 되여달라던 동명왕의 말을 일생 잊지 않고 그를 잘 받들어 고구려의 건국에 남모르는 힘을 바친 녀인이였다. 부여에서 례씨부인의 아들이 찾아와 동명왕이 그를 태자로 삼았을 때에도 소서노는 왕위계승문제를 가지고 복잡하게 하지 않았다.

동명왕의 한마디한마디를 그는 법처럼 알았으며 그에게 절대복종하는것을 하나의 미덕으로 인생의 좌우명으로 삼은 성실한 고구려의 녀걸이였다.

동명왕이 세상을 떠나고 유류왕이 즉위하자 소서노는 두 아들을 데리고 남쪽으로 내려갔다. 소서노는 산천이 수려한 어느한곳에 이르자 그곳에 머물기로 하였다. 그때 소서노를 따라온 여러 신하들과 수십명의 백성들은 곧 살기 좋은 터전을 꾸렸다.
 이때 소서노의 나이는 46살이였다. 그는 자기가 결코 고구려를 아주 떠났다고는 생각하지 않았다. 백두산의 지맥이 뻗어내린 곳이니 그곳 역시 고구려의 한부분으로 여길수밖에 없었던것이다.

2. 조상의 땅을 찾아

 료서의 황량한 들판에 어느덧 해가 저물고 땅거미가 깃들었다. 9월의 첫 가을밤이였다. 새초가 무성하던 들판은 고구려수천군사들의 발길과 말발굽에 다져지고 그 누군가 부르는 향수에 젖은 노래소리는 별들이 도글거리는 저 멀리 옛 고구려의 하늘로 조용히 울려갔다.
 행군에 지친 군마들은 묵묵히 서서 마른 새초들을 서걱서걱 씹었고 군사들은 모닥불두리에 군데군데 모여앉아 칼을 갈고 떼진 신발을 깁거나 그리운 고향이야기를 주고받기도 하였다. 벌써 행군에 지쳐 코를 고는 군사들도 있었다.
 넉달째 고구려폭동군은 신발을 벗을새없이 앞을 막아서는 당나라침략군을 물리치며 동쪽으로동쪽으로 행군하고있었다. 나라를 잃은 고구려의 유민들은 타향인 영주땅에서 망국노의 설음을 뼈저리게 체험하면서 30여년 기나긴 세월 복수의 칼을 벼리다가 드디여 폭동을 일으키고 옛 고구려땅을 찾아 힘겨운 행군의 길에 오른것이였다.
 숙영지의 밤은 깊어갔다. 달빛을 등지고 천천히 군사들의 숙영지를 돌아보는 륙척 장신의 한 장수가 있었다. 달빛에 투구가 번쩍거리고 이따금 멈춰서서 잠든 군사들을 지켜보는 그의 부리부리한 두 눈엔 그 어떤 아지 못할 불꽃이 번득이군하였다. 그는 고구려군의 총지휘자인 대조영이였다.
 때는 696년 9월이였다. 넉달전 대조영은 오래동안의 준비끝에 드디여 말갈과 거란인들과 동맹하여 영주땅에서 당나라침략자들을 반대하는 폭동을 일으켰었다. 폭동군은 순식간에 수만명으로 늘어나 그 기세는 하늘을 찌를듯했다. 영주란 료하 서쪽, (오늘의 료서), 열하일대의 넓은 지역을 포괄하는곳이였다. 고구려가 신라와 당나라 침략군에 의하여 멸망하자 많은 고구려사람들은 국가회복을 목적으로 패강(대동강), 압록강을 건너서 영주지방에 이동하여갔으며 일부는 태백산(백두산), 북쪽의 넓은 지역으로 들어갔었다. 대조영은 소년시기에 고구려가 망하자 당시 고구려의 귀족이며 군사지휘관이던 아버지 대중상을 따라 영주지방으로 갔다. 그곳에서 대조영은 나라를 되찾을 결심을 품고 무술을 닦으며 뜻있는 사람들을 모으기에 힘썼다. 벌써 어린 시절부터 활쏘기, 칼과 창쓰기, 말타기에 뛰여난 재주를 가졌던 그는 청년기에 이르자 그 누구도 따를수 없는 름름한 장수로 자라났다.

 그가 이렇게 장성한데는 아버지 대중상의 노력이 컸다. 대중상은 나라를 잃어버린 수치와 울분에 몸부림치는 아들에게 나라를 다시 찾자면 뜻있는 사람들을 모아 꾸준히 힘을 길러야 한다고 타일렀다. 대조영은 아버지의 말을 명심하고 30여년세월 사람들을 모으고 그들에게 무술을 가르치면서 때가 오기를 기다렸다. 원래 성품이 강직하고 인정이 깊고 도량이 넓은 그여서 많은 피끓는 젊은이들이 그를 찾아 구름처럼 모여들었다.

 드디여 기다리던 때는 왔다. 넉달전 5월의 봄날이였다. 타향인 영주땅에도 먼저 매화꽃이 새노랗게 피더니 살구꽃, 복숭아꽃들이 다투어 만발하기 시작하였다. 꽃피는 봄은 나라를 빼앗긴 고구려의 아들들에게 고향에 대한 그리움으로 가슴을 더욱 불타게 만들었다.

 깊은 밤, 대중상은 생각에 잠겨 회벽칠을 한 자그마한 초가집 마당을 거닐고있었다. 고향을 떠난지도 어언 30여년 그는 벌써 70고령의 백발이 성성한 늙은이가 되였다. 그는 잠시 발걸음을 멈추고 먼 동남쪽 하늘을 우러러보았다.

 과연 언제 다시 조상의 뼈가 묻혀있는 옛 고구려땅을 밟아볼것인지… 자신은 비록 타향인 영주땅에 묻혀 무주고혼이 된다 하더라도 아들만은 고구려땅에 가서 주인다운 삶을 누려야 한다고 생각하였다. 그러나 고향으로 가는 길은 아득히 멀뿐… 대중상의 주름살이 얼기설기한 두볼로 한줄기 뜨거운 눈물이 주르륵 흘러내렸다.

 눈물에 젖은 턱수염이 부르르 떨렸다. 바로 그때였다. 다급한 발자국소리가 울리더니 누군가 급히 대문을 밀고 마당으로 들어섰다. 그의 아들 대조영이였다. 그와 함께 비창과 문기라는 두 수하장수가 따라들어왔다. 대조영의 얼굴은 붉게 상기되여있었다.

《아버지, 우리는 래일 새벽 인시(3~5시)에 폭동을 일으키기로 결정하였소이다. 당나라의 도독 조문홰를 처단하는것을 폭동의 신호로 우리는 말갈인부대와 함께 동쪽으로 진군하기로 했소이다.》

대중상의 두눈은 기쁨으로 확 타올랐다. 그는 애수에 잠겼던 사람같지 않게 젊은이들처럼 흥분에 들떴다.

《아, 드디여 때가 왔구나! 너희들이 수고가 많았다!》

대중상은 십년이나 더 젊어진것 같았다. 그는 심장이 때없이 뛰놀고 두팔이 칼을 잡고싶어 울근불근 뛰는것을 가까스로 억제하고 있었다.

그는 문득 멎어서며 아들과 그의 부하들을 뚫어지게 바라보았다.

《일단 칼을 뽑았으면 목적을 이룸이 없이 다시 칼집에 꽂지 않는것이 우리 고구려남아들의 기개였느니라! 시작했으면 우리는 기어이 싸워이겨 자유를 얻고 나라를 되찾아야 한다. 다른 길은 없는줄 알거라. 고구려후손들인 용감한 대장부들의 심장에 어서 큰 불을 지피여라!…》

이튿날 폭동은 활화산처럼 영주땅을 뒤흔들었다.

거란인부대는 당나라강점군을 소탕하면서 서쪽으로 진군하고 대조영은 걸사비우가 지휘하는 말갈인부대와 련합을 이룩하면서 급속히 동쪽으로 진격하였다. 그리하여 9월에는 벌써 료서지방의 여러 성들을 당군의 수중에서 빼앗고 각지에 흩어진 고구려 유민들을 부대에 인입하면서 대오를 크게 확장하였다. 이 몇달간 거듭되는 승리는 고구려군사들의 사기를 부쩍 높여주었다.

그러나 대조영의 마음은 이즈음에 와서 매우 착잡하였다. 앞으로 장차 어떻게 할것인가. 물론 료하를 건너 옛고구려의 모든 땅을 되찾아야 한다는것은 명백하였다. 그러면 앞으로 어디에 근거지를 정하고 나라를 재건하여야 할것인가.

적지 않은 수하장수들과 아버지 대중상까지도 다시 평양성으로 나가야 한다고 생각하고있었다. 대조영자신도 폭동초기에는 그렇게 생각했었다. 그러나 어쩐지 그에게는 평양에 나가 도읍을 정하고 나라를 일으켜 세울 일이 미덥지 않았고 불안하기도 하였다. 과연 그것이 무엇때문일가?

달빛도 사위여가는 이 깊은 밤 말없이 발걸음을 옮기는 대조영의 마음은 복잡하였다. 어느덧 그의 갑옷은 이슬에 흠뻑 젖어버렸다.

문득 그는 누군가 말 한필을 끌고 스적스적 앞으로 걸어오는것을 보았다. 그가 던진 긴 그림자가 대조영의 앞으로 먼저 다가왔다.

허연 턱수염을 길게 드리운 늙은이였다. 그는 모닥불곁으로 다가오더니 그옆에 벗겨놓은 낡은 마차에 말고삐를 매여놓고 말에게 마초를 한단 던져주었다. 마차우에는 여러가지 세간 등속이 실려있었다. 불빛에 반사된 늙은이의 얼굴엔 그 무슨 시름깊은 고뇌의 빛이 어려있었다. 대조영은 그 로인한테로 다가갔다.

《로인장은 어찌하여 밤도 깊었는데 피로를 풀지 않으시오?》

《허허… 글쎄말이외다. 어쩐지 잠이 오지 않소이다. 저 미물(말)도 쉬지 않아 방금 내가에 가서 물을 먹여가지고 오는 길이외다.》

《아 그랬댔구려…》

대조영은 불빛이 어룽거리는 그의 얼굴을 찬찬히 뜯어보았다. 비록 수염이 더부룩했으나 로인의 아래턱은 억세게 앞으로 내뻗쳐있었으며 주름살에 뒤덮인 밭고랑같은 이마를 엇비슷이 내려그은 상처자국은 한때 그의 생활에도 창검이 부딪치던 전란의 시절이 있었다는것을 말해주었다.

《로인장은 언제 료하를 건너 영주땅에 왔소이까?》

《한 십년 잘되였소이다.》

《십년이라…》 자기들보다 퍼그나 늦게 료하를 건너온데는 무슨 곡절이 있을것 같았다.

로인은 별안간 땅이 꺼지게 한숨을 쉬였다.

《소인은 나라가 망하자 태대형 고연무장군을 따라 신라땅으로 갔소이다. 많은 고구려사람들이 동족의 나라인 신라땅으로 가서 나라를 되찾자고 일생을 바쳐 열혈을 뿌렸소이다. 그러나 애당초 신라는 북쪽에 고구려같은 강대한 나라가 다시 일떠서는것을 달가와 하지 않았소이다. 안승이 세웠던 《고구려국》도 결국은 신라의 배신행위로 망해버리고 울분을 못이겨 봉기를 일으켰던 고대문도 신라놈들에게 붙잡혀 살해되였소이다.… 소인도 그 봉기에 가담했다가 구사일생으로 목숨을 건져 옛 고구려땅을 방황하던중 10여년전에 대

중상장군의 소문을 듣고 영주로 찾아오게 되였소이다.》
　로인은 팔소매로 눈굽을 찍어냈다. 달빛에 눈굽에서 맑은 이슬이 번득인다.
　《어허, 잠을 자다가도 신라의 배신자들을 생각하면 온몸에 소름이 끼치고 두주먹을 부르쥐고 벌떡 일어나군하는게 소인의 괴벽한 성미로 되였소이다.》
　로인의 목소리는 마디마디가 가슴을 저미였다. 대조영은 존경어린 눈길로 로인을 바라보면서 그의 말에 귀를 강구었다.
　《어허, 천년의 력사를 자랑하던 우리 고구려가 줄지에 허물어지다니… 믿지 못할 일이오이다. 소인이 한때 지리법을 좀 배웠댔는데 뭐니뭐니 해도 예로부터 조종의 산으로 떠받들어온 저 태백산(백두산)을 잊어버린게 우리의 큰 실책이였소이다. 우리 고구려의 시조 동명왕의 발자취가 어려있는 그 높고 광대한 태백산을 마음속 깊이 숭상하고 태백산의 기상으로 동족의 일이 잠들지 않게 하여야 했소이다. 옛날 부여의 해부루왕도 송화강과 태백산에 제사를 지내고 태자 금와를 얻었다 했거늘… 태백신의 사당조차 돌보지 않았으니 어찌 제사한번 똑똑히 지냈겠소이까. 그러니 조종의 산이 벌을 내린게 분명하오이다. …늦게나마 이것을 깨닫고 태백산으로 들어간 고구려의 유민들도 있는줄 압니다.》
　순간 대조영은 어둠에 잠긴 광야의 저 한끝에서 한줄기 해빛이 비쳐온듯 눈앞이 환해지는것을 느꼈다. 그는 가슴속이 활 열리는것을 깨달았다.
　나라는 무너졌어도 백성들의 마음은 살아있었다.
　그때 마차우에 실은 새초더미안에서 누군가 부시럭거리더니 자그마한 계집애의 머리가 불쑥 솟아올랐다.
　《아버지, 이젠 그만 주무시오이다. 래일 또 먼 길을 가야하지 않나이까…》
　《그래, 옥란아, 너도 눈을 붙여라… 저기 동쪽하늘에 삼태성도 퍼그나 높이 솟아올랐구나!…》
　그러자 계집애의 머리는 다시 마초덤불속으로 사라졌다. 로인은 다시 말을 이었다.
　《안해를 잃고 저 어린것을 업은채 타향 천리를 방랑하더니 오늘은 저렇게 시집갈 나이가 되였소이다. 이제 나라를 되찾고 저것을

시집까지 보내면 소인은 아무런 미련도 없이 눈을 감겠소이다.》

늙은 마부의 가슴에 간직된 고향에 대한 그리운 감정은 대조영의 마음을 더욱 뜨겁게 하였다.

순간 대조영의 머리속에는 하나의 결심이 번개처럼 번득이였다. 그것은 번거롭던 그의 마음속에 한줄기의 해빛처럼 흘러들었다. 그는 부대를 이끌고 가야 할곳을 명백히 그려보았다.

발길을 돌린 대조영은 자기의 막사를 향하여 힘차게 발걸음을 옮겨놓았다.

막사안에는 아버지 대중상과 여러 수하장수들이 모여있었다. 그들은 얼굴이 불긋하여 들어선 대조영을 의아한 눈길로 바라보았다.

《여러 장수들은 나의 말을 심중히 새겨들어주기를 바라오. 지금 패강이남의 땅은 전부 신라의 손에 들었소. 우리가 이제 평양성으로 나간다면 신라는 또 가만 있지 않으리라 보오. 그네들은 옛날에도 그러했거니와 앞으로도 결코 고구려같은 나라가 자기들의 이웃에 서는것을 좋아하지 않을거요. 그런데 신라와 맞서려면 아직 우리의 힘은 너무도 약하오. 그러면 우리는 어데로 가야 할것 같소?》

말을 멈춘 대조영은 수하장수들에게 묻는듯한 눈길을 주었다. 모두다 잠자코있었다.

대조영은 결연한 어조로 다시 입을 열었다.

《우리는 료하를 건너 태백산(백두산)쪽으로 나가야 옳은줄로 생각하오. 태백산쪽으로 들어간 우리 고구려유민들과 힘을 합쳐 그곳의 천험의 요새에 의거하여야 새 나라를 세울수 있다고 생각하오.》

누구도 대조영의 결심을 반박하지 못하였다.

대조영의 생각이 백번 옳았던것이였다. 그러나 백두산쪽으로 가는 길은 수월한것이 아니였다. 그들의 앞에는 피로, 생명으로 개척해야 할 2천여리의 간고한 로정이 놓여있었다.

이듬해봄 4월 어느날이였다. 대조영의 부대는 그동안 여러 전투들에서 당나라군대를 짓부시면서 계속 료하쪽으로 진격하고있었다. 부대는 폭동당시보다 두곱으로 불어나고 싸움경험도 비할바 없이 풍부해졌다. 부대가 잠시 무연한 구릉지대에 진을 치고 휴식하는데 먼지를 뽀얗게 일쿠며 파발군 하나가 말을 몰아 쏜살 같이 달려왔다. 거무스레한 밤빛 말은 온통 땀에 젖어 번들거렸고 기마수는 머리가 터진듯 대충 흰 천을 둘러감았는데 왼쪽 뺨으로 한줄기 피가 흘러

내려 얼룩져있었다. 비칠거리며 말에서 내린 그 사람은 다짜고짜로 대조영의 막사로 들어가려다가 두 파수병에게 제지당하고말았다.
《나는 걸싸비우대장의 유언을 가져왔으니 빨리 고구려군 대장에게 안내하라―》
얼마후 말갈장수는 대조영의 앞에 무릎을 꿇고 엎드렸다.
《고구려군 대장님께 아뢰오. 오늘아침 우리 말갈군은 당나라대군과 맞다들려 참패를 당하고 우리 걸싸비우대장도 전사하였소이다.…》
《뭣이, 대체 그게 무슨 말인고?》
대조영의 두볼이 푸들거리고 눈에 불이 일었다.
그것은 너무도 뜻밖의 청천벽력같은 소리였다. 말갈장수는 눈물을 흘리며 온몸을 사시나무 떨듯하였다.
《무슨 연고인지 자세히 아뢰이거라.》
대조영은 습관된 동작으로 장검 손잡이를 억세게 틀어잡으며 엄하게 소리쳤다.
《손만영장군의 지휘하에 당나라경내로 진격하던 거란군은 뜻밖에도 북쪽 돌궐족들의 간섭을 받아 크게 패하고 당나라군대는 모든 무력을 총동원하여 동쪽으로 사태처럼 쏟아져나오고있소이다. 당나라군대의 우두머리는 투항한 거란장수 리해고인데 밤새껏 행군하여 우리 앞을 막았소이다. 그리하여 추장이하 수많은 말갈군사들이 힘겨운 싸움을 치르다가 장렬하게 전사했소이다. 우리 추장님은 눈을 감으면서 기어이 살아서 대장군께 이 소식을 알리라고 말했소이다. 그리고 살아남은 말갈사람들을 대장군께 맡긴다고…》
말갈장수는 그만 목이 메여 더는 뒤말을 잇지 못했다.
《으―음》하고 신음소리를 씹어삼키는 대조영의 얼굴은 자못 컴컴하게 질리였다. 그도 그럴것이 함께 폭동을 일으킨 동맹군들은 다 격파되고 남은것은 오직 고구려군사들밖에 없었던것이다. 이제 당군은 더 기세가 등등하여 달려들것이였다. 그리하여 긴급 막료들의 모임이 열렸다. 대부분 장수들의 의견이 빨리 부대를 이끌고 료하를 건너야 한다는것이였다.
대조영은 한동안 바위돌처럼 버티고앉은채 입을 다물고있었다. 그의 앞에는 걸싸비우의 거무스레한 얼굴이 얼른거렸다. 기어이 함께 료하를 건너 자기들의 옛땅으로 가자던 그의 결결한 웨침이 귀전을 울리기도 하였다. 고구려사람들이 말갈인들과 동맹한것은 고구려의 오랜 력사적전통으로 보나 당시 처지로 보나 매우 당연한 일이였다. 고구려사람들이 기원전 4-3세기경 벌써 구라파보다 1500여년 더빨리 고온야금에 의한 주강제품을 생산할 때 말갈은 아직 락후한 원시사회에 놓여있었다.

그들은 나라를 가져볼 엄두도 못냈으며 여기저기 흩어져살면서 다른 종족들의 재물이나 빼앗는것을 업으로 삼고있었다. 그후 고구려가 주변의 소국들을 다 통합하게 되자 말갈사람들도 고구려에 종속되여 장구한 기간을 살아왔다. 말갈사람들과의 관계를 잘 가지는것은 앞으로 새 나라를 만드는데 있어서 소홀히 할수도 없는 일이였다.

대조영은 폭동초기에 벌써 이것을 생각하였다.

이제 당나라침략자들에게 격파되여 뿔뿔이 흩어져버린 말갈사람들이 조만간에 어떻게 되리란것은 불보듯 뻔한 노릇이였다. 대조영은 불행에 빠진 그들을 내버린채 료하를 건너갈수 없었다. 그는 비장한 결심을 품고 아버지에게 말했다.

《아버님, 부대의 지휘를 맡아주소이다. 우린 걸싸비우의 유언대로 어떤 일이 있더라도 불행에 빠진 말갈사람들을 구원해야 합니다. 그들 역시 나라없이 타향에서 노예살이를 하던 불쌍한 종족이 아니오이까…》

말을 마친 대조영은 말우에 올랐다. 비창과 문기를 비롯한 몇몇 장수들이 그의 뒤를 따랐다. 그리하여 삼삼오오 떼를 지어 도망치던 말갈의 패잔병들은 대조영을 보자 눈물을 흘리면서 그의 주위에 모여들었다. 그러다보니 시간을 지체하여 당나라군대는 이젠 지척에서 고구려군사들을 추격하게 되였다. 그러나 대조영은 당황하지 않고 동쪽으로동쪽으로 부대를 이끌고나아갔다. 행군은 밤낮없이 계속되였다. 병사들도 말들도 지쳐서 헐떡거리군하였다. 더우기 수백명의 병약한 로인들과 부녀자들, 아이들, 부상자들까지 따라선 대오의 전진속도가 빠를리 없었다. 대조영은 비창이 지휘하는 좌비위(당시 구분대명칭)의 군사들로 대오의 후위를 담당케 했고 자신도 짬만 있으면 말을 몰아 십여리에 늘어선 대오를 돌아보기도 하였다.

좌비위의 군사들속에는 어느때부터인가 용모가 아름다운 한 소년

군사가 있었는데 말을 정말 잘 탔다. 당나라침략군이 꼬리를 바싹 문 어느날이였다. 그 소년군사가 적장이 파견한 장수의 뒤를 따라 대조영의 앞에 나타났다. 대조영은 적장 리해고가 보낸 통첩을 펴들었다. 그것은 무의미한 반항을 하지 말고 투항하면 대조영에게 큰 벼슬까지 주겠다는 내용이였다.

대조영은 껄껄 웃다가 즉석에서 회답편지를 썼다.

《적장 리해고는 명심해 들거라. 우리는 동족을 배반하고 당나라에 투항한 너희 거란놈들처럼 비굴하게는 살지 않는다. 원쑤들의 노예로 사느니 한걸음이라도 우리 고구려땅을 찾아가다가 죽는것이 더 떳떳할것이다. 이것이 우리 고구려유민들의 의지요 신념이로다. 다시는 우리를 회유할 생각을 말지어다. 우리는 기어이 조상의 땅으로 갈것이다.》

적장의 부하는 대조영의 회답을 품에 간직하고 말우에 올랐다. 그때 적의 사신을 노려보던 소년군사가 한걸음 앞으로 나서며 입을 열었다.

《대장군께서는 어찌하여 적장의 부하를 살려보내려 하시옵니까?》

《그대는 도대체 누구인고?》

《군졸은 이국의 거친 들가에 아버지를 묻고 군복을 입은 좌비위의 한 병졸이옵니다. 저 음흉한놈이 대장군을 만나려 오는척하면서 우리 고구려군의 형세를 낱낱이 렴탐하는것을 보고 따라왔사오니 저놈을 살려보내면 큰 후환이 있을줄 아뢰옵니다.》

《네 말에도 일리는 있다만 예로부터 남의 나라 사신은 해치지 않는것이 하나의 도리였거니 너는 이 일에 너무 간참하지 않는것이 좋을것이다.》

소년군사는 벌써 저만치 앞으로 달려가는 적의 사신을 안타까운 눈길로 바라보다가 할수 없는듯 자기의 말한테로 다가갔다.

그때로부터 얼마후 적장 리해고는 잔등에 화살을 맞고 시체가 되여 실려온 부하와 대조영의 답장을 보자 노발대발하여 무섭게 군사들을 다몰아댔다. 적들은 기를 쓰고 달려들어 고구려군의 후위를 물고 늘어졌다. 치렬한 격전으로 해가 뜨고 날이 저물군했다.

뒤늦게야 적장이 자기네 사신을 죽인것으로 대노했다는것을 알게 된 대조영은 성이 났다.

당장 군률을 어긴 장본인을 붙들어내라고 부하들에게 명령했다.

그리하여 대조영의 앞에는 다시 소년군사가 나타나게 되였다.
《너는 왜 끝끝내 자기 고집을 세워 명령을 어기였느냐? 너는 군률을 위반했으니 처벌을 받아야 한다.》
《군줄은 모든것을 각오하고 렴탐군을 죽였으니 처벌을 받아도 원이 없소이다.》
소년은 자못 떳떳하였다. 대조영은 눈을 부릅떴다.
《뭣이, 네가 아직 무슨 혼란을 빚어냈는지 모른단말이냐. 당장 갑옷과 투구를 벗어놓아라—》
두명의 수하장수들이 다가와 투구와 갑옷을 벗기였다. 그러자 모두들 깜짝 놀랐다. 그들의 앞에는 뜻밖에도 수집음을 머금고 고개를 숙여버린 아릿다운 처녀가 서있었던것이다. 어데선가 본것 같기도 한 처녀의 홍조어린 얼굴은 대번에 대조영의 마음을 사로잡았다. 분명 늙은 마부의 딸이였다. 대조영은 마음속에 든든한 대들보같은것이 들어앉는것을 느꼈다. 한낱 철부지 소년으로밖에 보지 않았던 이 처녀의 가슴에도 고구려사람의 심장이 살아 고동치고있으니 어떤놈들이 감히 제조상의 땅을 찾고저 강물처럼 굽이치는 이 대오를 막아나선단말인가… 대조영의 얼굴에는 따뜻한 미소가 떠돌았다.
《부끄러워말고 이리 가까이 오너라.》
처녀는 몇자국을 옮기다말고 다시 멈춰섰다.
대조영은 다가가 그의 손을 잡았다.
《그대는 훌륭한 고구려녀인이로다! 아버지는 그래 언제 순직했는가?》
《한달전 부상당한 우리 군사들을 후송하다가 적들의 습격을 받고 세상을 떠났습니다.…》
《과시 장한 고구려의 백성이였구나. 우리가 태백산을 향해 가는데 그대 아버지의 공로가 자못 컸다. 아버지의 넋은 우리 먼저 태백산쪽으로 갔을것이다.》
대조영은 고인의 명복을 비는듯 한동안 서쪽 하늘가에 눈길을 보냈다. 대조영의 얼굴은 다시 엄하여졌다.
《그러나 군률은 누구도 어길수 없는것이니 군복은 마땅히 벗어야 한다. 그대신 오늘부터 나의 막사에 있도록 하라…》
말을 마친 대조영은 휙 돌아서더니 성급한 걸음으로 그자리를 떠났다. 마치도 자신의 마음속에 움터오른 처녀에 대한 련모의 감정을 남들이 알가보아 겁이라도 내는듯싶었다.…

어느덧 박달나무마저 쩡쩡 얼어터지는 추운 겨울이 닥쳐왔다. 대조영은 당나라침략군과의 최후 결전을 준비하였다. 그는 고구려와 말갈군사들을 천문령의 좁은 골짜기에 매복시켜놓았다. 승리에 자만도취된 리해고의 군사들은 아무런 경계도 없이 천문령에 들어섰다. 전투의 시작을 알리는 요란한 북소리와 함께 고구려와 말갈군의 맹렬한 기습이 시작되였다. 화살들이 비발치듯하고 수천의 철기들이 눈사태처럼 골짜기로 터져나갔다. 추위에 덜덜 떨며 골짜기에 들어섰던 당나라침략군은 시체우에 시체를 덧쌓으며 락엽처럼 흩어져버렸다. 천문령골짜기는 적의 비명소리, 말들이 울부짖는 소리, 장검과 장창이 부딧치는 소리로 가득찼다. 이것이 력사에 이름난 698년초의 천문령전투였다. 이 전투에서 당나라침략군은 거의 다 전멸당하고 적장만 간신히 목숨을 건져 도망치고말았다.

적들은 이 싸움에서 어찌나 혼이 빠졌던지 다시는 대조영의 부대를 추격할 엄두를 내지 못하였다.

바야흐로 북방의 사나운 겨울이 물러가고 봄이 태동하기 시작하던 어느날 대조영은 부대를 이끌고 료하를 건넜다. 소년시절 망국노의 피눈물을 뿌리며 아버지를 따라 건너갔던 료하였다.

대조영은 아버지 대중상과 함께 먼저 말을 달려 료하를 건너 언덕우에 올라섰다. 30여년세월 언제 한번 잊어본적 없던 광대무변한 옛 고구려땅이 눈뿌리 아득하게 펼쳐져있었다.

(잘 있었느냐. 강성하던 나의 고구려여! 그대의 피줄은 살아 끊어지지 않았거늘 보라, 조상의 땅을 다시 찾을 그날이 다가오고있다!)

대조영은 이렇게 절절히 부르짖으며 장사진을 이뤄 강을 건너오는 고구려유민들의 씩씩한 모습에서 한동안 눈길을 떼지 못하였다. 마치 골짜기를 흘러내린 가느다란 시내물이 수백리 먼 길을 가는동안 큰강을 이뤄 바다의 품에 흘러들듯이 대조영의 부대는 산지사방에 모래알처럼 흩어졌던 고구려유민들을 자기 품에 흡수하면서 어느덧 송화강상류인 휘발하를 건너섰다. 간고했던 698년의 겨울도 지나가고 북방의 산과 들에는 또다시 봄이 왔다. 대조영이 이끈 고구려유민들은 드디여 2천여리의 피어린 행군을 마치고 백두산북부지대의 동모산일대에 도착하였다. 그것은 단순한 군사들의 행군이 아니라 자기 조상들의 옛땅을 찾아오는 용감하고 슬기로운 종족의 대이동이였다. 그 길우에 수많은 고구려의 아들들이 선혈을 뿌리고 백골을 묻었다. 동서남방 수천리땅에 락엽처럼 딩굴던 고구려유민들이 옛조상들의 땅으로 돌아오는데는 30여년세월이 흘렀다. 끝없이 그들을 부축여주고 이끌어주고 끌어당겨준것은 조종의산-백두산이였다. …대조영은 드디여 이 해에 고구려를 계승한 《진국》의 창건을 세상에 선포하고 왕이 되였다.

그후 713년에 다시 나라이름을 《발해국》이라 고쳐 불렀다. 그 이름은 옛날 고구려때처럼 멀리 서남쪽 발해기슭까지도 자기의 령토를 만들것을 념원하여 부른 이름이였다.

태백산-백두산은 옛날 고구려령토의 한복판에 있었던것처럼 이제 또다시 발해국의 뜨락 한가운데, 수도 가까이에 우뚝 솟아 그들의 생활을 지켜주고 그들의 행복과 번영을 굽어살펴줄 조종의 산으로 높이 솟아있게 되였다.

발해국의 창건과 관련하여 《삼국유사》에 쓰기를 고구려의 남은 자손들이 한데 모여 북쪽으로 태백산(백두산)밑을 의지삼아 나라를 세워 그 이름을 발해라고 하였다고 했다.

3. 류씨부인의 조언

왕건은 밤이 깊어서야 잠자리에 들었다. 옆에 누운 류씨도 잠이 들었는지 알릴듯말듯 고르로운 숨소리만 들린다. 창밖에는 달빛이 푸르렀다.

왕건은 눈을 감고 잠을 청했으나 번거로운 생각때문에 잠을 이룰수가 없었다. 궁예왕의 포악무도한 정치로 하여 나라의 정사는 어지러워지고 백성들의 생활은 도탄에 빠졌다. 게다가 후백제 견훤과의 령토쟁탈전으로 동족의 피가 마를사이가 없었다. 돌이켜보면 자기 왕건은 후삼국의 치렬한 령토쟁탈과 권력싸움의 소용돌이속에서 자랐으며 이제 자칫하단 그 전란의 마당에서 무모한 죽음을 당할수도 있었다. 뿐만아니라 점점 분별을 잃고 날뛰는 궁예의 쇠몽둥이에 맞아 국토통일의 뜻도 펴보지 못한채 억울하게 죽을수도 있었다.

사내대장부가 어찌 죽음을 두려워하랴만 일찍 소년시절부터 품어온 원대한 뜻을 펴보지 못한채 값없이 죽는것이 두려울뿐이였다. 도대체 이 내란은 언제 끝나며 백성들의 생활은 언제 안착될것인가.

왕건은 가슴이 답답하였다. 두주먹이 저도 모르게 돌덩이처럼 굳어진다. 그 주먹으로 무엇이든지 실컷 속이 후련하게 두드려부셨으면 싶었다.

오늘도 궁예는 태봉국에 투항해온 신라사람들을 잔인하게 학살하였다. 신라왕실에 대한 뿌리깊은 원한때문에 애매한 두꺼비 떡돌에 치우듯 죄없는 사람들이 무참히 피를 흘리며 쓰러졌다. 도대체 궁예가 념불처럼 외우는 《미륵불》이란 무엇이며 《관심법》이란 뭐 말라빠진 개수작이란말인가.

궁예를 받들어 후삼국통일의 뜻을 이뤄보려던 생각도 이젠 물거품처럼 사라져버리고말았다. 왕건일가는 대대로 송악산기슭에서 살아왔다. 어느 조상때엔가 송악산신령이 했다는 그 예언, 훌륭한 자손들이 태여나리라던 그 말도 한날 거짓이였던가? 그 훌륭한 자손들이란 무엇을 하는 사람이였단말인가… 어린 시절 옛말처럼 들어온 이야기가 머리속에 떠오른다.

먼 옛날 왕건의 선조들중에 호경이란 사람이 있었다. 사람들은 그를 힘이 세고 용맹하여 《성골》장군이라 불렀다. 호경은 어느날 백두산 기슭에서 여덟명의 동료들과 함께 조선의 천하명승들을 돌아보려고 길을 떠났다. 호경은 사냥을 좋아하고 산천구경을 즐기였다. 개성의 부소산을 거쳐 평나산에 이른 그들은 그만 밤이 깊어 어느 동굴에서 하루밤을 지내게 되였다. 그런데 한밤중에 갑자기 커다란 호랑이 한마리가 큰소리를 지르며 동굴앞에 나타났다. 호랑이는 보기만해도 무서웠다.

호랑이는 선뜻 물러갈 차비가 아니였다. 누군가 한사람은 희생되여야 했다. 누군가가 굴밖에 모자를 내던져 범이 무는 모자임자가 나가보는게 어떻냐고 의견을 내놓았다. 모두 선선히 동의하였다. 범은 호경의 모자를 덥석 받아물었다. 호경은 조금도 겁내지 않고 선선히 굴밖으로 걸어나갔다. 그가 밖으로 나오자마자 요란한 소리와 함께 굴이 무너지고말았다. 호경은 깜짝 놀랐다. 주위를 둘러보니 호랑이는 간데온데 없었다. 그때 불현듯 그의 앞에 웬 아름다운 녀인이 나타났다.

《나는 이 산을 지키는 신령이올시다. 당신이 백두산에서 내려온 성골장군임을 알고 내가 구원해주었으니 놀라지 마시오. 당신에겐 앞으로 훌륭한 자손들이 생길것입니다.》

그리하여 호경은 녀인의 소원대로 그를 안해로 맞아 송악산에 뿌리를 내렸다고 한다.…

왕건은 다시한번 뒤치락거리며 모로 돌아누웠다. 잠든줄 알았던 류씨가 조용히 묻는다.

《시중께선(당시의 최고벼슬)어찌 잠들지 못하옵니까?…》

《허, 어찌된 일인지 잠이 오지 않는구려. 부인은 어찌된 일이요?》

류씨는 조용히 일어나앉았다. 왕건도 몸을 일으켰다. 류씨의 얼굴은 예이제나 퍼그나 아름다왔다.

류씨를 처음 알게 된것은 왕건이 해군대장으로 있을 때였다. 어느날 왕건은 수하장수들을 데리고 바다로 나가던중 어느 버드나무 휘늘어진 시내가에서 잠시 쉬게 되였다. 그는 얼마 멀지 않은곳에서 빨래를 하고있는 웬 처녀를 떠워보았다.

처녀의 아름다운 자태는 대번에 젊은 왕건의 심장을 불태웠다. 왕건은 저도 모르게 처녀한테 다가가 물 한그릇을 청하였다. 표주박에 물을 떠주는 처녀의 두볼은 새빨갛게 익어있었다. 그날 저녁 왕건은 처녀의 아버지인 류천궁의 환대를 받으며 하루밤을 그 집에서 보내게 되였다. 그후 왕건은 처녀를 감감 잊고있었다. 말을 타고 전장을 달려야 하는 사내대장부의 생활에 길가에서 언뜻 만났다가 헤여진 처녀의 모습이 오래동안 자리잡을수는 없었던것이였다. 그후 몇해가 지나 왕건은 우연히 류천궁이 사는 마을을 지나게 되였다. 왕건의 눈앞에는 불현듯 눈물어린 얼굴로 자기를 바래워주던 처녀의 모습이 떠올랐다. 그는 류천궁의 집을 찾아갔다. 그러나 처녀는 이미 집에 없었다. 자기 왕건을 기다리다 한생 그에 대한 정절을 지킬 생각으로 머리를 깎고 절에 들어가 녀승이 되였다고 한다. 왕건은 처녀의 정절에 뜨거운 감동을 받았다. 그는 차마 그대로 발길을 돌릴수 없어 류천궁의 집에 하루밤 묵게 되였다.

처녀가 없는 쓸쓸한 빈방에서 왕건은 자신을 자책하며 하루밤을 새웠다. 이튿날 그는 부하들을 시켜 절간에 가서 처녀를 데려오게 하였다. 녀승의 차림으로 나타난 류씨처녀를 보자 왕건은 눈굽이 지도 모르게 뜨거워올랐다. 그 순간에 그는 깨달았다. 이 처녀야말로 자기 일생에 없어서는 안될 귀중한 사람이라는것을… 이런 처녀를 안해로 맞이한다면 그 이상 더 큰 행복은 없을것 같았다. 그리하여 왕건은 류천궁의 승인을 얻어 처녀를 안해로 삼았으며 며칠후 류천궁내외의 뜨거운 바래움속에 그곳을 떠나왔다. 그후 류씨는 왕건을 위해 온갖 지성을 다 바쳤다.

류씨만 곁에 있으면 그래도 마음이 놓이는 왕건이였다. 그러나 지금 가장 가까운 류씨부인조차 어찌 자기 왕건의 고민을 알소냐… 왕건은 류씨에게 무엇인가 걱정말라고 입을 열려다가 밖에 귀를 기울였다. 어데선가 밤의 고요를 깨뜨리며 말발굽소리가 가까와오고 있었다. 왕건은 귀를 도사렸다. 이 밤중에 무슨 말발굽소리인가? 말발굽소리는 점점 왕건의 집쪽으로 다가왔다. 왕건은 버릇처럼 벌떡 일어서며 장검을 찾으려고 사위를 두리번거렸다. 한순간도 마음의 탕개를 늦추고 살수 없는 때였다. 그는 벌써 자기의 목을 겨누는 궁예의 칼날을 느끼며 때때로 몸서리를 치군하였다.

과연 그 칼날이 언제 떨어질지 누구도 모를 일이였다. 말발굽소리는 대문가에서 멎었다. 말들의 코투레질소리, 두런두런 하는 말소리와 갑옷들이 절컥거리는 소리… 왕건이 문을 열새도 없이 뜻밖에도 홍유, 배현경, 신숭겸, 복지겸이 들어섰다.

그들은 나라의 한다하는 장수들로서 평소에 왕건과 뜻을 같이 하던 사람들이였다. 왕건은 반갑기도 하고 한편 의아하기도 했다.

《아니 이 밤중에 무슨 일들이요?》

《왕공이 보고싶기도 하고 좀 의논할 일도 생겨서…》

홍유가 방안을 둘러보며 어물어물하였다.

그러나 성미가 좀 급한축인 신숭겸이 얼굴에 초조한 빛을 띠우며 손님접대를 준비하고있는 류씨부인에게 말했다.

《허허, 이거 급히 달려왔더니 목이 타는듯합니다그려… 마님 저… 시원한 오이라도 없소이까?》

왕건은 이들이 류씨를 꺼린다는것을 알고 부인에게 눈짓하였다. 류씨도 그것을 이미 눈치챘었다.

류씨가 밖으로 나가기 바쁘게 홍유가 입을 열었다.

《시중께선 우리 말을 심중히 들어주기를 바라오. 지금 궁예의 폭악한 정사로 하여 민심은 어수선하고 국운은 이미 기울어졌소. 그래서 우리는 왕을 페위시키고 왕시중에게 모든것을 의탁하기로 결정하였소이다. 그러니 나라와 백성들을 위해 큰 뜻을 품고 나서주어야 하겠소이다.》

왕건은 펄쩍 뛰며 황급히 손을 내저었다.

《그건 안될 말이오. 나는 원래 덕이 없고 그런 대의를 말을 적합한 재목이 되지 못할뿐더러 이렇든저렇든 그야 우리가 모시고있는 임금이 아니오. 어찌 신하된 몸으로 후날 역신이란 말을 듣겠소…》

그러자 신숭겸은 왕건의 앞에 바싹 다가앉으며 저으기 열에 들떠 부르짖었다.

《그게 무슨 말씀이시오? 궁예가 어진 임금이면 우리가 그런 결심을 했겠소. 온 나라의 민의는 이미 왕공께 쏠리였거니 이는 하늘의 뜻이라 생각하오.》

《부디 용단을 내려주소이다.》

《모든 일은 우리가 다 꾸며놓았으니 안심하고 나서주소이다.》

저저마다 한마디씩 하였다. 왕건은 굳어져버린듯 대답이 없었다. 그를 지켜보는 간절한 눈빛들…

바람 한점 없는 여름밤이였다. 누군가 소리없이 들어와 왕건의 앞에 무릎을 꿇었다. 오이밭에 나간줄 알았던 류씨부인이였다.

《저의 말을 아녀자의 말이라고 소홀히 듣지 마십시오. 여러 장수들의 소청이자 이는 곧 민심이고 하늘의 뜻인줄 아옵니다. 하늘이 내린 이 기회를 어찌 모른척합니까? 대의를 내세우고 포악한 임금을 페위시키는것은 옛날에도 있은 의당한 일로 아옵니다.》

류씨부인은 잠시 왕건의 눈치를 살피다가 절절한 어조로 덧붙였다.

《시중께서는 벌써 동리산 조사 도선의 예언을 잊었습니까?…》

순간 왕건은 무엇에 놀란 사람처럼 흠칫하였다.

어린 시절 아버지가 귀에 못이 박히도록 일러주던 조사 도선의 예언! 언젠가 왕건은 여담 비슷이 그 소리를 부인에게 들려주었던 것이다.

동리산조사 도선… 왕건은 그를 보지도 못했으나 자기의 미래를 그처럼 축복해준 그 믿음에 찬 말을 자신이 직접 들은것처럼 가슴에 아로새기고있었다. 마흔두해전인 876년 4월 어느날 송악군 사찰

(신라의 8번째 벼슬)으로 있던 왕륭은 송악산남쪽기슭에 새집을 하나 지었다. 그때 삼베장삼을 걸치고 대지팽이를 짚은 늙은이 하나가 지나가다 그집을 보고 《기장을 심을터에 어찌 삼을 심었는가》고 아쉬운 소리로 중얼거렸다. 그는 전라도 동리산에서 20년동안 도를 닦고 당대 한다하는 나라의 지리법에도 도통한 조사 도선이였다. 그는 당나라에 갔다오던중 백두산에 들려서 백두산이야말로 이 나라 지맥의 근본임을 다시금 확인하고 그 줄기를 따라 나오던 길에 송악산에 이르렀던것이다. 왕륭의 부인이 도선의 말을 엿듣고 남편에게 이야기하니 왕륭이 천방지축 도선을 따라가서 만났다. 하루밤 묵어가달라는 왕륭의 소청에 도선은 페히 응하였다.

그날밤 도선은 왕륭에게 백두산에 올랐던 이야기를 들려주었다. 《백두산이야말로 아득한 태고적부터 이 나라 강토에 우뚝 솟아있는 조종의 산이였소이다. 그 백발을 흘날리는 숭엄한 모습을 무슨 말로 다 이야기 하겠소. 세상을 향해 금시 엄한 령을 내릴듯 사방 수천리를 발밑에 굽어보며 웅장한 기상을 떨치고있으니 어찌 예로부터 영웅호걸들이 태여나지 않았겠소이까! 내 동명왕이 말을 타고 달리던 북방의 광활한 대지를 바라보며 눈물을 금치 못하기도 하였소이다. 백두산이 틀고앉은 주위는 사방 1,500여리요 거기서 뻗어내린 지맥은 동서남방 삼천리에 이르렀은즉 백두산을 숭상하는 우리 백의겨레야말로 한피줄로 이어진 얼마나 긍지높은 겨레들이겠소! 대조영장군이 백두산을 의지삼아 옛 고구려땅에 발해를 세운지도 2백여년이 되였는데 발해의 국운이 쇠진해지기전에 이 후삼국을 통합하여 힘을 합한다면 국토통일의 대업도 성취될수 있을것이요. 그런 중임을 맡을 인물 역시 백두산의 천기를 타고나야 할것이요…》

이튿날 왕륭은 조사 도선을 따라 곡령에 올라갔다. 도선은 다시금 산수의 태맥(太脈)을 연구하여 우로는 천문을 보고 아래로는 시운(時運)을 살편 다음 이렇게 왕륭에게 말했다.

《이 땅의 지맥은 북방 백두산수모목간(水母木幹)으로부터 내려와서 저기 마두명당(말머리형국의 명당자리)에 떨어졌소이다. 그리고 당신은 물의 명(命)을 타고났으니 마땅히 물의 대수(大數)를 쫓아서 륙륙삼십륙의 구(區)의 집을 지으면 천지의 대수에 부합하여 명년에는 반드시 슬기로운 아들을 낳을것이니 그에게 세울 《건》자를 써서 이름을 지어주시오.》

도선은 그자리에서 봉루를 만들고 그 곁에 쓰기를 《삼가 글을 받들어 백번 절하면서 미래에 후삼국을 통합할 주인 대원군자를 당신에게 드리노라》고 하였다. 왕륭은 도선의 말대로 집을 고쳐짓고 아들이 태여나자 건이라고 이름을 지었던것이다.…

류씨는 그때 도선의 이야기를 들으면서 남몰래 눈굽을 닦았다. 후삼국을 통합할 주인, 대원군자! 류씨는 생각만 해도 가슴이 떨리군하였다. 아니 그는 벌써 왕건을 처음보던 그 시내가에서 도선의 그 예언을 심장으로 깨달았는지도 모른다. 장군다운 름름한 자태, 자기를 한눈에 불태워버릴듯싶던 그 모닥불처럼 이글거리던 두눈! 류씨는 자기의 한생이 이미 그때 결정된것을 알았었다. 그리고 조사 도선의 예언을 들으면서 그것이 한날 거짓이 아니기를 바랬다. 그리고 그날이 꼭 오리라 믿어마지 않았다. 바로 그 순간이 찾아왔음을 깨닫고 류씨는 녀자의 몸으로 이야기속에 뛰여들었던것이다. 그의 말은 왕건의 가슴에 불을 지폈다.

（그렇다. 이것이 력사의 요청이고 나에게 운명지어진 피할수 없는 일이라면 이제 무엇을 더 주저하랴. 후삼국을 통합하고 발해와 힘을 합쳐 하나의 나라를 세우자면 이 길로밖에 나갈수 없을것이다.）

왕건은 자리를 차고 일어섰다. 어느새 가져왔는지 부인 류씨가 갑옷과 투구를 두손에 받쳐들고있었다.

때는 918년 6월이였다. 왕건은 태봉국을 뒤집어엎고 옛고구려를 계승한다는 뜻에서 국호를 고려라고 했으며 수도를 철원으로부터 개주(개성)로 옮기였다. 삼한통합의 력사적위업은 왕건에 의하여 가속도로 추진되기 시작하였다. 력사는 새로운 궤도우에 올라섰다. 왕건은 후삼국통일을 기본정치과업으로 내세우고 국력이 약한 신라는 포섭하고 견훤의 후백제는 군사적으로 제압하는 방향으로 나갔다. 견훤과의 대결장에서는 수시로 왕건의 홍포자락이 펄럭이고 그의 용맹한 목소리가 군사들의 가슴을 울리며 메아리치군하였다. 목숨을 잃을번한 아슬아슬한 순간들도 있었다.

그는 후삼국통일을 지향하는 한편 옛 고구려땅을 되찾기 위하여 서북지방을 장악하는데 큰 힘을 넣었다. 건국두달후인 918년 8월에 벌써 평양에 대도호부를 설치하고 대동강이북지역에 계속 성을 쌓으면서 령토를 확장하였다.

926년 1월 왕건은 청천벽력같은 소리를 듣게 되였다. 거란침략자들에 의하여 동족의 나라인 발해가 멸망하였던것이다. 왕건은 비통한 마음을 금할수 없어 하루종일 침전에서 나오지 않았다. 그는 발해를 도와주지 못한것이 마음에 걸렸다. 후삼국통합에 좀 더 박차를 가하지 못한것을 후회하였다. 발해의 멸망은 왕건에게, 아니 국토통일을 지향하던 백의겨레에게 크나큰 손실을 주었다. 이젠 고려 혼자의 힘으로 그 모든 력사적과제를 수행하지 않으면 안되였다.

그때로부터 몇달이 지난 어느날이였다. 왕건이 있는 《천덕전》으로 윤신달이 찾아왔다. 윤신달은 왕건을 보좌하고 후에 삼한공신칭호를 받은 귀족이였다.

《페하. 오늘 서경대도호부에서 장계가 올랐는데 발해유민 수백명이 살길을 찾아왔다고 하옵니다.》

왕건의 얼굴은 환히 빛났다. 그는 마치 오래 헤여졌던 친혈육들이라도 만난것 같은 심정에 사로잡혔다.

《과인이 그러찮아도 발해유민들때문에 마음을 괴롭히던참이였댔소. 그러니 윤공이 책임지고 그들에게 안착된 생활을 마련해주도록 하오. 관리를 지냈던 사람들에게는 우리 고려의 벼슬을 품계에 맞게 주고 군사들과 백성들에게는 거처할 집과 땅을 마련해주도록 하오. 우리가 앞으로 북방령토를 개척하려면 그들의 힘을 빌릴수도 있을거요.》

《알겠소이다....》

윤신달은 왕의 아량있는 처사에 감동하여 머리를 숙였다. 그가 돌아서 나오려는데 왕건이 그를 다시 불렀다.

《윤공도 보다싶이 후삼국통합도 이젠 시간문제로 되였소. 이즈음 과인의 마음은 자주 북방으로 쏠리군하오. 어찌 생각해보면 그것은 후삼국통합 못지 않게 힘들고 어려운 일로 될수도 있소. 과인이 다 못하면 대를 이어서라도 꼭 그것을 해내야 하오. 그러니 공도 명심하고 나를 도와야 하겠소.》

《페하 꼭 명심하겠소이다.》

윤신달은 왕의 믿음에 가슴을 울렁거리며 감개무량하여 이렇게 대답하였다. 그후 발해의 유민들은 계속 고려땅을 찾아왔는데 그 수는 무려 10여만명에 달했다. 윤신달은 어명을 잘 받들었다.

뿐만아니라 자식들과 손자들도 왕건의 뜻을 잘 받들어나가도록 키웠다. 먼 후날 그의 현손자인 동북면병마사 윤관은 녀진의 침략을 막고 북방령토를 개척하는데서 한몫 단단히 하였다. 윤관은 자기의 모든 지혜와 정력을 다바쳐 군사들을 이끌고 백두산너머 공험진 선춘령(로흑산부근)까지 진출하여 태조 왕건이 내세웠던 북방개척수행에 큰 공헌을 하였다. 그리하여 백두산은 고려의 령토에 들어오게 되였으며 북방을 지키는 믿음직한 성새로 높이 솟아있게 되였다.

고려의 태조 왕건은 력대 왕들과는 달리 백두산일대에서 활동했거나 그곳에 한번이라도 가본 일은 없는 사람이였다. 그러나 후세 《고려사》 편찬자들은 그의 선조 성골장군이 백두산기슭에서 내려왔으며 또한 당대 유명한 동리산조사 도선의 이야기를 통하여 왕건 역시 백두산천기와 슬기를 안고 태여났다는것을 강조하려고 하였다.

력대왕족들의 력사가 백두산과 인연을 맺지 않은것이 없음을 류의할 때 고려의 왕건 역시 다를바가 없었을것이다. 사가들은 바로 이점을 중시함으로서 조종의 산-백두산이 우리 백의민족의 최대 신앙의 대상이요 민족생활의 의지이며 력사와 문화의 출발점이였다는것을 보여주려고 한것이다.

고조선으로부터 수천년 세월 얼마나 출중한 인물들이 력사의 과제를 안고 이 땅에 동방강국을 일떠세우는 거창한 일들을 했던가. 반만년의 거칠은 풍운과 외적들의 말발굽소리가 이 땅을 간단없이 뒤흔들었어도 백두산은 끄떡없이 이 강토를 한품에 안고 백의민족의 가슴속에 자랑스럽게 솟아있었으니 이 나라 건국자들의 이야기가 백두산에서 출발하고 백두산과 깊은 인연을 맺고 있음이 어찌 우연한 일이라 하겠는가. 백두산의 유구한 력사와 거기에 깃든 민족정신, 천지의 신비함과 산악의 웅장한 기상은 인걸들을 낳은 바탕이요. 토양이였었다. 우리는 반만년 력사의 풍운속에서 온갖 신화와 전설들, 사화들을 낳은 백두산의 존재를 똑똑히 알고 그것을 우리 민족제일의 긍지로 세상에 높이 자랑해야 할것이다. 우리 민족을 알려거든 강성하던 고구려와 발해와 고려를 알아야 하며 그 건국자들이 어떻게 백두산과 련결되였던가를 아는것이 필요하다.

그리하여 이 나라 백의민족의 운명을 책임지고 향도할 위인은 명실공히 백두산의 천기와 그 웅장한 기상, 백두산에서만 키울수 있는 용맹과 담력을 체현한 사람만이 되는줄로 이 나라 백성들은 믿어왔다. 이것이 백두산이 조종의 산으로 되는 하나의 근거요, 력사의 필연이였다고 말해야 할것이다.

그러나 돌이켜보면 지난 시기의 력대건국자들은 큰 뜻을 품고 일떠세운 나라들을 이 나라 백성들의 진정한 조국으로 만들지 못했으며 또 만들수도 없었다. 봉건군주로서의 계급적, 력사적제한성이 너무도 많았던것이다.

백두산이 자기의 참된 인민의 령수를 맞이하기까지엔 얼마나 유구한 세월과 력사의 복잡다난한 풍파와 진통을 겪어야 했던가.

황 첨 일

백두산의 돌사자

아득히 멀고 먼 옛날 하늘과 땅이 처음으로 갈라질 때 있은 일이였다.

하늘이 우로 열리면서 동서남북 사방에 각각 하나씩 모두 네개의 산봉우리를 아래쪽으로부터 끌어올리였다. 이때 땅도 아래쪽에서 옆으로 넓게 퍼지면서 그 산들을 우로 기운차게 밀어올리였다. 천지개벽할 때 하늘이 하도 넓어서 동북쪽 모서리가 아래로 처질번하였다. 그런것을 동쪽에서 솟아나던 산봉우리가 솟아오르는 기운으로 쑥 떠받쳐서 번듯하게 올라붙게 하였다. 그것은 이 동쪽에서 솟아난 산봉우리가 다른 세 산봉우리들과는 달리 세상의 동쪽에 위치하고있은 탓으로 천지만물이 태여나고 솟아나는 정기와 기운을 다 받아서 하늘을 울리밀고 떠받쳐줄만한 힘을 나타냈기때문이였다. 동쪽은 계절로 말하면 만물이 생겨나는 봄의 기운이 서려있는 방향인것이다.

바로 이 동쪽 산이 천상천하의 제일 신령스러운 명산 백두산이였다.

하늘이 열리면서 우로 끌어올리는 힘도 세였고 땅이 퍼지면서 우로 울리미는 힘 또한 거대하였지만 산자체가 만물이 신생하는 우주의 봄정기를 품고 솟구치는 힘이 말할수 없이 거대하였던 까닭에 백두산은 생겨날 때 그 높이가 하늘을 치받칠만큼 까마득하게 높았을뿐아니라 산이 솟구치는 힘에 따라 껴묻혀올라온 땅덩어리도 이만저만이 아니였다. 그 땅덩어리의 크기는 산둘래로 수천리나 되였다. 그 가운데서 동쪽은 지맥이 뻗어 삼천리를 이루었다.

백두산이 솟아오르는 힘이 어찌나 세였던지 솟구치던서 뻗어나가던 삼천리강산의 마지막부분에서는 땅덩어리들이 휘뿌려졌다. 그 뿌려진 땅덩어리들이 바다에 떨어지면서 멀리 날린것은 먼바다의 섬들로 되였고 가까이 떨어진것은 큰것이 제주도, 울릉도가 되고 작은것들이 남해의 무리섬들로 되였다.

이리하여 오늘의 우리 나라 3천리강토는 백두산에서 뻗어내린 하나의 지맥으로 이루어지게 되였고 제주도의 백록담이나 우리 나라 동해도 백두산의 천지와 땅밑으로 서로 물줄기가 잇닿게 되였다. 그뿐아니라 금강산, 묘향산, 칠보산, 구월산, 지이산을 비롯한 명산들과 압록강, 두만강, 청천강, 대동강, 한강, 락동강 등 크고 작은 강들 그리고 내 나라의 땅덩어리 전체가 백두산의 정기와 광채를 받아서 금수강산으로 빛나게 되였다.

내 나라를 금수강산으로 만든 백두산의 정기와 광채는 참으로 장엄하고 아름다와 온 세상이 경탄하여 마지 않았다.

백두산의 천지는 신의 조화로도 미치기 어려울만큼 신령스러운 기상이 차고넘친다고 하여 딴 표현으로는 《신일》이라고 하였다. 천지는 백두산의 높은 정수리 한가운데 있다. 그래서 솟아오르면서 내뿜는 백두산의 정기가 이 천지에 어리고 서리였다. 물은 깨끗하고 비단이 물결치는것처럼 출렁이였다. 수면은 하늘을 다 비치는 거울처럼 평탄하고 물량은 동해와 제주도 백록담의 원천지인양 풍만하였다. 천지는 얼마나 신령스러웠던지 아무리 가물어도 물 한방울 줄지 않았으며 아무리 큰 장마가 들어도 물 한방울 불어나는 일이 없었다. 물빛은 곱고 부드럽고 윤기도는 록색이였다. 천지의 둘레에는 열두개의 봉우리들이 병풍처럼 빙 둘러싸고있는데 깎아지른 절벽을 이루고있다. 둘러싼 절벽의 바위면도 그 색이 참으로 희한하고 찬란하고 기묘하다. 어떤것은 단풍이 물든듯이 붉은 색이고 또 어떤것은 찬란한 황금색으로 빛났다. 그런가 하면 백두산의 눈처럼 하얀빛인것도 있고 옥구슬인양 파란색을 띤것도 있다. 여러 가지 색갈로 아롱진 바위면이 그 자체만으로도 형언할수 없이 아름답지만 해빛을 받아 반짝일 때는 현란하고 그윽하기 이룰데 없었다. 이런 바위가 천지의 물면에 비치였으니 물결은 또 얼마나 황홀한것인가, 철석철석 잔물결을 이루며 일렁이는 모습은 꼭 신비한 물고기들이 춤이라도 추는듯하였다. 그 신비한 물고기모양의 잔파도는 수면에 비친 갖가지 바위색들을 타고 흥겨워하는듯하였다. 그러던 것이 어느듯 진짜 물고기로 되여버렸다. 그리하여 백두산 천지에는 신비한 5색 물고기가 사는데 흥에 겨워 춤출 때면 붉은 색으로도 변하고 노란색으로도 바뀌였으며 흰색이 되였다가 파란색으로도 나타나고 록색으로도 변신하였다.

본래 하늘땅이 갈라진후에 해와 달은 어느쪽에서 뜨고 어느쪽에서 지면서 세상만물을 비칠것인가 하고 서로 의논하였다. 그들은 좋은 궁리가 떠오르지 않아서 동서남북 네 방위에서 각각 한번씩 시험해보았다. 그런 다음에 해와 달은 동쪽에서 뜨기로 결정하였다. 그것은 해와 달이 동쪽에서 떠보니 그 빛이 제일 먼저 백두산에 비치였기때문이였다. 백두산은 그 자체의 정기와 광채가 비길데 없는데 거기에 해빛, 달빛까지 비치니 그 숭엄하고 아름답기가 그 무엇으로도 대신할수 없고 그 어떤 말로도 형언할수 없었다. 해와 달은 백두산을 비쳤을 때 비로소 자기에게 그런 신기한 빛이 있다는것을 알게 되여 기쁘기 한량 없었다. 그뿐이 아니였다. 백두산에 와닿았다가 되돌아간 빛발은 해와 달을 더욱더 령롱한 광채속에 둘러싸이게 했다.

하늘이 열린후에 하늘에는 선녀들이 살게 되였는데 그들이 아무리 둘러보아야 하늘세상에는 백두산 천지처럼 아름다운 호수가 없고 천지의 물처럼 깨끗한 물이 없었다.

선녀들 사이에는 백두산 천지에 가서 머리도 감고 바람도 쏘이면서 해가 뜨고 달이 뜨는 경치구경도 하고싶은 간절한 소원들이 움텄다.

어떻게 하면 백두산 천지에 갈수 있을가?

선녀들은 저마끔 제가 먼저 가보고싶었다.

어떤 선녀 하나가 하늘에서 백두산 마루까지는 그리 멀지 않으니까 긴 사다리를 세워놓고 그것을 타고 내려가면 어떤가고 하였다. 그러자 다른 한 선녀가 자기는 긴 천을 드리우고 그것을 타고 내려가면 될것 같다고 하였다. 그렇지만 다른 여러 선녀들이 한결같이 다

반대하였다. 여러 선녀들은 하늘 세상에도 없는 그처럼 가장 신령스럽고 아름다운 명산에 가면서 어떻게 수수한 보통사다리나 천을 쓸수 있겠는가고 말하였다.

그리하여 선녀들은 서로 약속하기를 저마끔 가장 훌륭한 사다리를 구하고 가장 현란한 천을 짜서 내여놓은 다음에 그중 가장 좋은것을 쓰기로 하였다. 동시에 그것을 마련한 선녀가 제일 먼저 내려가기로 약속하였다.

선녀들은 저마끔 자기가 가지고있는 슬기와 손재간을 다 부려서 사다리를 구하고 천을 짜기 시작하였다. 성품이 차분한 새침데기 선녀는 살그머니 제 방에 들어박혀서 재간을 피웠고 성격이 덜렁덜렁한 시시데기 선녀는 대청에 베틀을 넝큼 맞추어놓고 왈가닥 잘가닥 비단을 짜다가는 다른 선녀들이 어떻게 하고있는가 하는 궁금증에 못이겨 치마자락에 바람을 일으키면서 여기 기웃 저기 기웃 하였다.

드디여 약속된 날이 왔다. 선녀들은 자기들이 만든것을 다 내다놓고 살펴보았으나 하나도 마땅한것이 없었다.

《다들 정성껏 만들고 구해오기는 했으나 어느 하나도 천상천하의 제일명산인 백두산으로 가는데 쓰기에는 아직 멀었어.》

《그러니 어찌겠나. 우리 재간이 이제 단결.》

《백두산에 가보기는 다 틀렸군.》

《틀리긴 왜 틀려, 쟁인바치 셋이서 지혜를 합치면 장수도 이겨낸다는데, 내 생각엔 각자가 만든것을 한데 합쳐놓으면 신통해질것 같애.》

선녀들은 여러가지로 지혜를 짜내던 나머지 긴 사다리를 구해다 놓고 자기들이 짠 천들을 합쳐서 그 사다리를 곱게 감아 무지개다리를 만들어 쓰기로 하였다.

선녀들이 하늘나라 대문앞으로부터 백두산 천지까지 무지개다리를 걸었더니 신기하게도 그 무지개다리가 찬란한 일곱가지 색으로 반짝거렸다. 자세히 들여다보니 그 일곱가지 색들 가운데서 두가지 색은 선녀들이 만든 천에서 나는것이였으나 나머지 다섯색은 백두산 천지가 내여뿜는 오색찬란한 물빛이 어리여 빛나는것이였다. 선녀들은 너무도 신기하고 황홀하여 서로 부둥켜안고 좋아하였다. 새침데기 선녀는 살그머니 돌아서서 기쁜 눈물을 소리없이 훔치였고 시시더기선녀는 모두가 보는 앞에서 덩실덩실 춤을 추며 돌아갔다.
이리하여 하늘 나라 선녀들은 매일같이 백두산천지에 내려와서 머리를 감고 즐거운 한때를 지내다가 올라가군하였다.
선녀들이 천지에 내려와서 머리를 감고 즐거운 한때를 보내게 된 다음부터 내려온 모든 선녀들이 몰라보게 아름다와졌다. 용모만 그런것이 아니라 마음씨도 천지의 물결처럼 부드럽고 고와졌다. 이렇게 되자 하늘나라에서는 더 말할것 없고 땅우의 넓은 세상에도 선녀들이 백두산 천지에 가는 덕으로 아름다와졌다는 소문이 쫙 퍼졌으며 점차 고운 처녀들을 보면 선녀같이 생겼다는 말로 칭찬하게 되였다.
하늘이 열리고 땅이 생길 때 백두산이 솟아나면서 그 두리에는 남먼저 사람들이 살게 되였다. 백두산의 정기와 광채는 이고장에 사는 사람들의 넋과 슬기에 그대로 어리였다. 이곳에서 사는 사람들은 백두산처럼 흰옷을 입고 살게 되였다. 이들은 정신이 청백하고 도덕에 밝았으며 무한히 슬기롭고 정직하였다. 모두가 부지런하였으며 이웃간에 화목하였다. 그만큼 또 악한자가 기여드는것을 미워하였으며 원쑤와의 싸움에서는 당할자가 없을만큼 용맹하였다.
백두산기슭에서 사는 흰옷 입은 사람들은 오곡을 심어 농사를 지었고 남들이 벌거숭이몸에 나무잎이나 거친 천을 걸치고 다닐 때 벌써 각가지 천도 짜고 쟁기들도 만들어썼으며 아름다운 노래를 부르면서 생활하였다. 이 소문이 퍼지자 세상에서는 동방에 신비한 례의 나라, 문명의 나라가 있다고 부러워하여마지 않았다.
흰옷 입은 사람들이 백두산기슭에서 생활을 꾸릴 때 뭇짐승들도 이곳으로 모여들게 되였고 산 저쪽 아래에 있는 바다에도 물고기들이 끼리치고 룡궁이 솟아나게 되였다.
한번은 하늘이 환하게 비치는 동해의 룡궁에서 룡왕이 저녁을 먹은 다음 넓은 마루에 나앉아서 보배거울을 들여다보았다. 세상만물이 다 비치는 이 보배거울에 그날 저녁에는 백두산 천지에서 머리를 감는 선녀들의 모습이 비치였다.
《허, 내가 하늘 나라에 갔을 때 보았던 선녀들은 곱긴 했어도 저기 저 큰못에서 머리를 빗는 선녀들만큼 황홀하지 못했어, 저렇게 눈부시는 선녀도 있었던가?》
룡왕이 감탄해마지 않는 말을 듣고 물을 다스리는 수판이 옆에 있다가 열른 대답하였다.

《저 못은 금수강산으로 온 세상에 소문난 조선땅 한가운데 우뚝 솟아있는 백두산이라고 하는 천상천하 제일명산의 상상봉 한가운데 있는 신령스러운 천지라는 못입니다. 거기서 머리를 감는 선녀가 본래는 저렇게 황홀하지 못했는데 날마다 천지의 물로 머리를 감고 목욕을 하는 덕에 모양이 남달리 고와졌습니다. 그런데다가 천지는 매우 신령스러워서 거기에 가기만 하면 누구든지 다 어지러운 티끌, 잡된 생각이 가셔지고 본래보다 몇갑절 더 아름다와지는 까닭에 저 선녀들도 룡왕님께서 보시는것처럼 황홀해지게 되였습니다.》

《그런것을 우리는 어째서 모르고있었느냐.》

《하늘 세상과 땅나라들에서는 다 알려진 사실이였사오나 우리 룡궁은 바다밑 깊은 물속에서 생겨난지 얼마 안된탓으로 아직까지 알려지지 못하고있었습니다.》

하늘 나라에는 해에 관한 직무를 맡아보면서 무슨 일이나 척척 알아맞추는 일관이라는 벼슬아치가 있다면 바다밑에 있는 룡궁에는 물에 관한 일거리를 맡아보면서 아무것이나 다 알아내는 수관이 있었다.

이 수관의 설명을 듣고보니 룡왕도 슬그머니 생각되는바가 있었다.

백두산은 하늘이 끌어올렸을뿐아니라 땅도 받들어올렸는데 땅세계에는 륙지와 함께 바다도 있거늘 어찌하여 그 신령스러운 명산을 하늘의 선녀만 즐기는곳으로 내맡겨두겠는가. 자기들 물나라에서도 응당 거기에 가서 즐겨야 하겠다고 생각하였다.

룡왕은 신하들을 다 모이게 하고 자기가 생각한바를 말하였다. 모임에서는 물나라에서 백두산 천지로 어떻게 갈수 있을것인가 하는 문제가 의논되였다. 선녀들은 무지개를 타고 내려오지만 자기들은 물밑에서 높은 산마루에 있는 못까지 무슨 수로 가겠는가에 대해서 서로 지혜를 모으고 의견을 건넨 끝에 수관이 묘한 생각을 내여놓았다.

백두산은 솟아나면서 주변의 땅도 두드러져오르게 하였고 그 힘에 의하여 뿌려진 큰 땅덩어리가 섬이 된 제주도의 한나산에도 백록담이라는 못이 있는것으로 보아 백두산 천지로부터 동해의 바다밑을 거쳐 백록담에까지 뻗은 물길이 있을것이 분명하니 그것을 찾아내여 그 물길을 따라 들어가자는것이였다.

물나라의 신하들인 크고작은 물고기들이 룡왕의 령을 받고 다 떨쳐나서서 애쓴 결과 얼마후에 그 물길을 찾아냈다.

룡왕은 너무 기뻐 그날로 백두산 천지에 들어왔다. 막상 와서 보니 룡궁에 앉아서 보배거울로 비쳐보던 때와 또달리 상상조차 하기 어려울만큼 황홀한곳이였다. 백두산은 산도 제일명산이고 물밑 또한 으뜸가는 절경이였다. 그리하여 룡왕은 천지의 밑바닥에 큰 궁전 하나를 덩실하게 지었다. 궁전이 일떠서자 룡왕은 늘 이곳에 와서 살았다. 그런 까닭에 천지 물밑의 궁전은 자연히 물나라의 정사를 보는 기본궁전으로 되였다. 이때부터 천지는 룡왕담 즉 룡왕이 사는 못이라는 딴이름을 가지게 되였다.

백두산에 밤이 오고 하늘에서 선녀들이 무지개를 타고 내려올 때면 룡왕도 5색 물고기의 안내를 받으면서 천지의 못가에 나와 삐리리 삐리리 저대를 불었다. 그 저대소리에 맞추어 5색 물고기들이 너풀너풀 춤을 추었다.

백두산 두리에 착하고 부지런한 흰옷 입은 사람들이 살고있으며 천지에는 하늘에서 선녀들이 내려오고 물밑에서 룡왕이 나타나 저대를 분다는 신기한 소식을 지나다니는 봄제비와 가을기러기가 온 세상에 퍼뜨렸다.

그 소문을 듣고 먼곳에 있는 사람들뿐아니라 날개 돋친 새들과 네발 가진 길짐승들이 다 찾아들었다. 와보니 소문보다 몇십 몇백 곱절이나 더 아름답고 살기 좋고 신비한 명산이였다. 알뜰히 꾸리고 가꾸어놓은 집들과 터밭들이 있었다. 나무라고 이름이 붙은 나무들은 거의 다 있는데 무성한 숲이 바다처럼 펼쳐져있었다. 산에는 산삼과 만병초를 비롯한 온갖 약재와 가지가지 화초들이 없는것 없이 다 있었다. 사슴은 커다란 뿔을 허공에 내저으면서 산삼이랑 살진 풀들을 뜯어먹었고 흰나비는 들쭉밭에서 나풀거렸다. 배불리 뜯어먹은 뭇짐승들은 꽃향기, 풀향기에 취하여 흔들흔들 춤을 추었다. 큼직한 호랑이와 귀가 뾰족한 작은 개가 백두산 둘레를 지키고있었다.

그 광경을 보고 먼데서 찾아온 한사람이 탄성을 질렀다.

《내 이런데서 태여난다면 단 하루를 살다가 숨진다 해도 무슨 한이 있겠는가. 여기서 하루는 다른곳의 백년맞잡이구나.》

먼데서 온 짐승들가운데는 제고장에서 숲속의 왕노릇을 하던 사자 한마리가 있었다. 사자는 백두산의 황홀경에 넋을 잃고 마구 뛰여다니면서 구경하다가 그만 약초밭들을 뭉개놓았다. 그리하여 산을 지키고있던 호랑이와 개에게 덜미를 잡히게 되였다. 사자는 제고장 숲속에서 왕노릇을 하던 버릇대로 고개를 쳐들고 으르렁거리였다. 다른곳에서는 범도 자기를 보면 꼬리를 살에 끼우고 달아나는데 여기서는 범뿐아니라 조꼬만 개까지 땅땅 맞서니 기가 막힐 지경이였다. 호랑이는 사자를 상대도 안되는것으로 여기면서 턱 버티고 앉아서 발밑으로 내민 꼬리의 끝만 털석거리였다. 그런가하면 어처구니 없게도 작은 개가 나서서 맞설테면 맞서보자는 태도를 보이였다. 사자가 너무도 어처구니 없어서 오른발로 개를 한대 답새겨주었다. 그런데 개는 어느새 훌쩍 날아서 왼쪽으로 비켜서서 노려보았다. 몇번이나 이러는 사이에 사자는 약이 올라서 힘을 다 내여서 싸움에 나섰다. 하지만 사자가 용을 쓰기도전에 멱살이 따끔하고 숨이 꺽 막히는것 같았다. 상대의 멱살을 물어메치는데서는 자기가 제일이라고 생각해온 사자는 자기의 멱을 먼저 무는 개가 있다는것을 알고 겁이 났다. 이 작은 개가 그러니 저기 앉아있는 호랑이의 날램이야 더 알아볼것도 없었다. 사자는 혼이 나서 잘못을 빌었다. 그런 다음 자기를 용서하고 이 산을 지키게 하여달라고 간청하였다. 그렇게만 허락해준다면 백두산을 지키는 제일 큰 짐승장수는 호랑이를 모시고 두번째로는 개를 받들고 자기는 파수보는 군사노릇을 하겠다고 하였다.

백두산의 흰옷 입은 주인은 사자의 간청이 하도 절절하기때문에 차마 거절하지 못하고 그대로 하게 해주었다. 사자는 너무 좋아서 백두산마루의 바위에 앉아서 잠시도 쉬지 않고 사방을 살피였다.

백두산이 천상천하의 제일명산이라는 소문이 쫙 퍼지니까 착한 사람들과 선한 짐승들만 찾아오는것이 아니라 세상 못된놈들도 이 고장의 보화가 탐나서 군침을 흘리였다. 한놈은 바다건너에 살았는데 번대머리 꼭대기에 누운 상투를 틀고있었다. 이놈은 흰옷 입은 사람들과 아릿다운 선녀들, 룡궁의 물고기와 땅의 착한 짐승들을 다 내쫓고 제놈이 백두산의 보물을 독차지하려고 살금살금 바다로 기여들었다.

악귀같은 놈이 백두산을 침범할터고 배를 타고 떠났다는 소식을 이번에도 제비와 기러기가 알려주었다.
 그 소식을 받고 흰옷 입은 사람의 집에 하늘의 선녀들과 룡궁의 장수들, 땅우의 뭇짐승들이 모여서 그놈을 족칠 계책을 의논하였다.
 의논끝에 악귀같은놈이 침습해오는가를 날카롭게 살피다가 기여드는 기미만 보이면 곧 흰옷 입은 사람의 령에 따라 날랜 장수들이 달려나가서 그놈의 숨통을 대번에 끊어놓기로 하였다.
 하늘나라에서는 바람을 맡은 장수와 눈을 맡은 장수 그리고 구름을 맡은 장수가 그 임무를 받았고 룡궁에서는 큰 북을 맡은 장수와 물을 내뿜는 장수가 뽑히였으며 땅우에서는 호랑이와 개, 사자가 나서게 되였다.
 룡궁의 장수들은 천지의 못가에 파수막을 짓고 경비를 섰다. 하늘나라의 장수들은 구름을 타고 빙빙 돌면서 내려다보기로 하였으며 호랑이와 개 그리고 사자는 천지 둘레의 열두봉우리가운데서 동쪽과 서쪽의 봉우리들우에 갈라져 앉아 사방을 살피였다. 흰옷 입은 사람은 이 모든 장수들이 다 잘 보이는 백두산 상상봉에 자리를 잡고있었다.
 어느날 안개가 자욱히 낀 틈을 타고 악귀같은 원쑤놈이 바다로 기여들어 백두산밑으로 살금살금 도적고양이처럼 접어들었다. 원쑤놈이 백두산으로 기여드는것을 제일먼저 안것은 사슴이였다. 그때 사슴은 열두봉우리가운데서 제일 높은 봉우리인 흰옷 입은 사람이 있는곳의 아래쪽에서 약초를 뜯어먹고있었다. 백두산의 흰나비가 풀밭에서 나풀거리면서 사슴과 동무하고있었다.
 《얘, 나비야, 고약한 냄새가 나지 않니?》
 《무슨 냄새, 나는 잘 모르겠어.》
 흰나비는 작은 코를 제법 발름거리면서 도리질을 하였다. 흰나비는 춤추는데 정신이 팔려 아무 냄새도 맡지 못했던것이다.
 《내가 약초를 뜯고있는데말이야, 우리 백두산에서는 나지 않던 고약한 노린내가 올라온단 말이야. 응? 이것봐 점점 더 세게 풍겨오는데 모두에게 빨리 알려야겠어.》
 귀가 쭝긋해진 사슴은 고개를 쳐들고 《도적이다.》하고 웨쳤다. 흰옷 입은 사람이 장수칼을 쥔 오른손을 번쩍 쳐들었다. 그와 때를 같이 하여 사자가 《어흥》하고 온 산발이 들썩하게 큰소리를 질렀다. 그 기세에 깜짝 놀란 악귀같은 원쑤놈이 숨기고있던 추악한 제 몰골을 저도 모르는 사이에 드러내고야말았다.

그러자 지금까지 청명하던 하늘에서는 갑자기 번개가 번쩍하고 일었으며 파르롱하는 우뢰소리가 났고 쏴 쏴 사나운 눈보라가 쳤다. 한순간에 백두산은 두터운 구름속에 겹겹이 에워싸였다. 그리하여 어떤 침범자도 다가올수 없는 구름성벽이 생겨났다. 한편 룡궁에서 나와있던 장수들은 하늘땅이 뒤눕는듯한 요란한 소리를 내는 큰 북을 쾅 쾅 치고 불모래가 섞인 물줄기를 쭉 쭉 내뿜었다. 그 북소리만 들어도 못된 도적놈은 얼혼이 나갈것이고 그 불모래줄기를 얻어맞기만 해도 원쑤놈의 몸뎅이는 활활 불타서 재가루가 되고말것이였다.

사자는 《어흥》소리와 함께 갈기를 무섭게 일쿠고 꼬리를 하늘높이 빳빳하게 쳐들었다. 그 기세는 단숨에 천리고 만리고 내달려 원쑤놈의 멱살을 물어떼칠 잡도리였다.

원쑤놈은 너무도 혼이 나서 백두산자락에서 울리붙어보지도 못하고 돌아서서 걸음아 날 살려라 하고 냅다 뛰였다.

사자가 그 꼴을 보고 《저놈이 도망친다.》하는 신호를 웨치면서 확 뛰여나가려고 하였다. 그러나 이미 일은 끝났다. 어느새에 날아갔는지 백두산의 호랑이와 귀가 쫑긋한 개가 번개이상으로 번쩍하고 날아가 도적놈의 숨통을 끊어버렸던것이다.

그때에도 사자는 분이 삭지 않았다.

《이 못된 도적놈아, 네놈이 감히 이 백두산에 기여들겠다고? 안된다, 백두산줄기가 뻗어내린 3천리 금수강산에 네놈이 한발자욱이라도 기여든다면 이 백두산의 사자가 단숨에 네놈을 물어매치고말테다.》

그 호통소리는 바다 건너 도적놈의 소굴에까지 들려서 지붕이 들썩거리고 기둥이 와들와들 흔들렸다.

사자는 이때 도적놈을 미워하는 마음이 어찌나 크고 원쑤를 단죄하는 목소리를 어찌나 크게 질렀던지 온몸을 부르르 떨다가 그대로 돌로 굳어졌다. 그리하여 돌사자는 천년이고 만년이고 백두산을 지키려고 갈기를 펼치고 꼬리를 쳐든채 높은 봉우리우에 서있게 되였다.

이와 함께 서쪽의 병사봉밑에서 약초를 뜯어먹던 사슴도 《도적이

다.》 소리를 지르던 그 모습 그대로 굳어져 돌이 되였다. 그후부터 병사봉밑에는 큰 뿔봉이라고 하는 바위봉우리가 생겨났다.
　백두산에 돌사자가 생긴 다음부터 금강산을 비롯한 여러 명산들에도 침범자를 내쫓고 그 산을 지키는 사자바위들이 생겨나게 되였다고 한다.

권 택 무

장기바위

　머나먼 하늘나라 옥경에 장기를 무던히도 즐기는 두 신선이 살고있었다. 한 신선은 적송자라 부르고 다른 신선은 안기생이라 불렀다. 별로 할일도 없는 두 신선은 잠자는 시간을 내놓고는 줄곧 장기판에 마주 앉았는데 적어도 구백구십구년을 그렇게 보냈다 하니 참으로 검질긴 장기군이라 하겠다. 그간 닳아빠져서 갈아댄 장기판과 쪽인들 그 얼마였으랴만 아직도 그들은 승부를 가르지 못했다 한다. 장기라는거야 연거퍼 세번쯤은 이겨야 한편이 다른편보다 수가 세다고 하겠는데 늘 번갈아 이기고 지고 했으니 어떻게 누구의 장기수가 더 낫다고 말하랴.
　하루는 령소보전에서 만조백관들이 다 모이고 옥황상제가 친히 보는앞에서 정식으로 세판을 겨루었는데 한판씩은 각기 이기고 세번째판은 비기고보니 또 승부가 나지 않았다.
　《그래도 적송자어른이 낳아. 그는 늘 자신있게 쪽을 옮기거든.》
　《거 무슨소리, 비록 안기생어른이 쪽을 쥐고있는 시간이 길기는 해도 마지막엔 상대방을 수세에 몰아넣는걸 보지 못했소.》
　《허 그러나 어쨌든간에 결과는 비기지 않았나.》
　적송자와 안기생은 머리와 손으로 장기를 두고 구경하는 만조백관들은 그들대로 입으로 떠들썩하게 《말장기》를 두었다.
　그런데 말 가운데 말이라고 사실 안기생은 장기쪽 하나를 너무도 오래 만지였다. 어떤 때는 날이 푸름해서 쥔 장기쪽 하나를 해가 떨어져서야 놓군했다. 그러니 장기쪽 하나를 옮기는데 옹근 하루가 걸린셈이다. 허나 시비가 나서 그렇지 오래 두는거야 적송자도 매한가지였다. 그도 장기쪽을 자신있게 떼걱떼걱 옮기다가도 **일단 수세에 빠지기만** 하면 턱을 받쳐들고 **장기쪽 하나를 옮기는데** 이틀 사흘이 걸리기도 했다. 하여튼 둘다 질군인것만은 틀림없었다.

이렇게 오랜 세월을 줄곧 장기를 두고보니 두 신선은 저도 모르게 나이를 천에다 우수리를 더 건사하게 되고 백발수염이 온 가슴을 덮게 되였다. 그제야 두 신선은 싫증을 느꼈던지 아니면 머리가 뗑해져서인지 하루는 이런 말을 주고받았다.

《적송자어른, 이젠 하늘나라에서는 승부를 가를수 없으니 머리가 거뜬하게 바람도 쏘일겸 저 속세에 내려가 장기를 두어보지 않겠소.》

《그것 참 좋은 생각이로다. 그런데 어디로 가면 좋겠소?》

적송자신선은 귀가 솔깃해졌다.

《그거야 하늘아래 첫동네인 저 불함산(백두산의 옛이름)이 좋을것 같구만. 공기가 맑은데다가 지세가 웅장하니 산도 보고 수도 익힐겸 여사모사로 좋지 않겠소.》

이리하여 두 신선은 불함산으로 내려갔다. 과연 소문난대로 불함산은 산세가 웅장하고 기상이 도도하였다. 그 연연히 뻗어내린 산줄기들은 동방천하에 다 미칠것만 같았다.

《과시 명산중에 명산이로군!》

《숫체 동방의식의 최고 연원이라는 말이 우연치 않도다.》

두 신선은 제가끔 감탄하고나서 적당한 자리를 골랐다. 두 벼랑이 마주서있는곳을 조금 지나니 크고 희여멀쑥한 너럭바위가 나타났다. 그 너럭바위에 넌뜩 올라서니 불함산의 웅장한 자태가 한눈에 다 안겨왔다.

《허, 여기가 좋을것 같소이다.》

적송자가 한손을 쳐들자 그 바위우에 저절로 푸른줄이 쭉쭉 가로가기 시작했다. 뒤질세라 안기생이 입김을 후— 내부니 이번엔 내리줄이 줄줄 엮어졌다. 눈깜짝할 사이에 멋진 장기판이 생겨났다.

이윽고 두 신선은 장기판에 마주 앉았다. 발아래로는 천하가 한눈에 내려다보여서 속이 후련하고 그러다가도 흰구름이 봉우리에 칭칭 감겨돌 때면 그 구름우에 떠받들린 기분이여서 마음이 상쾌하였다.

《과연 좋은 자리로다!》
《그러니 결판을 내세나.》
두 신선은 쭉을 몰아가기 시작하였다.
적송자의 공격은 처음부터 맹렬하였다. 《말》이 때각때각 적진에 뛰여들고 《차》가 앞뒤로 맹렬히 기동하였다.
그런가 하면 안기생은 그 공격에 대처하여 《상》을 면에다 바로앉히고 《포》가 쭉을 타고 넘으며 쉴새없이 바람을 일쿠었다.
한낮이 기울어갈무렵에야 안기생은 수세에 몰리기 시작하였다. 그는 《상》, 《말》, 《차》까지 다 동원하여 방어진을 쳤다.
(그러면 그렇겠지.)
적송자는 기세가 등등해서 공격진에 쭉을 깡그리 걷어모았다.
그런데 그 틈을 노리던 안기생이 텅 빈 《왕궁》에 벼락같은 가슴을 들이대였다.
그 바람에 적송자의 기본타격수단인 《차》, 《포》가 떨어지고 《왕궁》이 위험에 처했다.
적송자는 급기야 《정전》을 청하였다.
《한숨 쉬고 하는것이 어떻소?》
《좋을대로 하시구려.》
안기생도 웃으면서 자리에서 일어섰다.
적송자는 천천히 발걸음을 내짚기 시작했다.
(어떻게 이 수를 풀어간다?)
그는 발길이 가는대로 걸음을 옮겨짚다가 갑자기 덩덩 팽이질소리에 제정신이 들었다.
앞을 보니 웬 늙은이 하나가 땅을 허비고있었다. 수수한 무명옷에 가벼운 보짐을 허리에 두른 늙은이였다. 그 늙은이도 인기척에 놀라서 머리를 들었다.
적송자와 늙은이는 서로 의아한 눈길로 마주보았다.
《뉘신가요?》
속세의 늙은이가 먼저 입을 뗐다.
《나는 적송자라 부르는 하늘나라 신선이웨다.》
《나는 그저 려삼이라 하는 속세의 늙은이오.》
《그러니 삼을 캐러 다니는 나그네구려.》
적송자와 늙은이의 나이를 비기면 천년이라는 아득한 세월이 가로놓여있어도 하는 일 없는 하늘나라와 부대낌에 시달리는 속세의 인간이라 서로 한본새로 늙어가고있는듯이 보였다. 실은 그들도 그렇게 알고있었다. 그래서 허물없는 대답을 주고받았다.

《그런데 시름 없는것이 신선이라 일컫는데 적송자어른만은 무슨 걱정을 안고있는것이 아니시오?》

《허, 나그네가 눈치가 여간이 아니구려. 그런데 그 걱정을 말하면 어디 풀어주시겠소?》

적송자는 허거프게 웃으며 빈말삼아 한번 해보았다.

《그거야 들어봐야지 미리 장담이야 어찌 하겠소?》

비록 삼을 캐려 다니는 늙은이라 해도 조리있는 낱말과 번뜩이는 눈빛을 보면 허술히 대할 상대가 아니였다.

그래서 적송자는 하늘나라에서부터 안기생과 승부를 겨루던 끝에 여기 불함산에까지 내려오게 된 사연이며 지금 곤경에 빠진 처지를 세세히 이야기했다.

그 자초지종을 들은 늙은이는 한참이나 껄껄 웃었다.

《정말 신선은 신선이웨다. 결국 어르신님은 하많은 천년세월을 장기로 맞고 보내는셈이구려.》

려삼늙은이는 기가 딱 막히였다.

《하여튼 그건 그거고 천년세월이 흘러도 풀지 못한 소원을 내 이제 쉽게 풀어드리리다. 말하자면 그 소원을 이룰 열쇠를 주는 셈이지요.》

늙은이는 적송자를 이끌고 산마루에 올라서서 눈짓, 손짓을 섞어가며 한참이나 여사여사한 이야기를 해주었다.

그 이야기를 듣는 적송자는 머리를 끄덕거렸다. 때마침 그 말을 실증하기라도 하는듯 난데없는 폭풍이 일어나 비구름을 몰아와 비를 뿌리더니 어느새 주먹같은 우박이 쏟아지기 시작했다. 그 우박이 흰눈으로 펄펄 날리고 잠간새에 다시 해별에 무르녹았다.

《과시 천지조화로군!》

적송자는 늙은이가 이끄는대로 바위밑에서 잠시 눈비를 긋고는 우로 향하였다.

그때 늙은이가 무슨 수를 대쳤는지 후에 봐야 알겠지만 어쨌든 적송자는 마음이 둥둥 떠서 너럭바위로 돌아왔다. 그리고는 그때까지 자신만만해서 수염을 쓸고있는 안기생과 다시 장기판에 마주 앉았다.
 이윽고 적송자는 단 몇수로 그 어려움을 풀고 되려 상대편에 보잘것 없는 《졸》들을 솔솔 올려밀기 시작했다.
 -(흥, 그까짓 졸로써는 어림도 없소.)
 안기생은 속으로 코방귀를 뀌였다. 그런데 얼마못가서 그 졸들이 안기생의 《왕궁》에 진을 치더니 그만 《장훈이야!》하는 소리가 불함산을 들었다놓았다.
 안기생은 얼굴이 뻘개서 기를 쓰고 머리를 짜냈지만 그 졸들의 공격을 끝내 막아내지 못했다. 결국 다 이겼다고 수염을 내려쓸던 안기생은 졸장기에 녹아나고말았다. 그러나 쪽수로 보면 그때까지 상대보다 어방없이 많은 안기생이고보면 야수하기가 그지없었다.
 《안어른, 졸이란게 그렇게 허술히 볼게 아니라네. 늘 보아야 졸이 일을 친다는걸 명심하게나.》
 적송자는 흐뭇하게 미소를 지으며 붙는 불에 키질까지 하였다.
 그때 해가 너물너물 넘어가기 시작하였다. 적송자는 품속에서 자하주(신선들이 마시는 술)를 꺼내였다.
 《자, 오늘은 내가 이겼으니 안어른이 술을 붓소.》
 안기생은 분했지만 그 술을 적송자에게 붓지 않을수 없었다.
 《내 속세에 와서 먼저 져주긴 했지만 래일은 어디 두고 보리다.》
 두 신선은 구름을 타고 하늘나라로 돌아갔다.
 그 이튿날 내기는 다시 시작되였다. 안기생은 어제 경험에 비추어 졸들을 경계하면서 처음부터 맹렬한 공격을 들이대였다. 그런데 적송자는 거의 질듯질듯하는 순간마다 머리를 식힌다고 하면서 장기판에서 물러나 한참씩이나 사방을 둘러보았다.
 (암만 봐야 산과 바위밖에 더 있을라구…)
 안기생은 코웃음을 쳤다. 그러나 이번에도 적송자는 그 공격을 교묘하게 막아내고는 불시에 《말》을 내몰아 상대방의 《왕궁》에 돌입하였다.
 《장훈이야!》
 적송자는 이번에도 요진통을 바로 질렀다. 안기생은 그만 손을 털고 나앉았다. 그리하여 그날 안기생은 때아닌 《말》장기에 패하여 적송자에게 또 술을 부었다.
 그날밤, 안기생은 잠을 이루지 못했다. 연거퍼 두번씩이나 패하고

보니 입이 쓰겁다 못해서 메스껍기까지 하였다. 이제 래일까지 지는 날에는 아득한 천년세월을 끌어온 장장 지구전에서 영영 손들고 나앉게 된다. 그러면 하늘나라에 소문이 쫙할게구. 래일은 어떻게든지 이겨야 한다. 안기생의 눈앞에는 장밤 장기쪽이 왔다갔다하였다.

그 다음날 다시 대전이 벌어졌다. 안기생은 눈에 달이 돋아서 줄곧 공격을 들이댔지만 적송자는 별로 어렵지 않게 막아내군하였다. 그리고는 《차》를 공격에 내몰았다가는 《포》로 불시에 돌입하고 또 《말》과 《상》을 뒤바꾸어가면서 별의별 수를 연방 꾸며내였다.

그바람에 안기생은 수세에 빠져서 쩔쩔매였다. 결국 세번째판도 또 지고말았다.

《한판 더… 한판만 더…》

안기생은 적송자의 옷자락을 부여잡고 다시 붙어보았지만 소용이 없었다. 다섯번을 연거퍼 지고보니 더 할 렴치도 없었다. 안기생은 그만이야 무릎을 꿇고말았다.

한참이나 분한 마음을 새기고나서 그는 물었다.

《적송자어른, 이 며칠사이에 무슨 수가 그리 버쩍 늘었소? 장기에 진것은 진게고 그 묘리를 대줄순 없겠소?》

하늘의 조화가 아니고서는 도저히 그렇게 될수 없다고 생각한 안기생이였다. 그랬더니 적송자는 허허 웃으며 연연히 뻗어내린 산발들을 가리켰다.

《나라고 무슨 수가 갑자기 생겼겠소. 첫날 나는 수세에 몰리다가 저 천군바위들을 유심히 굽어보게 되였소. 그 순간 천군바위가 다 《졸》로 변하면서 병사봉을 향하여 야금야금 돌진하지 않겠소. 그 병사봉이 그대로 안어른의 《궁》이였소. 그래서 나는 《졸》을 솔솔 내몰아 안어른을 손쉽게 이겼지요.》

《그래 첫날은 졸장기를 두었군그래.》

안기생은 기가 막혀서 허허 웃고말았다.

《두번째날엔 안어른이 졸들을 제압하는바람에 또 무슨 수가 없나 하여 사방을 둘러보니 이번엔 저 망천후가 눈에 띄우지 않겠소. 그 망천후를 새겨보니 꼭 말이 자기를 써달라고 우는것 같았소. 그래서 제꺽 《말》로써 안어른의 요진통을 찌르지 않았겠소.》

《그래서 적송자어른은 무슨 수를 생각할 때마다 머리를 식히는척하면서 사방을 굽어봤구려.》

《용케 알아보았소.》
적송자는 머리를 끄덕이였다.
《그러나 수를 꾸며주는건 불합산의 산세만이 아니였소. 세번째날엔 이 불합산의 변화무쌍한 조화가 더 멋진수를 튕겨주었소. 글쎄, 바람 한점 없던 하늘에 난데없는 폭풍이 일어나 비구름을 몰아오고 돌을 날리는가 하면 대지를 뒤덮었던 그 구름이 어디론가 순식간에 사라지고 그러다가는 또 비를 뿌리고 그 비가 우박이 되여 쏟아지고 그 우박이 어느새 눈까비로 변하고 그 눈까비가 잠간새에 하얀 눈송이가 되여 펄펄 날리지 않겠소. 그 눈비를 맞고보니 수란 이렇게 고정격식이 아니라 불합산처럼 변화무쌍해야 한다는 생각이 생기질 않겠소. 나는 〈차〉를 비로, 〈포〉는 우박으로, 〈말〉〈상〉은 진눈까비와 함박눈으로 생각하고 연방 뒤바꾸어가면서 안어른을 들볶아댔소…》
《그러니 결국 이 불합산이 갖은 수와 지혜를 새겨준 원천이겠소.》
안기생은 못내 서운하였다. 적송자와 함께 이 산정에 앉아서 함께 지세를 바라보고 똑같이 눈비를 맞으면서도 자기는 왜 그런 생각을 해보지 못했는지 안타깝기가 그지 없었다.
《그런데 적송자어른은 어떻게 되여 그 리치를 그렇게 쉽게 깨달았소?》
적송자는 웃으면서 실토하였다.
《실은 나도 그 리치를 터득하지 못했는데 이 불합산의 물을 마시고 여기서 뼈를 굵힌 한 늙은이가 그 생각을 튕겨주지 않았겠소.》
적송자는 며칠전 려삼이라는 늙은이를 만났던 일을 세세히 말했다.
그제사 안기생의 분한 마음이 얼마간 가라앉았다.
《우리 신선들의 머리가 아무리 좋다고 해도 이 불합산의 지략과 전법을 어떻게 당하리오. 그러니 그걸 옮긴 적송자어른이 이길거야 당연한 일이 아니겠소.》
두 신선은 껄껄 웃었다.
《정말 불합산이야말로 지용을 겸비한 영웅군자의 기질을 다 갖춘 세계의 으뜸가는 명산이지요.》
《그러니 이 불합산을 조종의 산으로 삼고있는 해동국이야말로 그

어떤 강적과 맞서도 떳떳이 자기의 존엄을 지켜가리로다!》

두 신선의 웃음소리는 메아리되여 온 천하에 울려갔다.

그후에도 적송자와 안기생은 불함산에 자주 내려와 줄곧 장기를 두면서 수쓰는 법을 무르익혔다고 한다.

먼 후날에 리조의 이름난 시인인 조수삼은 두 신선이 마주앉아 장기를 두던 이 장기바위를 바라보며 이런 시를 남기였다.

　　　　두 벼랑이 마주서서
　　　　대궐문 되였는데
　　　　한 돌이 가로질려
　　　　다리까지 놓였구나

　　　　다리를 건느면
　　　　장기판이 놓여있어
　　　　붓으로 그린듯이
　　　　가로세로 푸른길이 째여졌네
　　　　　　　　　　　　　박 상 용

대각봉과 연지봉

하늘의 천궁에는 아름다운 선녀들이 많았다고 한다. 그중에서도 용모와 자색이 출중하여 온 천궁의 이목을 한몸에 독차지한 연지라는 선녀가 있었다.

연지는 그 인물만 아름다운것이 아니라 춤 잘추고 노래 또한 명창이다. 뿐만아니라 붓을 들면 일필휘지하는 명필인데다 또 시를 잘 지어 그를 따를자 없으니 옥황상제의 각별한 사랑을 받는 선녀중의 선녀였다.

천궁의 수많은 사나이들이 연지를 두고 은근히 마음을 썼으나 그 누구도 감히 넘겨다볼수 없었다. 그것은 천궁의 무사인 대각이 어느새 벌써 그의 사랑을 독차지하였기때문이였다. 대각을 놓고 말하면 그도 또한 인물이 잘나고 문무를 겸비한 신선중의 신선이며 무사중의 무사이고 사나이중의 사나이니 천궁에 둘도 없는 인물이여서 옥황상제의 사랑을 받는 신망높은 신하였다.

그런 대각이기에 연지를 사랑할만도 하고 연지 또한 그의 사랑을 받는것이 응당하기에 누구나 그 사이에 들어설수 없었다.

대각과 연지는 달 밝은 밤이면 은하수가를 거닐면서 밤새도록 뜨거운 사랑을 속삭이며 변치말자 굳은 언약을 다지기도 하였다.

그러던 어느날 연지와 대각은 노을지는 저녁부터 은하수가를 거닐었다. 문득 대각이 연지의 손을 싸쥐며 속삭이듯 말했다.

《연지! 시를 한수 지어보오. 당신이 나를 얼마나 사랑하는가를 시로서 말해보오.》

연지는 고운눈에 웃음을 가득담아 대각을 쳐다보며 수집은듯 고개를 다소곳이 숙이고 이렇게 말했다.

《웃지 않겠다고 저에게 약속하시면 시를 짓겠나이다.》

연지는 어리광부리듯 고개를 갸웃하고 대각을 쳐다보았다.

《그렇게 하지. 약속하고말고… 연지가 누구라고 내가 감히 웃겠소.》

연지는 마치 은쟁반에 옥을 굴리는듯한 청아한 목소리로 조용히 시를 읊었다.

소녀의 이 사랑이 맑은 샘이랄가
자꾸만 솟구치니 이 일을 어찌할가
두손 모아 이 가슴 감싸안을뿐…

그러자 대각은 연지의 귀여운 얼굴을 바라보다가 그의 시구를 얼른 받아 자기의 시를 읊었다.

그대의 사랑이 옹달샘이라면
장부의 이 사랑은 끝없는 대해라
차라리 대해의 품에 안김이 어떠리

대각은 더는 참을수 없어 연지를 한품에 꼭 끌어안았다.

연지는 고운눈을 흘겨 대각을 쳐다보며 영석을 부리듯 그를 밀치는듯하면서도 그 품에 더욱 깊이 안기였다. 힘이 장사인 대각이 어찌나 꼭 끌어안았던지 연지는 숨도 제대로 쉴수 없었다. 그래도 연지는 새물새물 웃기만했다.

그 순간 둥근 달도 그들을 내려다보다가 구름속에 슬쩍 숨어주었고 반짝이는 별들도 얼른 눈을 감아주었다. 다만 짖궂은 바람만이 시샘이 난듯 분수없이 소란스럽게 불어댔다.

바로 이들이 행복한 순간을 보내고있을 때에 옥황상제는 깊은 수심에 잠겨 천궁을 오락가락했다.

그앞에 천궁의 한 신하가 꿇어앉아 옥황상제에게 아뢰였다.

《옥황마마, 지금 오랑캐무리들이 인간세상의 조종의 산이며 우리 천궁을 떠받든 기둥인 저 백두산을 탐내고있으니 일찌감치 그 화근을 없앰이 좋을듯하나이다. 그런데 이 일은 대각만이 감당할수 있을줄 아뢰나이다.》

옥황상제는 눈을 지그시 감고 생각에 잠기였다. 문무가 출중한 그를 늘 곁에 두고싶었지만 사정이 이러하니 아쉬운대로 대각을 보낼수밖에 없었다.

《여봐라. 대각을 대령케 하라!》

그리하여 어린 천동이 은하수 가로 달려왔다.

《아뢰오. 옥황마마께서 대각님을 대령하라 하오이다.》

대각은 아쉬운듯 연지를 품에서 떼놓고 옷깃을 여미고 천궁에 들어섰다.

《무사 대각이 대령하였소이다.》

《음—》

옥황상제는 대각을 미더운 눈길로 내려다보았다. 키가 스무척이요, 기골이 장대하고 어깨가 쩍 벌어진 대각의 모습은 볼수록 름름하였다.

《대각 듣거라. 하늘과 땅이 갈라질 때에 처음 솟은 저 백두산은 하늘을 떠받드는 기둥이요, 인간세상의 조종의 산이로다. 그런데 무엄하게도 오랑캐무리들이 그 산을 탐내니 어찌 용서할손가? 그런즉 경이 군사를 거느리고 내려가서 그들을 징벌하고 돌아옴이 어떠한고?》

《옥황마마의 그 뜻을 따르겠나이다.》

이렇게 되여 대각은 수하군사를 이끌고 백두산으로 가게 되였다. 그는 떠나기에 앞서 연지와 작별인사를 나누었다.

그들은 사랑의 신표로써 연지가 손수 짠 비단천에 둘이서 함께 붓을 쥐고 시를 써서 그것을 절반씩 나누었다.

석별의 마지막순간에 연지의 두볼에는 눈물이 하염없이 흘러내렸다.

《연지, 울지 마오. 내 오랑캐들을 징벌하고 곧 돌아오리다.》

말은 이렇게 하면서도 대각은 가슴이 쓰리고 아팠다. 아직 성례도 치르지 않았고 옥황상제도 알지 못하는 그 사랑을 두고 차마 발길이 떨어지지 않았던것이다. 연지는 연지대로 대각을 두고 근심과 격정이 가슴을 짓눌렀다.

(백두산은 그렇게 춥다는데 과연 대각랑이 무사히 돌아올가? 그리고 인간세상에는 마음이 착하고 인물이 아름다운 녀인들이 많다는데 혹시나 그들에게 유혹되지나 않을지?)

다심한 녀인들의 마음이란 공연한 잔근심을 생각해내고 그것으로 자기 마음을 스스로 피롭히니 아마도 그래서 녀인들을 옹졸하다고 하는것 같다.

대각과 연지는 이렇게 헤여졌다. 어느덧 무정한 세월이 흘러 그들이 헤여진지도 한해가 가까와왔다. 그 일년열두달 어느 하루도 연지는 대각을 생각하지 않은 날이 없었다. 봄바람이 살랑살랑 불어올 때면 대각과 함께 천궁의 화원에 숨어 사랑을 속삭이던 그날을 추억하였고 새소리 즐거운 여름에는 그와 함께 하늘의 수림속을 거닐던 그때를 생각하였고 소슬한 가을바람이 불어오는 날은 사랑의 시를 주고받던 잊지 못할 그밤을 새겨보기도 했다.

낮에는 해를 쳐다보며 오늘에는 오실가, 밤이면 밤대로 밝은 달을 바라보며 눈물속에 대각을 기다리는 마음 일일천추 같았다. 그이께 옷을 지어보내려고 천을 짜자고 하니 손맥이 풀렸고 시를 쓰자니 눈물이 앞을 가리워 글을 쓸수 없었다. 어쩌면 이 마음 달래여볼가 하여 자기들이 즐겁게 놀던 은하수가를 거닐어도 보았다. 그러나 하냥 즐겁고 정답던 은하수가도 대각이 곁에 없으니 황막하고 적적하기만 하였다. 연지는 조용히 앉아 홀로 속삭이였다.

(혹시 그대가 나를 잊은게 아닐가? 내가 얼마나 그대를 그리는지 알기나 하신지. 오랑캐를 몰아내고 인차 오겠다고 하시던 그 말씀

을 혹시 잊으신게 아닐가?》

어느날 연지는 믿음이 가는 백학을 불러 백두산에 갔다와달라고 부탁하였다. 그는 님이 그리워 울면서 쓴 눈물에 얼룩진 시와 솜버선을 주며 간절하게 말했다.

《학아, 부디 쉬지 말고 대각님께 얼른 갔다 오너라. 그리고 언제 오시려나 꼭 알아봐다오.》

그런데 어찌된 일인지 그 학도 돌아오지 않았다.

(웬일인가, 그 학마저 왜 돌아오지 않을가?) 연지는 더는 그대로 있을수 없었다. 참자하니 가슴이 타는것만 같았고 기다리자 하니 애간장이 다 녹아버릴것만 같았다.

그는 구름신선을 찾아갔다. 연지는 그 신선에게 자초지종 모든 사연을 숨기지 않고 말하며 구름속에 자기를 숨기여 백두산에 내려보내달라고 애원하였다. 그러자 구름신선할아버지는 머리를 흔들었다.

《아서라, 연지, 여름이면 몰라도 인제는 백두산엔 가을인데 어떻게 간다고 그러느뇨? 그리고 옥황마마께서 아시는날엔 나는 물론 연지와 대각도 큰변이 날것이니 아예 그런 생각을 말아라.》

연지는 구름신선할아버지의 두손을 꼭 잡고 눈물을 흘리였다.

《구름신선할아버지, 저를 불쌍히 여겨주소이다. 이 천궁이 아무리 아름다와도 그이가 없이는 소녀의 눈엔 살풍경으로 보이고 진수성찬을 먹어도 모래를 씹는것 같으며 비단옷을 입어도 즐겁지 않소이다. 정말 이대로 있다가는 애간장이 다 타서 죽어버릴것이니 이 또한 불쌍하지 않으시나이까!》

연지의 진정은 마침내 구름신선의 마음을 움직이였다. 구름신선은 어찌는수 없어 흰구름속에 숨겨서 그를 백두산으로 내려보내주었다.

연지는 그리 힘들이지 않고 어느 한 봉우리에서 대각을 찾아냈다. 대각은 깊은 생각에 잠겨 산을 돌아보고있었다.

먼발치에서 그를 보는 순간 연지는 아이들처럼 두팔을 벌리고 소리치며 달려가고싶었다. 그러나 어찌보면 대각의 마음은 자기처럼 뜨거운것 같지 않았다. 연지는 고개를 갸웃하고 생각하였다.

(저 대각님이 나를 감감 잊은게 아닐가?)

그렇듯 그립던 님이건만 그의 가슴속깊이에 자기에 대한 사랑이 얼마나 뜨거운가를 타진해보고싶은것이 녀인의 얄궂은 심사이다.
 연지는 품속에 소중히 간직했던 사랑의 신표인 비단수건 반쪽을 입김으로 훅 불었다. 그 비단수건은 바람결을 타고 대각의 발앞에 사뿐 떨어졌다.
 대각은 무심결에 바람에 날려온 손수건을 주어들고 놀라와하며 자기의 품속에서 다른 한쪽을 꺼내여 맞추어보았다. 그러더니 깜짝 놀라며 사방을 둘러보기도 하고 먼 하늘을 쳐다보기도 하였다.
 그때 연지는 큰 바위뒤에 숨어서 조용히 시를 읊었다.

 소녀의 사랑은 모닥불이라
 이 가슴은 타고타서 재만 남는데
 싸늘하게 식은 그대의 가슴엔
 한점의 불씨도 없는가 보노라

 그러자 대각은 소리나는 쪽으로 다급히 걸음을 옮겨가면서 화답시를 읊었다.

 녀인의 사랑이 모닥불이라면
 장부의 내 사랑은 활화산이라
 흐르는 세월도 그 불길 끄지 못하리

 대각은 마침내 바위뒤에 숨은 연지를 찾아서 한품에 와락 끌어안았다.
 《이게 어찌된 일이요? 연지가 어떻게 여기에 왔소?》
 《저는 오면 안되오이까. 소식 한장 없으니 그리워서 왔소이다.》
 대각은 한숨을 내쉬며 조용히 말했다.
 《보고싶었소. 정말 그리웠소. 그러나 나는 옥황마마의 중임을 받고 군사를 거느리고 온 몸이 아니오. 오랑캐무리들을 징벌했으나 그들이 백두산을 노리는 야망은 없어지지 않았소.》
 연지는 말없이 대각을 쳐다보기만 하였다. 그립던 그 모습에서 눈을 뗄수 없었다.
 대각은 연지에게 말하기를 모든 군사들이 다 천궁에 사랑하는 님을 두고 왔는데 어떻게 자기만이 천궁에 올라가겠는가 하며 이곳은 산세가 험해서 선녀가 있을곳이 못되니 어서 떠나가라고 했다. 연지는 그 말이 싫었다.

《예로부터 죽으란 말보다 가라는 말이 더 서럽다는데 대각님은 어찌하여 만나자마자 가라고 하시나이까. 오늘만이라도 그런 말을 마소이다.》

어느덧 해는 지고 어둠이 나래를 펴기 시작했다.

연지는 어둠속에 우중충 솟은 산봉우리가 무서웠고 바람 세찬 산정에서 홀로 밤을 샐수도 없었다. 그래서 그밤을 대각과 함께 보냈다. 그것이 연지와 대각에게는 처음으로 되는 행복한 밤이였고 아무 구속도 시름도 없는 모든것이 자기것으로 된 사랑의 절정을 이룬 밤이였다.

새날이 밝았다. 대각은 연지와 함께 천지가에서 아침 해돋이를 맞이하였다.

천지의 아침해돋이는 실로 황홀했다. 어둠이 서서히 물러서자 잠을 깬 천리수해가 일렁이고 창검을 든것만 같은 크고 작은 봉우리들이 해빛을 받아 금빛으로 물들기 시작했다. 대각은 연지의 손을 잡았다.

《나는 연지때문에 천궁생각을 자주 했지만 사실은 이 백두산을 떠나고싶은 생각은 없소. 사나이가 서야 할곳은 안온한 천궁이 아니라 이 숭엄한 백두산이요.》

대각은 자기의 속심을 털어놓았다. 천궁은 선녀들이나 신선들이 살기 좋은곳이지만 대장부들이 살기에는 너무도 조용하고 더없이 안온하다고 했다. 천궁의 신선들처럼 소위 몇만년을 사는것을 자랑과 행복으로 생각하며 날마다 바둑이나 놀고 고리타분한 시나 읊조리고 기껏해야 은하수가를 산책하며 살아서야 무슨 의의가 있는가고 하였다. 이 백두산에서의 생활은 뜻이 있고 목적이 있으며 포부가 있고 미래가 있다고 했다. 대각은 아침안개속에 우뚝이 웅장한 자태를 드러내는 천만산악의 봉우리들과 기암절벽을 가리키면서 마치 고향을 자랑하듯 말했다.

《그래서 나는 백두산을 나의 고향으로 삼으려 했소. 그리고 나의 삶의 뿌리도 여기에 내리고싶소. 연지, 그대가 보낸 학도 여기에 남아있소. 어서 내 고향을 밟아보오. 그러면 그 학이 왜 여기에 남아있게 되였는가를 연지자신이 저절로 알게 될게요.》

연지는 하나하나의 봉우리들과 절벽바위들을 다 돌아보았다. 모두가 자기의 위치가 있고 크나큰 자랑을 안고 응당 서야 할 자리에 솟은것만 같았다. 웅장하고 숭엄한 봉우리들과 성스러운 산악들의 위용을 바라보느라면 저절로 가슴이 뿌듯해지고 힘이 솟았다.

연지는 폭포가에 이르렀다. 천길 낭떠러지를 서슴없이 뛰여내리는 물줄기는 하얀 비단필을 드리워놓은듯 하였다. 어느새 칠색의 고운 무지개가 그 《비단필》우에 수를 놓았다.

《아이 멋이 있구나! 은하수가 왔다 울고 가겠구나.》

연지는 연방 감탄하였다. 이런 절경을 보여주는 백두산이 고맙기도 하였다.

그때 어디선가 노래소리가 들려왔다. 연지는 깜짝 놀랐다.

(무슨 노래소리일가? 이 높은 산정에도 사람이 살가?)

그는 노래소리가 울려오는 양지바른 골짜기들을 바라보았다. 안개가 서서히 걷히는속에 빨간치마에 노랑저고리를 입고 긴 머리채를 드리운 처녀들과 씩씩한 총각들이 서로 노래를 주고받으며 약초를 캐고있었다.

그때 어느새 연지의 뒤를 소리없이 따라나선 대각이 말해주었다.

《약초캐는 처녀총각들이요, 여기 인간세상 사람들은 봄이면 나물을 뜯고 씨를 뿌리며 여름이면 푸르러가는 산과 밭을 가꾸며 가을이면 이렇게 귀중한 약초를 캐기도 하오.》

연지는 생각이 깊어졌다. 자기는 천궁에 있을 때는 속세의 인간세상은 궁벽하고 백두산은 춥기만 하여 사람 못살곳이라고만 생각하였다. 속세라고만 치부하던 인간세상이 이렇게 아름다운 생활이 있고 노래가 있고 랑만이 있다는것을 비로소 알게 되였다. 연지의 가슴속에는 사랑하는님이 이런 인간세상의 기둥인 백두산을 지켜선 무사이고 장군이라고 생각하니 더없이 우러러보였다.

바로 그때 연지를 천궁으로 어서 올라오라고 구름신선이 보낸 구름마차가 백두산에 당도하였다.

대각은 연지더러 어서 구름마차에 오르라고 재촉하였다. 그는 이곳을 떠나기 아수했지만 구름신선에게 한 약속이 있어 할수없이 그 구름마차에 올랐다.

《대각님, 기다리세요. 내 꼭 다시 내려오겠어요.》

연지는 대각이 언제 천궁에 올라오겠는가고 물을 대신에 자기가 내려오겠다는 약속을 남겼다.
 그후 며칠이 지나자 정말 연지는 백두산으로 다시 내려왔다.
 천지가에서 대각은 다시 만난 연지를 보고 기쁘기도 하고 걱정스럽기도 하였다.
 《옥황마마께서 아시오?》
 《모르시나이다. 몇번이나 옥황마마를 찾아서 애원하였지만은 끝끝내 허락하지 않았소이다. 별수없이 글 몇자를 남기고 몰래 구름마차를 타고 영영 내려왔소이다.》
 그러면서 연지는 이 백두산에서 대각과 함께 파수를 서고 군사들에게 밥도 해주며 속세의 인간들처럼 이 백두산을 가꾸며 살겠노라고 하였다. 대각은 연지를 보며 물었다.
 《후회하지 않겠소? 그러다가 우리함께 옥황상제의 벌을 받을수도 있소.》
 그러자 연지는 도리질을 하였다.
 《그 어떤 벌도 무섭지 않나이다. 설사 하루를 살다가 옥황님의 벌을 받아 돌이 된다 하여도 후회하지 않겠나이다.》
 그때 흰눈이 내리며 눈보라가 태질을 하였다. 이제 오랑캐가 또 쳐들어올것 같다는 소문이 돌았다. 그놈들은 이런 틈을 노린다고 하였다.
 연지는 그 함함하고 치렁치렁한 머리채를 서슴없이 짤랐다. 그리고는 대각의 신발창에 그리고 병사들의 신발창에도 두텁게 깔아주었다.
 과연 오랑캐무리들이 백두산을 탐내여 다시 기여들었지만 산정에는 오르지도 못하고 쫓겨갔다.
 한편 천궁에서는 큰 소동이 벌어졌다. 연지가 없어진것을 뒤늦게야 알게 되였던것이다.
 옥황상제는 연지가 써놓은 편지를 보고 백두산을 지키려는 그들의 행동이 의롭기도 했지만 하늘의 법을 어길수는 없다고 생각했다. 하늘의 법은 사실이 어떻든간에 옥황상제의 령이 없이는 그 어떤 일도 제 마음대로 할수 없었다. 옥황상제는 이들을 용서하여준다면 몇천년을 내려오는 하늘의 법에 굼이 가고 천궁이 뒤죽박죽이 될수 있다고 생각했다.
 그러나 옥황상제는 서둘러 결심을 내리지 못했다. 그들모두가 다시 천궁으로 올라오기를 바랬다. 그러나 기회를 준 백날이 다 되여도 그들은 하늘로 다시 올라오지 않았다. 옥황상제는 그 소행이 괘씸하여 몇번인가 그들에게 엄벌을 내리자고 생각했고 또 천궁의 관례대로 한다면 벼락신을 시켜 그들의 생을 빼앗아야 한다. 그러나 그러기는 너무도 아까운 신하들이였다.

옥황상제는 생각하고 생각한후 한가지 수를 쓰기로 했다. 그들을 천궁에 불러 잔치를 차려주고 마음을 돌려세우려고 하였다.

어느날 하늘의 학은 옥황상제의 글을 가지고 왔다. 옥황마마께서 그들더러 잔치를 한후 다시 내려보내주겠다는 글이였다. 옥황상제의 뜻을 전해들은 그들은 하늘에 올라갔다. 대각과 연지는 옥황마마앞에 큰절을 올렸다.

옥황상제는 천궁에서 요란한 잔치를 차리고 그사이 백두산을 지킨 대각의 공로를 크게 칭찬하였다. 잔치가 끝난 다음 옥황상제는 계획한대로 그들에게 말했다.

《대각과 연지 들거라. 그대들은 내가 제일 사랑하는 신하중의 신하이고 선녀중의 선녀인데 어이하여 내곁을 떠나려 하느뇨?》

대각과 연지는 마음이 뜨거워졌고 그 믿음과 사랑이 고마와 눈물을 흘리였다. 그러나 대각은 옥황마마앞에 다시 절하고 자기의 뜻을 말했다.

《옥황마마, 저희들이 어찌 그 은총을 모르겠나이까? 저희들을 믿어주시고 사랑하심에 천분의 일이라도 보답하는 길이 바로 이 길인가 하오이다.》

대각은 자기가 천궁에서 한가히 세월을 보내는것은 너무도 허무하고 무료한 일이라는것과 천궁을 떠받든 백두산을 지키는것은 옥황마마를 받드는 일이 아니냐고 하면서 그 누구든지 또 내려가야 하는데 백두산을 잘 아는 자기가 적절하다고 거듭 청원하였다.

옥황은 그들을 다시 내려다보며 귀중한 신하들을 잃는다고 생각하니 가슴이 아프고 쓰리여 눈굽을 닦으며 말했다.

《들거라! 내 그대들의 뜻을 모르지 않노라. 그러나 거기에 가면 너희들은 속세의 인간과 다름없으니 오래 살지 못함을 아는고?》

대각은 오히려 웃으면서 옥황상제를 위로하였다.

《옥황마마! 무료한 식객으로 천년을 사느니보다 옥황님께서 제시는 천궁의 기둥인 백두산을 지켜 옥황님의 안전을 위하는 의로운

일을 하다 한순간을 살고 죽은들 무슨 여한이 있겠나이까!》
 그들은 내려가서 백두산을 지키다가 생이 진하면 그 산의 이름없는 바위가 되여서도 천궁을 떠받드는 백두산의 바위가 된다면 원이 없겠노라고 하며 그것이 충신의 빛나는 생이 아니냐고 웃으며 말했다.
 《과시 충신이로다. 기특하도다.》
 옥황상제는 대각과 연지가 전에없이 더 기특하고 충실한 신하임을 다시 느끼며 그들을 한품에 끌어안았다.
 《내려가거라. 내가 그대들이 그리울 때, 또 그대들이 나를 보고싶을 때 천궁에 올라와서 놀군할지어다.》
 그리하여 그들은 옥황상제가 주는 사랑의 선물까지 받아안고 다시 백두산에 내려왔다.
 그들은 한생을 백두산을 지키다가 생의 마지막에도 천궁에 가자 않고 백두산을 지켰다. 세월이 하도 오래니 그들은 옥황상제에게 맹세한대로 백두산에 영생의 뿌리를 박고 천심을 떠받든 절벽, 바위로 되여 오늘은 대각봉과 연지봉으로 서있다.
 그들에게는 어머니 연지를 닮은 어린 딸 소연지가 있었는데 그도 대각봉과 연지봉 사이에서 백두산의 소연지봉으로 되였다.

조 수 영

잣을 물고 온 소백산비둘기

 백두산산림지대에서는 해발 2천메터의 높이를 두고 산림한계선이라 한다.
 이 산림한계선부터는 나무들이 자라지 않으며 간혹 자라는 경우에도 키가 낮고 백두산쪽에서 불어오는 서북풍의 영향으로 나무가지들이 한쪽켠으로만 뻗어있다.
 그런데 해발 2천백여메터를 헤아리는 소백산저구애는 분비, 가문비, 이깔나무 등 바늘잎나무들이 무성하게 자랄뿐아니라 낮은 지대에서만 볼수 있는 잣나무숲이 있는데 거기에 산비둘기까지 살고있어 사람들의 눈길을 끈다.
이 잣나무숲과 산비둘기를 두고 하나의 전설이 오늘까지 전해져 고있다.

옛날 백두산이 지척인 소백산마을에 효동이라 부르는 어린 소년이 앓는 어머니를 모시고 살았다.
효동이는 유복자로 태여나 아버지의 사랑을 모른채 홀어머니 품에서 자랐다.
원래 부모들의 고향은 벼농사로 소문나고 살기 좋기로 이름난 호남벌이였는데 악착하고 고약한 지주놈의 등살에 이기지 못해 살길을 찾아 이리저리 떠돌아다니다가 여기 소백산마을에 피나리보짐을 풀어놓았던것이다.
아버지와 어머니는 화전을 일쿠어 농사를 지었다. 첫해농사도 채 거두어들이지 못한채 아버지는 지주놈의 악착한 고역살이에 뼈속까지 들었던 골병이 도져서 미처 손쓸 사이 없이 세상을 떠나고말았다.
기둥같이 믿고살던 남편을 땅에 묻은 어머니는 석달만에 유복자인 효동이를 낳았다.
마을사람들은 유복자 그의 이름을 효동이라고 지어주었다.
효동은 어머니의 사랑을 받으며 잘 자랐다.
어머니도 효동이를 애지중지 키우며 거기서 모든 행복을 느끼군 하였다.
그러던 어느날 어머니가 시름시름 앓기 시작하였는데 얼마후에는 그만 자리에 눕게 되였다. 한달두달 어머니의 병은 점점 더 심해 갔다.
어느날 효동이는 좁쌀미음을 쒀서 어머니한테 올렸다. 어머니는 놀라서 《네가 어데서 좁쌀을 다 얻어왔니. 그 쌀은 이고장에 없는 것인데…》 하며 아들을 바라보다가 그만 효동이를 와락 품에 안고 뜨거운 눈물을 흘렸다.
효동이도 울었다. 어머니는 자기마저 저세상으로 가버린다면 저 어린것이 어떻게 혼자서 살아가랴 하는 생각에 가슴이 미여지는듯 하였다.
밤깊도록 어머니 품에서 흐느끼던 효동은 애기처럼 어머니 팔을 베고 잠들어버렸다.
  효동이는 그날밤 꿈속에서 신선할아버지를 만났다.
 《네 나이 열한살이면 적은것이 아니다. 어머니의 병이 중한데 그 렇게 울기만 해서 되겠느냐? 네 지성이 너무나도 부족한것 같구나!》 하고는 슬그머니 사라지고말았다.
  효동이는 신선할아버지의 우렁우렁한 음성에 후닥닥 놀라 잠에서 깨여났다.
  이튿날 효동이는 어머니의 미음 두그릇을 따뜻한 아래목에 놓아두고 새벽일찍 문을 나섰다.
 《애야, 너 어디로 가려니.》
 《땔나무를 하려고 산에…》
 《해가 쪼이면 가거라. 지금은 고새(백두산쪽에서 불어오는 맵짠 새벽바람)가 한창일텐데.》
 《어머니, 걱정 마세요. 오늘은 일찍 돌아올려고 그래요.》
  효동이는 어머니를 안심시키려고 이렇게 말하였다. 그는 지금 80리가 넘는 허항령마을의 령험한 의원집을 찾아 길을 나섰던것이다.
  효동이는 구운 감자 몇알을 보자기에 싸서 허리에 동여매고 덧저고리주머니에 소금 한줌을 넣고서 해종일 걸었다.
  나어린 효동이가 먼길을 찾아온것이 너무도 기특하여 의원할아버지는 그의 어머니 병세에 대한 이야기를 자상히 다 들어주었다.
 《애야, 네 어머니의 병은 너무 중해서 이 세상의 명약이라고 하는 산삼이나 록용도 효험이 없고 저 하늘의 옥황께서나 쓴다는 불로초로도 어찌 할수가 없겠구나. 참 야단이로다.》
 《의원할아버지, 할아버지는 그처럼 병을 잘 고치신다는데 저의 어머니를 구하실길이 그렇게도 없으시겠나이까.》
 《애야, 너무 상심 말어라, 정성이 지극하면 돌우에도 꽃을 피운다 했거늘.》
 《그러면 어머니의 병을 고칠수 있는 약방문만 대주소이다. 하늘의 별을 따오라면 따오고 백두산의 룡왕담의 옥샘이 약으로 된다면 천지물속이라도 뛰여들어가 꼭 그 샘물을 떠오겠나이다.》
  효동이는 눈물로 량볼을 적시면서 의원앞에 꿇어앉아 간절히 애원하였다.
  효동이의 애절한 목소리에 의원도 눈굽을 훔치더니 높은 책장에서 목침같은 의서를 꺼내여 오래도록 뒤적여보다가 돋보기안경을 벗어들며 효동에게 말하였다.
《애야, 이제 집으로 가면 생잣 한보시기를 마른 돌버섯과 함께 찧어서 백수에 타 세번 대접하여라. 이 약은 꼭 곱돌절구에 찧어야 한다.》
《의원할아버지, 정말 고맙사와요. 이 은혜를 반드시…》
《병이란 약보다도 의지와 정성으로 고친다는 말이 있느니라. 꼭 명심하거라.》
효동이는 당장 어머니의 병이 다 나은듯한 기쁨을 안고 깊은산 협한 고개도 훨훨 넘으며 집으로 돌아왔다.
(생잣 한보시기, 마른 돌버섯 그리고 백수… 옳지 꼭 곱돌절구에…)
그는 혹시 의원의 말을 잊어버리기라도 할가봐 이렇게 되뇌이며 걸음을 다우쳤다.
효동이가 훨훨 나는듯이 노루목바위턱을 넘고있는데 불현듯 앞에 끔찍스러운 구렝이 한마리가 대가리를 곤추 쳐들고 자기를 마주 향해 오는것을 발견하였다. 그것은 분명 왕구렝이였다.
구렝이도 효동이를 보고 송곳같은 시뻘건 혀끝을 날름거리며 꼬리를 사리였다.
구렝이는 바위짬에 놓여있는 주먹만한 새알 두개를 삼키려다가 뜻밖에도 효동이와 맞다들었던것이다.
(아니 저놈의 구렝이가 백두산의 작은 산새 알까지 먹어치우려구?)
효동이는 두개의 새알이 자기집 처지와 같이 생각되여 몽둥이로 구렝이의 허리를 힘껏 내리쳤다.
왕구렝이는 검은 아가리에서 시뻘건 독을 뿜기 시작하였다. 그 불길이 얼마나 세찼던지 사위의 풀덤불마저 순식간에 재가 되고말았다.
왕구렝이는 점점 더 독을 쓰며 효동이를 향해 바위턱을 넘어오고 있었다.
《이제는 죽었구나.》하는 생각이 들자 앓고계시는 어머니의 모습이 눈앞에 떠올라 《어머니!》하고 소리를 쳤다.
그런데 갑자기 주위가 검은 구름에 묻힌듯이 새까매지고말았다.

독을 쓰며 달려오던 왕구렝이도 어둠속에서 대가리를 허우적거리였다.

그런데 어데선가 《애야, 이 명주수건으로 네 호주머니의 소금 한줌을 얼른 싸서 구렝이아가리에 던져넣어라!》하는 말소리가 울려왔다.

효동이는 자기를 죽음에서 구원하려고 어떤 귀인이 나타났는지 미처 쳐다볼 사이도 없이 명주수건을 받아 소금을 싸서 쩍 벌린 구렝이의 입안에 힘껏 내던지였다. 그랬더니 구렝이는 대가리를 공중에다 한번 휘저은후 벼랑밑에 굴러떨어졌다.

방금 왕구렝이가 있던 노루목바위우에는 웬 백발로인이 흰옷자락을 날리며 서있었다. 그는 바로 사흘전 꿈속에 찾아왔던 그 인자한 신선할아버지였다.

《신선할아버지, 정말로 고맙사와요.》

효동이는 신선로인께 공손히 큰절을 하였다.

신선로인은 기특한 생각이 들었던지 효동이의 머리를 쓰다듬어주었다.

《그러니 네가 여기 백두산의 작은 새알 두개를 지키려구 왕구렝이와 싸웠댔구나. 장하다.》

《우리 어머니는 늘 저에게 이 백두산속의 새 한마리, 풀 한포기도 함부로 다쳐서는 안된다고 하시였어요. 이것도 깨여나오면 새끼로 되고 나중엔 어미로 자라서 또 새끼를 낳으면 얼마나 많은 산새들이 우리 사는 백두산마을에서 아름다운 노래를 부르겠나요.》

신선할아버지의 얼굴에는 만족한 웃음이 피였다.

《어머니를 병에서 구하고저 하는것은 자식으로서의 효도이고 이 산중의 작은 새알을 지키고저 하는 그 마음은 나라와 강토를 사랑하는 충성스러운 미덕이란다!》

《할아버지, 고맙사와요.》

《효동아, 너의 어머니병에는 잣송이와 돌버섯 그리고 백수와 함께 또 한가지의 꽃잎이 들어가야 더 효험이 있느니라. 이제 곧 집으로 가서 이 금단추를 뜨락에 심거라. 그러면 노란 꽃잎이 돋는 《금전화》가 만발할것이다. 이 꽃잎은 새벽이슬을 꼭 털지 말고 넣어야 한다.》

신선로인은 영특하고 례절바르고 마음착한 효동이를 흐뭇이 바라보며 다시 말을 이었다.
《너의 그 정성이면 무엇인들 못하겠느냐. 옛날부터 일러오기를 덕은 덕으로 갚는다는 속담이 있다. 네가 목숨으로 지켜낸 이 두개의 새알을 어서 정히 품고 가거라. 그러면 너에게 도움이 될 때가 있을게다.》
《신선할아버지, 알겠사와요.》하고 숙였던 머리를 천천히 들고보니 신선로인은 하늘로 올라갔는지 벌써 보이지 않았다.
그날 효동이는 밤이 퍽 깊어서야 집으로 돌아왔다.
사립문을 조용히 열고 마당가에 들어선 효동이는 불도 켜있지 않은 방문앞에 잠시 머뭇거리며 서있었다.
《효동이냐?》
효동이는 어머니의 음성에 가슴이 후두득 뛰였다. 어머니앞에 그 무슨 죄라도 짓고 선듯 문턱을 넘어서지 못하고있다가《네-에, 저-예요.》하고 대답하였다.
효동이는 부엌에 들어서자 벽에 걸어놓은 등에 불을 달아놓았다. 어머니는 해종일 효동이의 생각만 하다가 밤이 깊도록 그가 돌아오지 않아 속이 무척 탔다.
가마목의 미음그릇을 열어본 효동이는 오늘도 어머니가 미음 한술 뜨시지 않았구나 하는 생각에 가슴이 뜨끔하였다.
효동은 얼른 부엌에 내려가 불을 지폈다. 그날밤 어머니는 효동이가 덥혀준 미음을 조금 들었다. 아들의 지성이 그로 하여금 숟가락을 들게 하였던것이다.
효동이는 어머니가 미음을 든 다음에야 허항령의원댁에서 돌아오다가 왕구렝이를 맞다든 일이며 신선로인을 만나 구원된 이야기며 그리고 품에 안고온 두개의 새알에 대한 이야기를 들려주었다.
어머니는 효동이가 왕구렝이와 맞다든 이야기를 들으면서 자기도 깜짝 놀라 가슴을 부여잡았던것이다.
《어머니, 신선할아버지는 이 새알이 우리를 꼭 도와줄게라고 말씀했사와요.》
《효동아, 우리가 그 누구의 덕으로 살겠느냐마는 너의 착한 마음은 헛되지 않을게다.》
이튿날 새벽이였다. 효동이가 밖으로 나가보니 뜻밖에도 온 강산에 눈이 하얗게 덮이였다. 때이르게 내린 눈이였다. 효동이는 가슴이 멀컹 내려앉았다. 그것은 오늘아침 일찌감치 잣을 따러 가려고 마음먹었던것이다.

소백산부근이나 가까운 간백산, 사자봉에는 잣나무가 한그루도 없었다. 잣을 구하자면 마을에서 200리 길도 넘는 먼 포태산쪽으로 가야만 하였다.

효동이는 할수없이 눈이 녹으면 가리라고 마음을 먹었다. 그리고는 아침을 먹은 다음 해빛이 잘 쪼여드는 뙤창가에 새초로 둥지를 틀고 그안에 두개의 새알을 넣은 다음 보드라운 털깃을 깔아주었다.

사흘이 지나갔다.

어득새벽에 뙤창쪽에서는 지금껏 들어보지 못한 소리가 들려왔다.

효동이가 후닥닥 일어나서 다가가보니 뜻밖에도 새알들에서 까나온 비둘기 두마리가 울고있었다.

산비둘기는 제법 《구-구-구-구.》하고 울음소리를 냈다. 갓 까나온 새끼였지만 벌써 깃이 자라날것처럼 푸득거리였다.

효동이는 외로이 살아가는 자기 집에 새 식구가 늘어난것이 기뻐서 늘 뙤창가에만 매여달려있었다.

그런데 어머니의 병은 어쩐지 더 심해만갔다.

어머니는 잠자리에서 일어도 나지 못하고 밤이면 《효동아!》하고 헛소리를 치기도 하였는데 어떤 때는 손맥을 짚어보면 맥박이 뛰지 않기도 하였다. 어느날에는 어머니의 심장이 멎는것 같아서 더럭 겁이 나기도 하였다.

(이제는 어찌하면 좋은가?) 그날 눈만 내리지 않았어도 내가 잣따러 갔을걸… 아니, 허리치는 눈길이라도 왜 선뜻 나서지 못했던가.)

효동이가 이렇게 후회에 잠겨있는데 엎친데 덮친격으로 산비둘기까지 어데론가 날아가버렸다. 효동이가 해종일 기다렸건만 한밤중이 되여도 비둘기는 종시 돌아오지 않았다.

그날 깊은 한밤중이였다. 밖에서는 눈보라가 쳤다.

두다리를 꼬부리고 잠든 아들의 모습을 보고있던 어머니의 가슴은 쓰리고 아팠다. 저 어린것이 혼자 어떻게 이 세상을 살아가랴 하는 생각을 하면 어머니는 숨이 져도 눈을 감을것 같지 않았다.

이런 생각을 쫓다가 황급히 《백두산신령님이시여 부디 불쌍한 우리 효동이를 굽어보살펴주시옵소서.》하고 두손을 모아 기도를 올리였다.

이때 눈보라 아우성치는 밖에서 문을 잡아당기는 소리인지 아니면 뙤창을 긁는 소리인지 가늠하기 어려운 소리가 가늘게 들리였다.

처음에는 눈보라에 문풍지가 우는것으로 생각하던 어머니는 그 소리가 두세번 거듭 들려오는것이 어쩐지 이상스러워 문을 열어주고싶었으나 자리에서 일어날수가 없었다.

그래서 곤하게 잠든 아들을 깨우지 않으면 안되였다.

《효동아, 얘― 효동아―》

효동이는 얼결에 눈을 비비며 일어났다.

《얘야, 밖에 누가 왔는가보구나.》

《어머니두 참, 이 추운밤에 우리 집에 올 사람이 어데있겠나요. 바람소리겠지요.》

《아니다. 문을 자꾸 잡아당기는것이 이상하구나. 내가 일어설수가 없어 너를 깨웠다. 좀 나가보렴.》

효동이는 밤이면 산속에 있는 승냥이무리들이 먹을것을 찾아 마을로 내려온다더니 그것들이나 아닌가싶어 속으로 은근히 겁이 났다.

《빨리 문을 열어주어라. 게 누군지 눈보라속에서 얼마나 춥겠니.》

효동이는 부엌에 내려섰다. 문을 허비는 그 소리는 부엌문이 아니라 분명 뙤창문에서 들려왔다.

(혹시 날아갔던 비둘기들이 백두산의 눈보라가 너무 심해서 찾아온게 아닐가?)

효동이는 얼른 뙤창을 열었다. 아니나다를가 한쌍의 그 산비둘기들이 집안으로 날아들었다.

《어머니, 산비둘기들이 돌아왔어요.》

《그래, 어디보자.》

어머니는 자기도 모르게 자리에서 일어나 앉았다.

산비둘기들은 새초로 틀어만든 제 둥지로 가지 않고 어머니곁에 날개를 접으며 살폿이 내려앉았다.

그러더니 거밋거밋한 그 어떤 물건을 하나씩 입에 물고있다가 내려놓는것이 아닌가.

《어머니, 이건 잣송이가 아니나요!》

《그렇구나. 말못하는 이 산비둘기들이 포태산너머 백사봉에 갔다가 두송이의 잣덩이를 물고 이밤 눈보라속으로 날아온게 분명하구나!》

효동이는 가슴이 쩌릿하였다.

《너희들이 나를 도와 잣을 가지러간것도 모르고 난 우리 집에서 영영 떠나가버린줄만 알았구나…》

산비둘기들은 《구구구구》 하면서 뙤창가의 자기둥지에 가벼이 날아가 앉았다.

효동이는 밤을 새워 그 잣을 깠다. 한알이라도 깨칠세라 허실할세라 입으로 훌훌 불기도 하였다.

《어머니, 잣알은 꼭 한보시기반이예요.》

《응, 그래 허항령의 원님이 한보시기만 약에 넣으라고 했다니까 반보시기는 남겠구나.》

《어머니, 나머지 잣알은 제가 건사하겠어요. 이제 봄이 오면 우리 집 마당가에 심어서 잣나무를 키울래요.》

《그렇게 하거라. 참 좋은 생각을 했다.》

어머니와 아들이 다정한 이야기를 주고받는 사이에 벌써 먼동이 터오기 시작하였다.

그런데 점점 날이 밝아지자 집안에는 향기그윽한 꽃향기가 갑자기 풍기였다.

효동이가 밖으로 나갔다. 이게 무슨 변일가.

온 마당에 노란꽃잎이 달린 꽃이 금주단을 펼쳐놓은듯이 쫙 덮이였다.

효동이가 신선할아버지한테서 받은 금단추를 마당에 심었는데 이 아침에 꽃을 활짝 피워준것이 아닌가.

《어머니, 어머니, 잣송이를 다 까니 《금전화》꽃도 피여났군요.》

밖에서 들려오는 효동이의 말에 어머니가 기운을 내여 말하였다.

《뭐라구, 잣이 생기자마자 그 신기한 꽃까지 피였다구.》

《어머니, 백두산신선할아버지가 어머니 병을 고쳐드리려구 이렇게 명약에 넣을 노란꽃까지 피워주었군요.》

《너의 효성이 지극하니 산천도 너를 돕고 하늘도 우리 집을 돕는구나.》

효동이는 한보시기의 잣을 까서 마른 돌버섯 그리고 새벽이슬이 맺힌 금전화를 곱돌절구에 정히 찧은 다음 소백산 깊은 골짜기에 들어가 마을사람들이 기도를 올릴 때마다 떠온다는 《백수》를 길어다 탔다. 그리고 그것을 어머니에게 대접하였다. 약은 정말로 효험이 있었다.

어머니가 세대접의 약물을 마시고나니 며칠후부터는 동이를 이고 샘물터에까지 나다니게 되였다.

어머니는 퇴창가의 산비둘기들을 쓸어만지였다.

《효동이야 내 젖먹여길렀으니 응당하려니와 너희들 날짐승들까지 나를 위해주었으니 고맙기가 그지없구나.》

어머니가 중병을 털고난후 효동이에 대한 이야기는 온 마을에 퍼지였다. 모두들 유복자였던 효동이를 칭찬하였다.

효동이네 집에는 예전처럼 어머니의 웃음과 아들의 명랑한 노래소리가 울리였고 한쌍의 고운 산비둘기들이 해종일 구구거리며 날아들었다.

봄이 왔다.

효동이는 곽지를 들고 마당에 나섰다.

《너 오늘 밭으로 가려니?》

《어머니, 그 잣알들을 모두 꺼내주세요.》

《그건 왜?》

《이 좋은 날에 그걸 우리 집 마당가에 심으려고 그래요.》

《효동아, 어서 그렇게 하여라.》

어머니는 자기가 병을 털어버린것보다 아들이 의젓하게 자라난 모습이 더 기뻤다.

어머니의 주름진 두볼에 눈물이 흘러내렸다.

《어머니, 왜 우시나요. 제가 혹시…》

《아니다. 내 너무 기뻐 그런다. 우리 어머니들은 자식들이 장한 일을 하였을 때는 이렇게 눈물이 헤퍼진단다.》

이윽고 어머니는 효동이와함께 잣알을 귀틀집 마당가에 정히 심었다.

어머니에 대한 아들의 지극한 효도가 이제는 숲을 가꾸고 산새를 키우며 향기로운 꽃을 피워가는 그 아름다운 마음속에 백두산록은 더욱 무성해갔다.
그처럼 이 나라의 산천을 아끼고 사랑하던 우리 조상들의 그 마음에 받들려 이 나라 제일명산, 이 나라 제일경으로 불러오는 백두산이 솟아있는것이다.

지금도 산림한계선이 넘는 백두산의 소백산일대에는 그때의 잣나무들이 무성하게 자라 가을이면 탐스러운 잣송이들이 주렁지군한다.
사철푸르른 잣나무가지우에 산비둘기떼들이 날아예는데 그것은 아마도 소백산 마을의 효동이가 키워낸 그 산비둘기들의 후손들일지도 모른다고 한다.
그리고 하나의 금단추에서 피여난 노란 금전화는 지금 무두봉과 간백산지구의 넓은 분지에 꽃주단처럼 펼쳐져있어 백두산혁명전적지 답사자들을 더욱 기쁘게 해주고있다.

서봉제

백두산에 기를 꽂은 김종서

김종서가 함길도(함경도) 도절제사로 임명되여간것은 1434년(세종 16년)이였다.
그는 녀진족들의 침입이 잦은 함길도의 군사를 도맡고보니 무거운 책임감에 어깨가 뻐근해졌다. 김종서는 호랑이라도 맞다들기만 한다면 산채로 붙잡아서 태를 칠만큼 자신만만한 용맹과 힘을 가지고있었다. 거기에다가 장수로서는 산전수전을 다 겪어본 마흔네살의 나이였으니까 싸움에 들어서는 두려울것이 없었다. 그렇지만 한양을 떠나 함길도로 가는 길에서 그의 명치끝에 검질기게 달라붙어서 떨어지지 않는 시름겨운 생각이 한가지 있었다. 그것은 완고한 반대파들의 심상치 않는 시기질투와 뒤시비였다.
《흥, 김종서라고 용빼는수가 어찌 있을고.》
《그러게 말이웨다. 고려때 윤관도 그고장에 9성을 쌓았다가 물

러나지 않았소이까. 그 궁벽한 변방을 부득부득 안정시킨답시고 날치는 김종서라고 그 꼴이 안될리 있겠나요.》

《일이 틀어지기만해보라지. 그의 목인들 쇠말뚝이라고 부러지지 않고 배겨낼것 같은가.》

그따위 뒤시비에 겁이 날 김종서가 아니였다. 오히려 나라의 동북방면을 기어코 안정시키고야말 결심을 더욱 굳게 다질뿐이였다. 그것도 그럴것이 김종서가 나라의 동북방면을 안정시킬 결심을 가지는데는 저네들, 뒤시비군들과는 다른 깊은 생각이 깔려있었다.

그 생각은 백두산을 조종의 산으로 소중히 여기는 마음이였다. 백두산은 함길도에 위치하고있었다. 함길도를 안정시키는데서 중요한 자리를 차지하는 두만강도 백두산에서 흘러내리고있지 않는가. 고려때 윤관도 백두산을 둘러싸고 백두산 동북쪽으로 9성을 쌓지 않았던가. 이것은 예로부터 애국의 뜻을 가진 장수로서 나라의 동북방면을 지키려 나온 사람이라면 누구나 백두산을 소중히 여겼다는것을 말해주는것이 아니고 무엇인가, 뒤시비군들, 너희들이 아무리 무슨 소리를 할지라도 나, 김종서는 기어코 함길도를 안정시키고야말것이다.

이렇게 생각하니 잔근심이 실린 얼굴의 주름살이 말끔히 가셔지고 배심이 더욱 든든해졌다.

그는 임지에 도착하자마자 먼 려행길의 피로도 풀 사이 없이 각곳에 있는 진들과 보들을 둘러보려 다니였다. 사랑하는 부루말 잔등에 훌쩍 날아올라서는 먼지를 뽀얗게 말아올리면서 경성군 석막을 중심으로 하는 녕북진에 가보았으며 그 길로 더 나아가서 경원고을까지 달려갔다.

두 고을의 진과 보를 다 돌아본 김종서는 감아쥔 채찍으로 허공을 휙 가르면서 단호하게 말하였다.

《안되겠소. 두 고을의 관할지역이 경성이북 두만강 이남의 거의 전지역을 차지하는데 이렇게 넓어서야 군사를 배치한 진과 보도 왜 성글지 않겠소. 이래가지고는 백두산 동북쪽에서 기여드는 녀진의 침습을 어떻게 막을수 있겠소. 뜯어고쳐야 하오, 두만강 이쪽에서라도 먼저 고을들을 더 좁히고 요새지들을 더 촘촘히 박아야 하오.》

김종서는 소뿔도 단김에 뽑아야 한다는 속담을 좋아하는 성미였다. 초불을 갈아대면서 밤새워 대책안을 만들어서 왕에게 올려보냈다.

그후에 녕북과 경흥 두 고을을 분할하여서 6개의 군사행정단위가 설치되였다. 이것을 6진이라고 하였다. 경원부, 회령부, 종성군, 경흥군, 온성군, 부령도호부가 그것이다.

김종서는 6진이 설치되자 이번에는 그곳을 난공불락의 요새로 다지기 위하여 온갖 심혈을 다 기울였다.

그가 수자리살이 하려 와있는 군사들이 거처하는곳으로 가보니 기가 찰 지경이였다. 먹을것을 제대로 먹는가, 입을것이 변변한가, 부모처자에 대한 근심과 고향생각인들 어찌 없겠는가. 그래도 군사들은 묵묵히 제자리를 지키고있었다.

김종서는 두만강가에 나가보았다. 밤공기가 찼다. 어떤 군사는 창을 들고 누구는 칼을 차고 또 다른 사람은 활을 메고있었는데 모두들 우들우들 떨면서도 눈에 정기를 모아 번을 서고있는것이였다.

김종서는 말없이 군복자락을 강바람에 펄럭이면서 한동안 강건너 저쪽을 바라보고 서있었다.

(강 저쪽에 사는 우리 겨레들이 녀진침략자들에게 얼마나 많은 피해를 당하고있겠는가, 마음같아서는 당장이라도 군사들을 이끌고 달려가 녀진침략자를 내쫓고싶지만 지금은 강 이쪽의 6진을 다지라는 임무를 받았으니 어찌할 도리가 없구나.)

그는 천천히 발길을 돌려 번을 서고있는 군사들에게로 다가갔다.

《추운게로구나.》

《예, 춥습니다.》

군사들은 속이는것 없이 생각하는 그대로 대답하였다. 김종서는 군사들의 솔직한 대답을 듣는것이 기뻤다. 군사들이 자기를 멀리하지 않는다는 생각이 들어서였다.

《배도 고프겠지.》

《예, 배도 고픕니다.》

《집생각은 안나는가.》

그 물음에는 아무도 대답이 없었다. 한참만에 늙수그레한 군사 한사람이 탁한 음성으로 말꼭지를 뗐다.

《집생각이 난다고 저희들이 돌아가버린다면 여기는 누가 지키겠습니까.》

또 한사람이 그 말에 발을 달았다.

《아무리 배고프고 등이 시려도 조종의 산인 백두산과 거기서 뻗어내린 이고장의 산과 강줄기를 지켜야 나라와 조상에게 불충불효를 면할것이 아니오니까.》

김종서는 그 말을 들으니 고개가 숙어졌다. 가난하고 천대받는 이름 모를 군사들의 가슴속에는 얼마나 뜨겁고 깨끗한 애국의 넋이 간직되고있는가, 권세있고 배에 기름진 한양의 고관대작 반대파들이 나를 해치지 못해 안달이 나서 돌아가는데 이 군사들은 나와 뜻이 통하는구나, 김종서는 이런 생각에 숙여진 고개를 다시 들지 못한채 숙소로 돌아오면서 마음속으로 웨쳤다.

《군사들, 고맙네, 내 그대들을 위하여 한턱 쓰겠네.》

그는 군량을 맡아보는 아래 관원을 불렀다.

《술이 얼마나 있느냐.》

《우에서 내려오시는 대감님, 령감님들 대접할것은 넉넉합니다.》

김종서는 자기가 묻는 말에 동문서답을 하는 그 소리가 듣기 역스러웠으나 꾹 참고 내처 물었다.

《고기도 많으냐?》

《네, 소고기도 있고 양고기도 있사온데 도절제사님께서 자실것은 푼푼하게 마련해두었습니다.》

김종서는 《으흠.》하고 마른기침을 언짢게 겆은 다음

《군량도 오곡이 다 충분하겠다.》라고 물었다.

《무엇이나 다 마련되여있습니다.》

《그러니 네가 나를 대접할려고 애를 무던히 썼구나. 기특하다, 이제 곧 그 소고기와 양고기를 굽고 술을 거르는 한편 밥도 많이 지어라.》

군량을 맡아보는 관원은 처음에 김종서가 아무리 많이 먹고 마신다 한들 얼마나 축내랴 하는 생각을 가졌다. 그래서 도절제사를 핑게로 저들도 포식해볼 심산으로 밥쌀 떡쌀을 합쳐서 한섬쯤 내고 술도 두어 방구리 거르며 고기 역시 갈비 한짝쯤만 쓸려고 잡도리하였다. 그런데 김종서는 가마를 있는대로 다 내다가 걸어놓고 밥도 짓고 떡도 찌며 술도 있는대로 다 거를뿐아니라 고기도 모조리 삶고 구우라고 지시하였다.

(사람도 배를 믿고 산다는데 공연히 욕심을 부리는군. 그렇게 많

은 음식을 시켜놓고 한쪽 귀퉁이나 약간 뜯어먹은 다음 내놓는다면 그게 무슨 꼴인고, 도절제사야 먹다가 버리고 떠나가버리면 그만이 지만 뒤치닥거리하는 이놈은 죽을 지경이 아닌고.》

속으로는 불평을 부렸지만 어느 령이라고 그대로 안하겠는가.

음식이 다 마련되였다는 말을 듣고 김종서는 령을 내렸다.

《지금 번을 서고있는 군사는 나중에 따로 부르기로 하고 그 나머지 인원은 모두다 이리로 모이게 하라.》

넓은 공지에 자리를 펴고 와야 할 군사들이 전부 모였다. 김종서는 그곳으로 나가서 자리를 같이하고 앉더니 마련해놓은 음식을 모조리 가져오라고 지시하였다.

그날 군사들은 이고장에 수자리 서려 와서 처음으로 배불리 음식을 먹고 마음이 흥겨워져서 웃으며 떠들썩하게 즐겼다.

그날밤 늦게 한 관원이 김종서의 눈치를 슬금슬금 살피면서 가까이 다가오더니 껑껑 갑자르다가 겨우 이런 말을 꺼냈다.

《여쭙기 죄송하오나 근심이 되여 한 말씀 드리고저 합니다.》

《무슨 말인고.》

《저, 오늘과 같이 하시오면 군량을 면목없이 망탕 랑비했다고 우에서 엄한 벌이 내릴것이며 또 대감님, 령감님들이 갑자기 내려오셔도 대접할것이 없어져서 큰 랑패가 될가 두렵습니다.》

《그렇단 말이지, 그건 그렇고, 얼마전에 녀진의 도적무리들이 기여들어서 저 등너머마을에서 어떻게 행패질을 하고 달아났다고 하였지?》

《마을에 있는 량식들을 몽땅 소에다 싣고 도망쳤습니다.》

《빼앗기고 남은 량식과 소는 없었다고 하였던가?》

《예, 남은것이란 마을이 불탄 재뿐이였습니다.》

김종서는 한동안 아무 말도 하지 않고 생각에 잠겨있더니 이윽고 무겁게 입을 열었다.

《이곳 북쪽지방은 본래부터 우리 나라의 땅이다. 국토인 점에서는 이고장이나 한양이나 마찬가지이다. 그러기에 나라에서는 이곳을 외적의 침습으로부터 지키기 위해 애써왔다. 하지만 지금껏 그 애쓴 목적이 이루어지지 못하였다. 그러다가 오늘날에 와서야 겨우 6진을 설치하고 이고장의 안정을 지킬수 있는 길이 트이게 되였다. 그런데 이곳을 지키고있는 군사들은 여러해동안 집을 떠나 이 외진곳에 와서 모진 고생을 하고있다. 그들이 배불리 먹고 등이 다스하게 입어야 나라의 이 동북방면 국토를 잘 지킬수 있다. 지금처럼 춥고 배고파서야 누가 이 고장을 지켜낼수 있겠느냐. 목숨을 내걸고 오랑캐놈들이 기여드는것을 막고있는 군사들을 저 지경으로 내버려둔다면 집생각이나 하고 나라 지킬 힘만 약해질것이 아닌가. 그 힘이 약해지면 지난번에는 등너머마을이 재가루가 되였지만 이번에는 이 고을이 모조리 빼앗기고말것이다. 지금은 겨우 자리가 잡히기 시작한 때이니까 군사들을 위해 소와 양을 다 잡아서 써야 했지만 우리 일이 자리가 다 잡힌 뒤에는 군사들 스스로 닭을 쳐서 먹어도 넉넉할것이다. 만약 오늘의 일로 하여 군량을 랑비했다는 책임이 돌아온다면 이 도절제사가 질것이니라.》

이 말이 장병들의 귀에 들어갔다. 군사들은 자신의 목을 바치는 한이 있더라도 군사들을 위해주는 도절제사가 고마와 그가 내리는 군령을 기쁘게 받들어나갔다.

김종서는 군사들을 배불리 먹이고 뜨뜻이 입혀서 훈련도 힘껏 시키고 군률도 바싹 조였으며 성도 든든히 쌓고 길도 번듯하게 닦았다.

새로 온 함길도 도절제사가 날이 갈수록 방비를 빈틈없이 다져나간다는 소문을 듣고 강건너 멀리 도사리고있는 우디거녀진침략무리들이 안절부절 못했다.

그들은 농사라고 짓는척 하였으나 그것으로는 생쥐 볼가심도 안돼였다. 다른 녀진부락들도 들이치고 두만강 저쪽 저들이 도사리고있는데서 멀지 않는곳에 있는 조선사람마을도 침략하였지만 그것으로도 어방없이 모자랐다. 우디거무리는 식량과 소금, 천 등 아주 요긴한 많은것을 강너머 함길도쪽에 기여들어서 로략질해다가 충당하여왔다. 그런데 김종서가 와서 6진을 설치한 다음부터는 그것이 제 마음대로 되지 않았다. 침략자의 우두머리들은 이마를 맞대고 음모를 꾸미던 끝에 김종서를 살해하기로 하고 자객을 들이밀었다.

자객은 여러달동안 애써 정탐한 결과 김종서가 각 진으로 다니면서 방비를 다져나가는 로정을 알아냈다. 이놈은 어느 한곳에서 두더지처럼 깊숙이 숨어 도절제사가 오기를 기다리고있었다. 김종서가 자객이 잠복하고있는 진에서 하루밤을 묵게 된 어느날 저녁이였다.

마당에는 화토불이 활활 타오르고있었다. 도절제사가 자기들 있는데 찾아왔다는것을 알고 군사들도 활기를 띠였다. 그들은 얼굴에 빙그레 웃음을 띠우고 변을 서려 나가기도 하였고 교대하고 돌아와서도 잠을 자러 갈 생각을 할 대신 불가에 빙 둘러서서 김종서가 들어있는 방을 조용히 지켜주는것이였다. 김종서는 초불을 켜놓고 아래사람들과 무슨 문제인가를 의논하고있었다.

이때였다. 난데없이 핑하고 바람을 가르면서 화살 한대가 날아오더니 김종서의 방문을 뚫고들어가 뒤벽에 팍하고 돌이꽂혔다. 화살은 김종서의 상투끝을 스칠듯이 지나갔다. 마당에 서있던 군사들은 황급히 김종서의 방문앞으로 달려갔다. 방안에 모여있던 관원들도 김종서가 다치지나 않았는지 살피였다.

그런데 김종서 본인은 날아든 화살에 대해서 아는지 모르는지 고개조차 들지 않고 내려다보던 지도만 계속 훑어나가고있었다.

이윽고 지도를 밀어놓은 김종서는 비로소 고개를 들어 좌우를 둘러보면서 《다들 물러가거라.》라고 대범하게 말하였다.

뜰에 서있던 결패있어보이는 젊은 군사 한사람이 안타까운 심정을 말하였다.

《도절제사님께서는 위험한 변을 당하시고도 몸을 피하지 않으시니 근심스럽습니다.》

김종서는 방문을 열고 늘어선 군사들을 정겹게 바라보았다.

《고마우이 군사들, 허나 근심할건 없어. 화살을 쏜 놈은 우디거가 보낸 자객이 분명해. 그는 나를 죽이든가 군영안에 소란을 피워서 군사들의 기세를 꺾자고 했을걸세. 이 마당에서 내가 몸을 피하면 그것은 우디거가 치는 장단에 춤을 추는것으로 될게 아닌가. 그러니 눈섭 한오리라도 움직일수 있겠는가, 원래 저 혼자를 위하는 목숨은 눈먼 화살에도 쉽게 맞지만 나라에 바친 생명은 화살도 피해 가는 법이네.》

적의 화살앞에서도 이처럼 태연한 도절제사의 태도는 군사들의 마음을 든든하게 해주었다. 그러면서도 군사들의 마음 한구석은 불안하였다. 군사들속에서 누군가의 불안한 음성이 들렸다.

《그래도 몸조심하셔야 합니다. 도절제사님이 편안하셔야 고독한 저희들도 마음불일데가 있지 않겠습니까.》

김종서는 마당에 내려서서 둘러선 군사들 한사람한사람의 어깨를 다정하게 다독여주고나서 찌렁찌렁한 목소리로 령을 내렸다.
《군사들, 무장을 갖추고 나를 따르라.》
 수비병력만 남기고 전체 군사들이 푸름푸름 새여오는 새벽녘에 위풍당당히 행진해나갔다. 김종서는 바람에 펄럭이는 기발을 앞세우고 대오를 백두산으로 이끌었다. 밤행군에 이어 낮행군도 하고 빼곡이 들어선 숲도 뚫고나갔으며 바위도 뛰여넘고 산골물도 건너갔다. 비가 오면 비를 맞고 바람이 불면 바람도 받았다. 도절제사가 앞에 서서 길을 내며 이렇게 하니 군사들도 고생스러웠으나 사기들이 났다. 백두산에 오른 김종서는 군사들을 나누어 무술경기를 시켰다. 말도 달리고 활도 쏘고 씨름도 하고 칼쓰기도 겨루게 하였다. 김종서도 차츰 신명이 동해서 강원도에서 왔다는 활 잘 쏘는 포수군사와 활쏘기를 겨루기까지 하였다.
《히야, 도절제사님이 군사와 활쏘기를 하신다.》
 이거야말로 한양의 구경거리 투성이라는 종로바닥에서도 볼수 없는 희한한 경기였다. 도절제사와 군사는 처음에 조금씩 사양하는 빛을 보이더니 점점 열이 올랐다. 서로 진쪽에서 한판만 더, 한판만 더 하였지만 결국은 비긴 경기로 끝났다.
 모두들 오면서 사냥한 고기로 밥을 푸짐히 먹고났을 때 김종서가 군사들에게 물었다.
《그대들은 이 백두산에 왔다가 무엇을 안고 돌아가려는고.》
 대답은 저마끔 달랐다. 돌잡이 아들에게 주려고 백두산 부석돌을 가지고 간다느니 장난꾸러기 동생이 생각나서 이름 모를 새를 붙잡아안고 간다느니 하였다. 강원도 활명수는 묘하게 생긴 풀 한포기를 내여보이면서 아는체하는 말을 꺼냈다.
《저의 처는 시집 온지 십년이 가까운데 명산에서 나는 이런 령한 약초를 닳여먹으면 애기를 밴다고 해서…》
 모두가 와 하고 웃었다.
《이 우둔한것아, 그건 막풀이야.》
 옆에 앉았던 군사가 시까슬렸다.
《막풀도 명산에 난것은 약이 된대, 지성이면 산신령님도 감동된다는걸 몰라.》
 모두가 또 흐아흐아 웃음보를 흔들었다.
《저, 그런데 도절제사님은 여기서 무엇을 안고 돌아가시오니까.》

늙수그레한 군사가 진중하게 물었다.
《나말이지… 나는 이 백두산을 통채로 안고가네.》
《그 말씀은 무슨 뜻이오니까.》
《백두산을 내 심장에 안고 갈려네. 그래야 내 어디에서 무슨 일을 하든 심장이 멎을 때까지 조상에게 죄되지 않게 싸우게 될걸세. 나는 군사들도 이 백두산을 가슴에 소중히 안고 돌아갔으면 하네.》
《명심하겠소이다.》
이 말은 군사들모두의 입에서 한목소리같이 튀여나왔다. 그들은 도절제사가 어째서 자객의 화살이 날아든 밤에 군사들을 데리고 백두산으로 떠나왔는지 이제야 알았다. 그리하여 한결 더 미더운 시선으로 김종서를 응시하였다. 얼마후 대오는 활기있게 산을 내렸다.
우리의 방비가 튼튼해졌지만 이쪽을 노리는 적들도 집요하였다. 그들은 김종서를 어떻게 하든지 해치려고 검질기게 달라붙었다.
김종서는 적들이 그런 음모를 꾸미고있다는것을 알았다. 하지만 간첩놈이 언제 기여들어서 그런짓을 할런지 알지 못하고서야 어찌는수가 없었다.
끼니마다 음식상을 받는데 어느 끼가 마지막음식이 될지 몰랐다. 적들 역시 이런 심리싸움을 노리고있는것이 분명하였다. 음식에 독을 섞는다는 소문이 김종서의 귀에 들어가면 그가 밥을 먹어도 살로 가지 않을것이고 이렇게 신경을 도사리다가 지쳤을 때 독을 치면 그만일것이였다. 김종서는 적들이 이런 타산을 하고있으리라는것까지도 넉넉히 짐작하였다.
김종서는 음식상을 받을 때마다 태연하게 수저를 들었다. 그는 마치 아무것도 모르는 사람처럼 행동하였다. 그 태도는 오히려 곁애 있는 사람들을 민망하게 만들 지경이였다. 자기의 생명에 대해서 저렇게 무관심할수가 있겠는가. 위험하다는것을 알고도 저런 행동을 한다면 그것은 너무나 큰 모험일것이다. 정말 아무것도 모르고있다면 그것 역시 난처한 일이였다. 어쨌든 도절제사의 생명이 잘못되는 날이면 곁에 있는 자기네들도 무사할수 없었다. 이래서 곁에 있는 사람들은 김종서의 음식차비에 각별히 조심하는 한편 끼니때마다 가슴이 조마조마하였다.
김종서가 음식상을 받을 때마다 종전과 달라진것이 한가지 있었는데 그전에 비해 반주를 좀 더 많이 마시는것이였다. 그는 독한 소주 서너되쯤을 마시고 밥 한그릇을 다 비웠다.

이런 가운데서 저먼저 제일 초조해난것은 간첩이였다. 이놈이 아무리 기다려도 김종서가 신경을 곤두세우기는커녕 밥그릇만 땅땅 비운다는 소리에 안이 달았다. 이러다가 기회를 놓치고 김종서를 해치지 못한채 돌아간다면 우악한 두령이 령을 집행하지 못하고 돌아온 저를 가만히 두어둘리 없었다. 간첩놈은 속이 달대로 달아서 《에라 모르겠다.》하고 벌레독을 치고말았다하지만 그 밥을 다 먹은 김종서는 아무 탈도 나지 않았다. 서너되쯤 마신 독한 술기운이 벌레독을 내리눌러버린다는것을 알고 간첩은 간이 떨려 꽁무니를 빼고 말았다.

발없는 말이 천리도 간다는데 이런 놀라운 일이 가까이 있는 군사들에게 알려지지 않을리 없었다. 군사들은 성수가 나서 엉치를 덜썩거리며 자랑하였다.

김종서가 함길도 도절제사로 임명되여간 이후로 세월은 흘러갔다. 그사이에 6진지방의 방비도 많이 째여지게 되였다. 무엇보다 기쁜것은 군사들의 기세가 오르고 군률이 강화된것이였다. 병쟁기들도 번쩍거리였고 성들도 하나 둘 보수되여갔다. 이 기세를 부쩍 돋구어서 내민다면 6진일대가 한결 더 안정될것이 뻔하였다.

이런 때 김종서는 어머니가 죽었다는 기별을 받았다.

그는 자기의 도절제사 임무를 도순검사 하경복에게 맡겨두고 고향으로 돌아갔다. 어머니의 장례를 치르고 묘를 지키는 김종서의 마음은 몹시 번거로왔다. 그때의 례법대로 하자면 그 어떤 벼슬아치도 부모가 죽으면 3년상을 날 때까지 직무를 내여놓고 집으로 돌아가서 상주노릇을 하여야만 되였다. 이것은 량반세상에서 어길수 없는 법도였다. 김종서도 이 법도를 지키지 않을수 없었다. 그런데 나라의 형편은 그가 이렇게 어머니의 묘를 지키며 앉아있을수 없는 지경이였다. 그는 아침저녁으로 어머니의 묘앞에 음식을 차려놓고 절을 할 때마다 《네가 함길도를 지키라는 나라의 령은 어데다 떼두고 한집안의 어미혼자를 위해 여기에 와있느냐, 나는 그런 자식의 음식상을 받고싶지 않다.》하고 꾸중을 듣는것만 같아서 마음이 송구했다. 잠자리에 누워도 쿵쿵 뛰는 심장에 안고있는 백두산에서 수염이 긴 산신령이 나타나서 《한집안의 효자가 되겠다고 나라에 충신노릇을 그만두는것이 마땅한 행실이라고 할수 있을소냐.》라고 질책하는것만 같아 눈을 붙일 도리가 없었다.
 그는 앉아있어도 속이 달아 견딜수 없고 누워도 불안하여 배길수 없었다. 집을 떠나갈수도 없고 그냥 집에 있을수도 없고 하여 김종서는 바늘방석에 앉아있는것만 같았다.
 어머니가 세상을 떠난지 백날이 되였을 때였다. 김종서는 이날 세종왕의 지시문을 받았다. 거기에는 김종서가 곧 합길도로 돌아가라는 내용이 적혀있었다. 김종서는 지시문을 받았다고 하여 선뜻 일어서지 못하였다. 사람들의 눈치를 살피지 않을수 없었다. 그만큼 봉건법도가 완고하였고 싸움에 들어서는 무서울것이 없는 김종서조차도 그 법도앞에서는 주눅이 들었다. 더우기 자기에게 털끝만한 허물이라도 나타나기만 하면 올빼미눈을 해가지고 잔뜩 노려보고있는 반대파들이 한양에 도사리고있는 실정이 그의 발목을 더욱 무겁게 물고늘어졌다. 김종서는 생각던끝에 남들이 그렇게 하는 것처럼 사양하는 뜻을 적어 왕에게 바쳤다. 세종도 그 글을 보고 김종서의 심정에 대해서 짐작이 갔다. 그렇더라도 김종서가 없으면 합길도가 늘 불안하였다. 세종은 김종서의 사양을 받아주지 않았다. 이제 곧 떠나가라는 세종의 독촉지시가 내렸다. 김종서는 조용히 일어나서 어머니의 령전에 사연을 아뢰고 그날로 합길도를 향하였다.
 길을 떠나가는 김종서에게 세종이 보낸 관원이 뒤쫓아왔다.
 《상감마마께옵서는 도절제사공께서 무슨 청할 일이라도 없는지 알아오라고 분부하셨습니다.》
 김종서는 별로 생각하는 빛도 없이 응답하였다.
 《나라의 은혜를 입은 이 신하에게 무슨 더 청할 일이 있겠소이까마는 원래 군사밖에 배운것이 없는 무관이라 문서를 쓰고 다듬는 일에 능하지 못한것이 근심이옵니다. 청하건대 글 잘하는 선비 한 사람을 보내주신다면 그 은혜를 어찌 잊을수 있겠사옵니까.》
 김종서가 임명지에 도착하여 얼마 안있어 젊은 문관 한사람이 내려왔다. 그 사람이 후날 훈민정음 창제에서 한몫을 담당하였던 신숙주였다.
 사람의 한생에 어찌 별의별 일이 다 없겠는가. 김종서와 신숙주의 이 상봉도 어찌보면 기구한것이라고 할수 있다. 훨씬 후시기에 가서 수양대군(세조)이 어린 조카(단종)를 내쫓고 왕의 자리를 빼앗을 때 제일 먼저 살해당한 신하의 한사람이 김종서라면 수양대군앞에 무릎을 꿇고 벼슬을 받아서 자기의 안해에게서까지 사륙신과 함께 죽지 못하고 의리없이 살아서 돌아왔다는 추궁을 받은 사람이 신숙주였다. 그들 둘은 생의 말년에 정치적운명의 갈림길에서 정반대의 길을 걸어갔으나 아직 6진설치당시에는 이렇게 기구하게 만나 한가마밥을 먹게 되였다.
　김종서는 자기에게 배속되여온 이 젊은 문관의 재주에 홀딱 반해버렸다. 총기가 초롱초롱한 눈동자, 기지있는 언변, 능청스러운데가 있어보이는 폭넓은 궁냥, 거기에다가 글재주 또한 이만저만이 아니였다. 김종서는 입안의 혀처럼 구는 이 젊은이가 몹시 사랑스러웠다.
　김종서가 신숙주의 재주에 탄복한것은 특히 조정에 보내는 문서를 만들 때였다. 그가 조정에 보내는 문서란 대부분이 6진을 강화하고 외적을 제압하는것과 같은 중대하고 긴급한 내용을 담고있었으며 또 그 문서는 자기를 비호해주는 사람들만 보는것이 아니라 심보가 고약한 반대파들도 보게 된다. 그러니 말 한마디도 험잡힐데 없는것을 골라써야 하였으며 김종서 자기의 의사를 정확히 반영하여야만 하였다. 신숙주는 이 까다로운 요구를 모두다 원만하게 충족시켜주었다.
　한번은 세종이 김종서에게 9성을 쌓자는 론의가 생겨 찬성이요 반대요 하면서 조정안이 옥신각신하는데 그대의 의견은 어떤가고 물어왔다. 김종서는 평소에 생각하고있던 의견을 표시하였다. 김종서가 자기 의사를 말로 표시하면 신숙주가 옆에 앉아서 받아썼다. 그저 말하는 그대로 받아쓴것이 아니라 말하는 내용을 자그마한것까지 하나도 빼놓지 않고 다 적어넣으면서도 정확하고 미끈한 문장으로 다듬어서 기록하였다. 이렇게 하면서도 말하는 김종서가 의견 표시를 끝내는것과 거의 때를 같이하여 신숙주도 쓰기를 마치고 붓을 놓았다. 신숙주가 쓴것을 김종서가 받아서 읽어보니 어느 한구절도 수정할데가 없었을뿐아니라 문장이 비단결같고 글씨 또한 구슬같았다.
　김종서는 글을 그대로 봉하여 올려보내고나서 신숙주를 마주하였다. 웬만해서는 사람을 맞대놓고 칭찬하지 않는 그였으나 이날은 약간 열기띤 어조로 말하였다.
 《내가 그대의 재주를 놀랍게 여긴지는 이미전부터였지만 오늘에야 그 글재주가 어느 정도인가를 똑똑히 알게 되였네.》
 김종서는 제 성미대로 더 긴말을 하지 않았다. 말은 짧게 하였으나 그윽한 눈빛으로 오래도록 신숙주를 정겹게 어루쓰다듬었다.
 (이 사람 젊은이, 자네 그 재주를 부디 나라와 겨레를 위해 값있게 바쳐주게나. 조정에 자네같이 재주있는 젊은이가 더러 있지만 재물과 권세에 홀려서 재주가 빛을 못내게 된 사람도 적지 않다네. 자네는 제발 그런 너절한 인간이 되지 말아주게.)
 말이 적은 김종서였으나 속말은 이렇게 약간 길게 하였다.
 김종서는 방금 띄워보낸 자기 의견서의 내용을 마치 옛날 명시구라도 외우듯이 흐뭇한 기분으로 되새겨보았다.
 …예로부터 나라의 땅을 하루에 백리나 넓히고 군사를 이끌어 하루에 천리길을 열어나간 사람이 어찌 많지 않았겠습니까, 그러나 덕으로 나라를 세우는 사람은 그것을 얻기 쉬운 반면에 잃어버리는 일이 드물지만 힘으로 땅을 개척하는자는 힘들게 얻어서도 잃어버리기 쉽다고 생각합니다. 두 경우가 다 땅을 개척하는 일에서는 같지만 그것을 얻는 길은 같지 않습니다.…나라의 변방을 지키는 신하들이 일을 잘못하여 방어에 실책이 생겨 경성이북이 침략의 무리에게 짓밟혔으니 옛 강토를 회복하는것은 나라에서 뜻하시는데 달렸습니다. 신이 또 듣건대 큰일을 이루는 사람은 조그마한 결함이 생기는것을 돌아보지 않으며 큰 사업을 하는 사람은 자그마한 해로운 일을 계산하지 않는다고 하였습니다. 일이 거창하면 폐단은 생기기 마련이고 사업이 광범하면 해되는 일도 따르는것이 오늘날뿐아니라 옛날부터 그런줄로 압니다. 우리 나라는 북쪽으로 녀진과 맞서있고 그들의 침범을 여러번 겪었습니다. 성곽을 수리하고 군사를 훈련시키는것은 함길도가 마땅히 다른 도들보다 백배나 더 하여야 할것 같습니다. 금년에 한개 성을 구축하고 래년에 또 다른 한개 성을 구축한다면 무슨 해로운 일이 있겠습니까. 뜻이 경박한자는 말이 붕 뜨고 행동이 가벼우며 편안하기를 바라는자는 움직이려고 하지 않고 멈추어서는자는 가지 않으려고 합니다. 그리하여 큰 일을 방해하고 이미 세운 공적마저 잃어버리게 합니다. 조정에서 론의가 많아서 자기네만 곧고 나는 구부러졌으며 자기네만 충신

이고 나는 간신이라고 손가락질합니다. 이때를 당하여 저의 아픈 마음은 끝이 없습니다. 예로부터 외적을 막자고 일을 하는 신하는 꼭 비방을 당하였는데 저는 손톱만한 공도 세우지 못하고 또 그런 재주도 없으니 어찌 한심하지 않겠습니까. 조정에서 아무리 다른 론의가 많다고 하여도 저 김종서는 그 일의 성공을 위해 힘을 다 하겠습니다.…》

김종서는 글을 되새기고나서 생각해보니 자기가 품고있던 간절한 심정을 신숙주가 쓴 글이 곱절이나 더 절절하게 표현하고있는것 같았다.

그는 일어서서 문을 열고 조용히 마당에 내려섰다. 멀리 백두산쪽에서 뻗어내린 산발이 김종서를 반기며 우줄우줄 다가서는듯하였다. 그러자 몇해전에 군사들을 거느리고 달려갔던 백두산의 지형이며 초목이 눈앞에 정다히 떠올랐다. 그리고 그 백두산 동북쪽으로 쭉 늘어선 아홉개 성이 다 일어서게 될 앞날의 모습도 우렷이 바라보이는것만 같았다. 그에게는 이 함길도땅을 지켜 싸우고있는 자랑이 한가슴 그득히 고여올랐다.

김종서는 시라도 한수 읊고싶을만큼 깊은 감명을 지니고 마당을 이리 저리 거닐었다. 그런데 얼마후 글을 가지고 한양에 갔다가 돌아온 사람이 천만뜻밖의 소리를 하였다.

《도절제사님의 글을 보고 조정에서는 론의가 물끓듯하였다고 하옵니다.》

《어떤 론의들이 그다지도 소란하다더냐.》

《입에 올리기 죄송하오나 사실을 기이지 않고 그대로 아뢰면 도절제사님이 한계가 있는 사람의 힘을 가지고 성공하지 못할 역사를 벌려놓으니 그 죄 마땅히 사형에 처해야 한다는 소리옵니다.》

《하하하.》

김종서는 고개를 쳐들고 큼직한 배를 들썩거리면서 배포유한 사나이웃음을 하늘이 좁다는듯이 큰소리로 터뜨리였다.

좌우에 앉아있던 무관들이 눈을 두리번거렸다. 조정에서 죽이자고 한번 결정만 하면 사형에 쓰는 독약그릇이 뒤따르기 마련인데 당장 죽느냐 사느냐 하는것이 눈썹끝에 달려있는 이 마당에서 웃음을 웃다니, 당사자인 김종서보다 옆에 앉아있는 자기들의 간이 떨리였다.

한참 웃고난 김종서가 벌떡 일어나더니 마당으로 내려서면서 엄엄한 목소리로 령을 내렸다.
《여봐라, 말을 대령하여라.》
김종서는 사랑하는 부루말의 목덜미를 두어번 다독여주고나서 훌쩍 날아서 잔등에 올라탔다.
《자, 나의 룡마야, 우리 백두산으로 달려가자.》
이 말을 남기고 김종서는 벌써 저 멀리 성문을 벗어나 새로 닦은 군용도로로 나는듯이 달려갔다.
백두산 상상봉에 치달아오른 김종서는 말을 탈 때 그랬던것처럼 이번에도 말잔등에서 훌쩍 날아내렸다. 그는 한걸음한걸음을 천근무게로 저벅저벅 걸어 이 봉우리에서 저 봉우리로 고루고루 밟아보았다. 함께 온 무관들과 군사들도 그의 뒤를 조심히 따랐다. 김종서가 이번에는 벼랑옆을 타고내려 가서 천지의 물가에 천천히 주저앉았다. 철썩철썩 기슭을 치는 못물을 물끄러미 들여다보고난 그는 부석돌 한개를 집어들고 손바닥으로 둘기를 닦은 다음 가슴에 품었다. 언제인가 돌잡이 아들에게 기념으로 주겠다고 부석돌 한개를 품에 품고 돌아가던 한 군사의 생각이 떠올랐다.
김종서는 다시 우로 올라오더니 천천히 꿇어앉아 두팔을 쫙 벌리고 병사봉의 바위돌을 꽉 끌어안았다.
《아, 백두산아.》
그는 말을 더 잇지 못하고 황소숨만 식식거렸다. 바위돌우에 뜨거운 눈물방울이 뚤렁뚤렁 떨어졌다. 그를 따라섰던 장수들도 군사들도 돌아서서 주먹으로 눈물을 뻑뻑 씻었다.
한참만에 김종서는 거연히 몸을 일으켜세웠다. 그의 눈에서는 불이 펄펄 일었다.
《장수들! 군사들, 보라. 여기가 바로 우리 나라 조종의 산이다. 여기서 저 서쪽으로는 압록강줄기가 뻗어내리는데 거기서는 판서의 군사들이 4개 군을 막아서서 나라의 서쪽 변경을 지키고있다. 그리고 여기서 동북쪽으로는 나라의 지경을 이루는 토문강이 저렇게 뻗어갔으며 그보다 동쪽으로는 두만강의 줄기가 흘러내리는데 그 두만강을 따라 우리가 6진을 설치하고 이쪽고장을 방비하고있다.
이 백두산을 호랑이라고 한다면 압록강쪽의 4개 군과 두만강쪽의 6진은 그 날개와도 같다.

4군과 6진이 있어 이 백두산은 날개 돋힌 범이 아니겠는가. 우리가 6진을 설치해온 나날에 어느 하루 이 백두산을 잊은적 있었더냐.

이 김종서라는 사람은 죽을수 있어도 이 백두산은 불멸하노니 우리는 끝까지 6진을 지켜야 한다.》

김종서는 자기의 뒤에 서서 장수의 기발을 펼럭이고있는 기수에게서 그 기발을 받았다. 그는 기발을 버쩍 쳐들고 호랑이울음소리로 온 산발을 우렁우렁 울릴듯이 시 한수를 읊었다.

백두산에 기를 꽂고 두만강에 말씻기니
썩은 저 선비야 우리 아니 사나희냐
어떻다 릉연각상에 뉘 얼굴을 그릴고

김종서는 군사들을 거느리고 조종의 산에 올라왔던 잊을수 없는 그날에 받아안았던 감동이 되살아나서, 임금에게 9성에 관한 의견서를 올려보내던 날 마음속으로 백두산아, 백두산아 하고 시라도 읊고싶어하였던 그 격정이 다시 솟구쳐서, 아니 한평생 가슴속에 백두산을 안고 살아온 그 심정이 생사를 가늠하기 어려운 시각을 다달아 거대한 불길로 솟아올라서, 필생의 기력을 다 뽑아 이 시 한수를 읊었다. 도절제사가 읊는 시를 귀기울여 듣고있는 장수들과 군사들의 가슴에도 불뭉치같은 뜨거운 격정이 이글거렸다.

그렇다! 릉연각, 이 집은 나라를 위해 공을 세운 충신의 얼굴을 그려서 걸어두는곳이다. 이런 집에는 마땅히 나라를 위해 애써 6진을 지키는 도절제사와 같은 충신의 얼굴부터 그려붙여야 할것이다. 그렇게는 못할망정 6진설치에 한몸을 내댄 그를 사형해야 한다구? 에라 이 구미여우같은 조정의 벼슬아치들아.

모두다 김종서의 시를 소리내여 읊었다. 장수와 군사들이 읊어주는 자기의 시를 김종서는 조용히 바자니면서 마치 자기 아닌 다른 충신의 시라도 듣는듯이 심취되여 귀기울였다.

시를 읊는 장수들과 군사들의 목소리가 끊어졌다. 김종서는 여러 장수들과 군사들의 마음이 고마왔다. 그래서 그들의 목소리가 더 듣고싶어졌다.

김종서는 다시 입을 열고 다른 시 한수를 지어서 첫구절을 읊었다. 그랬더니 장수들과 군사들이 그 구절을 받아서 읊었다. 김종서와 장수들, 군사들은 이렇게 두번째 구절과 세번째 구절을 읊었다.

삭풍은 나무끝에 불고 명월은 눈속에 찬대
만리변역에 일장검 짚고서서
긴 파람 큰 한 소래에 거칠것이 없애라

시를 읊는 소리가 끊치자 김종서는 격정에 찬 열변을 토하듯이 자기가 지은 시의 뜻을 새기였다.

북방의 겨울바람 나무끝에 불고
휘영청 보름달은 눈속에 어렸는데
만리길 멀고먼 내 나라 변방땅에
장수의 한자루 검 두손으로 짚고서서
이놈들 와만봐라 적을 칠 이 한 소리
강 넘고 벌을 지나 거침없이 울려간다

김종서는 시의 뜻을 새기고나서 기발을 손에 든채 말우에 날아올라 다그닥 다그닥 산발을 날아내려 두만강을 따라 내달리였다. 장수들도 군사들도 그를 따랐다. 그 기세는 백두산의 맹호가 적진을 무찌르면서 내달리는것 같았다.

그 기세에 적들은 사지를 사시나무 떨듯하였다. 김종서 일행의 앞머리에서 장수기가 펄펄 날리고있었다.

애국의 넋을 지닌 김종서를 외적들은 감히 죽일수 없었고 반대파들도 그 당시에는 어쩌지 못하였다. 그러나 정권욕에 눈이 뒤집힌 통치배는 후날에 가서 끝내 김종서를 무참히 때려죽였다. 이 얼마나 가증스러운 만행이고 력사에 씻을수 없는 죄악인가.

권 택 무

괘궁정과 10층탑

먼 옛날 백두산 깊은 수림속에 두 오누이가 살고있었다. 그들이 어떻게 되여 백두산에 들어왔는지 아무도 몰랐다.

다만 백두산에 숨어살던 어떤 어진이가 압록강상류에서 정처없이 떠돌아다니는 그들을 불쌍히 여겨 백두산으로 데려왔다는 풍문도 있었고 호적들에게 부모를 빼앗긴 오누이가 원쑤를 갚기 위해 힘과 재주를 키우려고 백두산으로 들어왔다는 소문도 있었다.

두 오누이는 십년세월 하루도 쉬지 않고 몸과 마음을 단련하고 힘을 키워서 름름한 장사들로 자라났다.

어느날 그들은 뜻을 꽃피워보려고 백두산을 떠났다. 오누이는 어렸을 때의 기억을 더듬으며 압록강물줄기를 따라 내려가다가 어느 아름다운 마을에서 발걸음을 멈추었다. 강에는 물고기들이 떼지어 딜려다녔고 밋밋한 등성이들에는 기름진 밭들이 가없이 펼쳐졌는데 농부들이 여기저기서 씨뿌리기를 하고있었다.

누이가 마을을 둘러보며 동생에게 말했다.

《애야, 난 이 강기슭에다 동산을 하나 쌓고싶구나. 강기슭 가까이에 동산이 하나 있다면 외적을 막기도 좋고 경치도 아름다와 사람들이 얼마나 좋아하겠니…》

오랍동생은 흔연히 누이의 말을 지지해나섰다.

《누님! 정말 그럴듯한 생각을 했소. 우리가 십년세월 힘을 기르고 무예를 닦은것이 뭣때문이였소. 다시는 우리처럼 원쑤들에게 부모를 빼앗기는 사람들이 없게 하자는게 아니였소. 난 찬성이요.》

오랍동생은 불꽃이 이글거리는 눈길로 사방을 휘둘러보다가 철썩 무릎을 쳤다.

《누님, 난 저 강건너 앞산에다 10층탑을 쌓겠소. 그 10층탑 꼭대기에 척 올라서면 사방 수백리가 한눈에 들어와서 외적들을 감시하기도 정말 좋게 될거예요…》

그리하여 두 오누이는 누가 먼저 동산과 10층탑을 쌓는가 하는 내기를 걸었고 먼저 쌓는쪽에서 북을 두드려 승부를 가르기로 약속을 하였다.

누이는 자신만만하게 첨벙첨벙 강물을 건너가는 동생을 다정한 눈길로 바래웠다. 동생은 강을 건너가서 누이를 향해 두세번 손을 흔들더니 성큼성큼 산마루로 걸어올라갔다. 드디여 치렬한 경쟁이 시작되였다. 조건은 누이가 좀 불리했다.
 동산을 쌓자면 많은 흙을 파와야 했는데 주변에는 흙을 파올데가 없었다.
 재당령에서 부득불 흙을 날라와야 했는데 거리가 멀었다. 그러나 누이는 그것을 탓하지 않았다. 애당초 그런것을 타산만 했다면 강기슭에 동산을 쌓을 엄두도 내지 않았을것이다. 제스스로 택한 일이니 힘겨웠어도 보람은 컸다.
 마을아낙네들은 저마다 떡과 맛있는 음식을 만들어 누이한테로 가져왔으나 고맙다는 말을 할뿐 누구도 그가 언제 밥을 먹고 잠을 자는지 알수가 없었다.
 오랍동생은 머리에 흰 무명수건을 질끈 동여맨채 집채같은 바위돌들을 넝큼넝큼 들어다 척척 다듬어서 탑을 쌓기 시작하였다. 돌을 다듬는 소리는 밤에도 쉼없이 강기슭에 울려퍼졌다. 망치가 돌을 때릴 때마다 번쩍번쩍 불꽃이 무수히 밤하늘에 떠올랐는데 그믐밤에도 하늘은 그 불꽃으로 환히 빛났다. 동생은 이따금 코노래를 흥얼거리기도 하였다.

  누이 동산 자라나면
  이내 탑도 올라가네
  이 탑 쌓아 무엇 하나
  무엇 하긴 외적 막지

 오랍동생의 망치질소리와 흥타령은 누이의 일손에 더 신바람이 나게 만들었다. 누이는 걸어다니는것이 아니라 뛰여다녔다. 동산은 날마다 몰라보게 자라올랐다. 강건너 산마루에도 한층두층 돌탑이 하늘을 떠받들며 키를 솟구었다. 산마루의 돌들을 다 쓰고나니 탑쌓는 속도가 좀 동안이 떠지게 되였다. 이제는 강변의 돌들을 올려다 써야 하였다.
 어느날 강기슭에 내려온 동생은 시원하게 세수를 하고 동산에 눈길을 던졌다. 열흘 가까이 보지 못했더니 누이의 얼굴이 몹시 그리웠던것이다. 친어머니맞잡이로 따르고 존경하는 세상에 하나밖에 없는 누이였다. 동생은 누이가 너무 무리하는것 같아 잠간이라도 좀 쉬우고싶어서 동산을 향하여 소리쳤다.
《누님! 좀 쉬였다하라요-》
누이는 치마폭의 흙을 쏟더니 이마의 땀을 씻었다. 그 순간 동생은 깜짝 놀랐다. 보름달처럼 환하던 누이의 얼굴은 어찌나 수척했는지 본래의 모습을 찾아보기가 힘들었던것이다. 동산을 다 쌓기전에 쓰러질것 같았다. 그러나 누이는 생긋 한번 웃어보이더니 시간이 바쁜듯 어느새 재당령쪽으로 황황히 달려가버렸다.
(내가 빨리 끝내고 누이를 도와야겠구나…)
동생은 일을 좀더 다그치지 못한 자신을 후회하면서 돌을 지고 산마루로 올라갔다. 그의 입에서는 흥타령도 끊어져버렸다. 마치질소리만 더 세차게 강기슭에 울려퍼질뿐이였다.
드디여 며칠후 누이는 마지막 흙을 담아가지고 동산을 향하여 달려왔다. 자기가 먼저 북을 치게 되였다는 생각으로 그의 가슴은 설레였다. 누이는 자기가 쌓은 동산우로 마지막힘을 모아 올라갔다. 자기를 축복해주려는듯 백학 한마리가 머리우에서 너울너울 날개를 젓고있었다. 누이는 치마폭의 흙을 부리우려다 말고 우뚝 그자리에 멈춰섰다. 그는 동생한테 눈길을 보냈다. 동생도 마지막 돌을 탑꼭대기에 올려놓고있었다.
누가 먼저 북을 칠것인가… 누이는 그 순간 주저하였다. 그는 동생에게 승리의 북소리를 주고싶었다. 동생은 얼마나 훌륭한 탑을 저 산마루에 쌓아올렸느냐!
동생이 쌓은 탑을 보는 누이의 가슴은 저도 모르게 울렁거리고 두눈굽에는 뜨거운 눈물이 고였다. 천년이고 만년이고 나라의 안녕과 그들의 행복을 지켜줄 저 황홀한 탑을 자기 동생이 쌓았다는것이 선뜻 믿어지지 않았다. 그것은 단순한 석탑이 아니였다. 그것은 나라를 위해 름름한 장사로 자라난 동생의 장한 모습 그대로였다.
누이는 흥분하여 두눈을 감으며 속삭였다. 동생아! 어서 네가 먼저 북을 쳐주려마! 이 강산이 떠나갈듯 승전고를 울려주려무나… 누이는 치마폭의 흙을 쏟을념을 하지 않고 그자리에 뿌리내린듯 서있었다.
이윽고 강건너에서 둥둥 요란한 북소리가 울려왔다. 누이는 번쩍

눈을 떴다.
 10층탑우에서 동생이 북을 두드리며 힘차게 소리치고있었다.
《누-님! 탑을 다 쌓았어요!-》
 푸른 산, 맑은 하늘, 굽이치는 압록강!… 그 어데나 북소리와 오랍동생의 자랑스러운 웨침소리로 가득찼다. 그 어떤 전장의 승전고인들 저렇게 우렁차게 하늘땅에 메아리치랴… 그 소리에 떠받들린듯 백학 한마리가 하늘높이 솟아오르더니 백두산쪽으로 유유히 날아갔다.
 (동생아, 정말 수고했구나…)
 누이의 땀에 젖은 량볼로는 한줄기의 뜨거운 눈물이 흘러내렸다. 그것은 이 세상에서 가장 큰 기쁨과 보람을 느낀 사람만이 흘릴수 있는 깨끗한 눈물이였다.
 순간 누이는 치마폭에 흙을 담은채 동산우에 쓰러져버렸다. 지나친 흥분과 과로때문에 그는 다시 일어나지 못했다.
 그후 사람들은 누이가 흙을 안고 쓰러진곳에 나라를 위한 그의 의로운 넋을 위로하고저 아담한 정자를 하나 지어주었다. 그리하여 이곳 혜산진성에 주둔한 군인들이 이 루정에 활을 걸어놓고 외적들에게 화살을 비발처럼 날리며 북방령토를 지켜 용감하게 싸웠다고 한다. 패궁정이란 그래서 붙은 이름이였다.
 지금도 패궁정에 올라 10층탑을 바라보면 맑은 하늘가에 탑을 다 쌓았다던 오랍동생의 자랑찬 웨침소리가 쟁쟁히 들려오는것만 같다. 그것은 나라를 사랑한 두 오누이의 심장의 뜨거운 호소로써 세월에 세월을 거듭하여도 사라지지 않는 애국총정의 메아리였던것이다.

황 청 일

천지속의 룡궁

먼 옛날 천지에 물줄기를 두고 소리없이 흘러가는 강물을 옆에 낀 어느 한 언덕에 정갈한 초가집 한채가 있었다.

앞에는 백하수요 뒤에는 사시장철 푸르디푸른 청산이라 보기에는 매우 오붓한 초가집이였지만 실은 이 집에는 한 불행한 가정이 살고있었다. 그 집에는 일찌기 량친을 잃은 두 형제간이 살고있었는데 형은 갑돌이라 부르고 동생은 을돌이라 일렀다. 형은 열다섯살이요, 동생은 이제 겨우 열한살이였다.

그들은 제손으로 살림도 꾸려나가기 어려운데 엎친데 덮친격으로 얼마전부터 동생 을돌이가 중병에 걸려 자리에서 일어나지 못했다.

갑돌이는 을돌이의 병을 떼주려고 산에 가서 좋다는 약초란 약초는 다 캐여다 달여서 먹여보고 외지에 가서 의원도 청해오군했지만 동생의 병은 좀처럼 돌아설줄 몰랐다. 피기없이 빼빼 말라드는 동생의 모습을 볼 때면 갑돌이의 가슴속으로 피눈물이 흐르고 한숨밖에 나가지 않았다.

갑돌이는 동생의 병시중을 들다가도 가끔 어머니가 생각나서 코를 훌쩍이군하였다.

(아, 어머니! 어머니는 왜 일찍 돌아가시여 나에게 이 고생을 떼맡겼나이까. 그래도 철 모르는 동생은 내 얼굴만 쳐다보면서 타드는 입술을 감빨고있는데 내가 뭘 어떻게 해야 하나요?)

너무나 야속하고 원망스러운 어머니였다. 어머니가 살아계실 때에는 그도 한갖 영석동이였다. 해종일 밖에 나가 뜀박질을 하다가도 때없이 뛰여들어 배고프다고 무작정 졸라대면 아무거나 말없이 손에 쥐여주던 어머니였다. 그 어머니가 이럴 때면 더더욱 보고싶고 다시 올수 없는 그 시절이 눈물겹게 그리웠다.

《아… 아이구…》

을돌이의 신음소리가 그의 생각을 동강냈다. 갑돌이는 눈물을 훔치고나서 급히 동생이 덮은 누데기같은 이불을 여며주고는 다시 생각에 잠기였다.

갑돌이는 어머니가 돌아가시던 날이 눈에 선하게 떠올랐다. 그날 철없이 매달리는 동생을 측은하게 바라보던 어머니가 갑돌이의 애 어린 손을 힘없이 잡아쥐며 간신히 말을 이었다.
《애야, 난 이젠 다 틀렸다. 넌 동생을… 잘… 보살펴다고…》 하고는 눈주어 허공을 쳐다보며
《아, 하늘도 정말 무심하구나.》 하고 마지막 말을 남기던 어머니였다. 그 눈도 감지 못하고 돌아가신 어머니의 눈등을 쓸어주며 오열을 터뜨리던 그날이 어제런듯 삼삼했다.
어느덧 밤중이 되였다. 을돌이의 신음소리가 뜸해지자 갑돌이는 졸음이 와서 견딜수가 없었다. 눈두덩이 천근만근같이 무거워졌다. 하긴 몇며칠째 동생의 머리맡에서 밤을 밝힌 갑돌이니 응당 그럴만도 한 일이였다.
그런데 이게 웬일인가.
갑자기 귀떨어진 초가집 사립문을 열고 어머니가 오셨다. 새하얀 치마저고리를 받쳐입으신 어머니가 성큼성큼 집안으로 들어오시여 조용히 을돌이의 머리맡으로 다가가시였다. 그러고는 부드러운 손길로 불덩이같은 그의 머리를 짚어보시였다.
《애가 병이 심하구나.》
어머니의 정 깊은 얼굴에 수심이 가득 어렸다.
《동생의 병을 떼자면 백두산천지에 있는 룡궁에 가서 무병초 세 뿌리를 얻어올수밖에 딴 도리는 없구나. 그런데 어머니는 이 세상 사람이 아니고보니 이 일을 어쩐단 말이냐?》
어머니는 천천히 갑돌이한테로 돌아섰다.
《갑돌이가 가면 좋겠지만은 나어린 네가 어떻게 그 험한 길을 홀로 가겠느냐?》
갑돌이는 어머니의 옷자락에 매여달렸다.
《어머니, 내가 왜 어리다고 그래요. 길만 알려주세요. 얼마든지 갔다올수 있어요.》
《그래 우리 갑돌이가 참 용하지.》
어머니는 그의 머리를 쓰다듬어주시고는 천천히 사라지는것이였다.
《어머니, 가지 말아요. 이제 을돌이가 깨여나면 어머니를 찾겠는데… 네 어머니!》

갑돌이는 어머니를 소리쳐 불렀지만 가위에 눌려 목소리가 터져 나오지 않았다. 그바람에 후다닥 잠이 깨였다. 깨여보니 아쉽게도 꿈이였다.

갑돌이는 밖에 나가서 하늘을 쳐다보았다. 하늘가엔 별들이 도글 도글 여물었다. 그 어느 별에든지 어머니가 계실것만 같았다. 그래서 별들을 새겨보는데 무심한 하늘은 어느새 푸름히 밝아오기 시작하였다.

날이 밝자 갑돌이는 천지를 향하여 길을 떠났다.

하늘에는 꽃구름이 흐르고 나무에선 이름모를 새들이 지저귀였다. 갑돌이는 꿈속에서 어머니가 가리켜준 방향을 따라 백두산으로 들어갔다.

앞을 막는 천년수림을 끝없이 헤치고 험한 봉우리들을 얼마나 넘어섰는지 몰랐다. 그러나 길은 좀처럼 축나지 않았다.

(이러다가 수림속에서 숨이 지지나 않을가.)

그래도 가고 가야만 하는 길이였다. 바지가랭이와 옷소매가 찢어져 너펄거리고 팔과 다리가 온통 상처투성이였다.

어느날 험한 벼랑이 그의 앞을 막아나섰다.

(어떻게 저 벼랑을 넘어설가?)

갑돌이는 도저히 궁리가 나지 않았다. 벼랑기슭에서 숨을 돌리며 땀을 들인 갑돌이는 결심을 품고 벼랑길에 달라붙었다.

《벼랑에 오르면 아래를 보지 말아야 한다.》고 일러주던 어른들의 말을 생각하며 그는 벼랑꼭대기에만 눈길을 주면서 한발자국 두발자국 힘겹게 톺아올랐다.

한참 기여오르니 이번엔 벽처럼 깎아지른 다른 하나의 벼랑이 또 그의 길을 막았다.

갑돌이는 속이 바질바질 탔다. 뛰여도 못넘고 날수도 없지. 그러나 죽으나 사나 넘어야 할 벼랑이였다.

갑돌이는 무릎을 꿇고 앉아서 그 어디에 계실지 모를 어머니를 향하여 애원하였다.

《어머니! 동생과 나를 불쌍히 여기시고 내앞에 길을 내여주소서.》

한참이나 빌고빌던 갑돌이가 감았던 눈을 떠보니 하늘에서 웬 학 한쌍이 날아내려오고있었다.

학들은 길다란 주둥이에다가 새하얀 바오래기를 한쪽씩 물고 내려왔다. 이쪽과 저쪽에 제가끔 내린 학들은 량컨 바오래기끝을 바위에 놓고 부리로 똑똑 쪼아주었다. 그리고는 길다란 다리를 껑충거리며 서로 엇갈려 날아갔다 날아왔다 하였다. 눈깜박할 사이에 희한한 옥석교가 생겨났다.

눈이 휘둥그래서 옥석교를 바라보던 갑돌이는 너무도 기뻐서 하늘에 대고 절을 하였다.

이윽고 옥석교를 건너서니 어느새 천지가에 이르렀다. 갑돌이는 잠시 숨을 돌리며 천지를 내려다보았다. 마침 천지에서 수만리 창공으로 칠색무지개가 피여오르고 그 천지로 하늘에서 흰구름떼들이 자유로이 흘러들어서 실지 어느것이 천지고 하늘인지 분간하기가 어려웠다. 그러다가 그 구름떼들이 사라지면서 이번엔 해빛을 받은 물방울들이 금빛 은빛으로 천지를 물들이니 그 경치야말로 절경을 이루었다. 갑돌이는 그 경치에 매혹되여 저도 모르게 《야ㅡ아!》 하고 환성을 올렸다.

그런데 이게 웬일인가. 갑자기 하늘이 심술을 부리는듯 천지호반이 어두워지더니 세찬 바람이 불고 번개가 내리쳤다. 그러더니 강한 회오리바람이 불면서 불시에 어마어마한 물기둥들이 하늘중천으로 솟구쳐올랐다. 물기둥들은 마치도 춤이라도 추는듯이 줄을 지어 하늘에서 빙글빙글 돌아가다가 눈깜짝할 사이에 소리없이 가라앉았다.

갑돌이는 천지의 조화에 취해서 한동안 정신을 차리지 못하였다. 그러다가 가까스로 자신을 다잡으며 룡궁으로 들어가는 문을 찾아보려고 두리번거렸다.

그때 갑돌이는 문득 눈속에서 둥구는 빨간 잉어를 발견하였다. 언제부터 뒹굴었는지 잉어는 기진맥진해서 아가미만 펄떡펄떡하였다. 아마 물기둥이 솟구칠 때에 하늘에 휘감겨올랐다가 눈속에 떨어진 모양이였다.

《너는 왜 여기서 고생하니?》

갑돌이는 이렇게 중얼거리며 잉어를 두손으로 정히 받들어 천지속에 넣어주었다. 잉어는 물속으로 헤염쳐가다가 돌아서서 물우로 훌쩍 뛰여올랐다. 그리고는 갑돌이를 바라보며 둥그런 원을 그리며 무슨 말을 하려는듯 입을 접접거리다가 갑자기 꼬리로 물을 찰랑

치고는 순식간에 사라졌다.
 그 순간 갑돌이는 두눈이 휘둥그래졌다. 글쎄 잉어가 꼬리로 물을 치자 물면이 쪽 갈라지면서 천지속으로 들어가는 돌층계가 눈앞에 나타나는것이 아닌가.
 돌층계는 천지밑으로 아득히 뻗어있었다.
 (혹시 룡궁으로 들어가는 돌층계일지도 몰라. 어디 들어가보자.)
 갑돌이는 정신을 가다듬으며 천천히 돌층계를 내려갔다. 한발자국 두발자국… 돌층계는 끝없이 뻗어내렸다. 얼마나 깊게 내려섰는지 하늘이 동전잎같이 보였다. 주위에선 물고기들이 유유히 헤염치고있었다.
 이윽고 수정으로 지은 웅장한 궁궐이 나타났다. 궁궐에는 큰 대문이 우뚝 솟아있고 대문량켠에는 푸르싱싱안 룡대나무가 서있었다. 그 나무밑에는 룡검을 든 무사들이 보초를 서고있었다. 보초병들의 얼굴은 사람과 비슷하였지만 머리엔 뿔이 돋아있었고 허리엔은회색 날개가 달려있었다.
 갑돌이는 넋을 잃은듯 이러한것들을 멍하니 바라보기만 하였다.
 《자, 어서 가시자요.》
 갑자기 처녀의 맑은 목소리가 정답게 울려왔다.
 갑돌이가 옆을 보니 연분홍옷을 곱게 차려입은 어여쁜 처녀가 생글생글 웃고있었다.
 《저 누구신지?》
 《호호… 전 빨간잉어예요. 우리 아버지가 기다리고계서요.》
 처녀는 갑돌이의 옷자락을 허물없이 잡아끌었다. 그 처녀는 푸른 세계에 홀로 피여난 한송이 련꽃처럼 고왔다.
 갑돌이는 처녀를 따라서 룡궁안에 들어섰다.
 아름다운 풍악소리가 은은하게 울려오고 이따금 둥둥 북소리가 가락맞게 울렸다.
 궁궐복판에는 수염 많은 룡왕이 뭇신하들을 거느리고 키를 넘는 룡상에 앉아있었다. 그 룡왕의 모습은 먼곳에서 바라보기만 해도 너무도 엄엄하여 갑돌이는 저도 모르게 온몸이 바르르 떨리였다.
 《무서워 말아요. 아버지예요.》

처녀가 갑돌이의 옆구리를 가볍게 다치며 일깨워주었다.
룡왕앞으로 사뿐사뿐 다가간 처녀는 입을 열었다.
《아버지, 제가 말씀드린 총각이예요.》
룡왕은 머리를 끄덕이며 입을 열었는데 그 목소리는 온 궁궐안에 우렁우렁하였다.
《공주를 구해준 그대에게 감사를 드리오.》
룡왕은 만면에 환한 웃음을 담고 룡상에서 내려와 갑돌이의 팔을 잡고 옆칸으로 이끌었다.
옆칸에는 음식상이 차려있었는데 벌써 룡궁의 산해진미가 풍성하게 갖추어져있었다.
룡왕은 왼쪽에 공주를 앉히고 오른쪽에는 갑돌이를 앉히였다. 그리고는 손수 수저를 들어 그에게 쥐여주었다.
《어서 많이 드오.》
그러나 갑돌이는 꿈에도 보지 못한 그 산해진미를 먹을 겨를이 없었다.
《왜 드시지 않아요?》
공주가 조용히 물었다.
갑돌이는 일어나서 룡왕에게 정중하게 절을 올리며 입을 열었다.
《룡왕님, 지금 제 동생 을돌이가 중병에 걸려 생사를 다투고있나이다.… 황송하지만 저는 이 음식을 들수가 없나이다.…》
이렇게 허두를 뗀 갑돌이는 룡궁까지 오게 된 사연을 처음부터 세세히 이야기하였다. 그의 말을 듣고난 룡왕은 수염을 쓰다듬으며 고개를 끄덕이였다.
《과시 형제간의 의리가 두터운 총각이로군!》
룡왕은 갑돌이를 미덥게 바라보면서 그자리에서 금수저와 은수저를 그의 손에 쥐여주었다.
《총각, 이것을 룡궁에 온 기념으로 가지고 가오. 꼭 쓸모가 있을거요. 그리고 그대를 다시 만나기를 바라오.》
룡왕은 아쉬운듯 갑돌이를 다시 바라보고는 령을 내렸다.
《여봐라, 총각의 동생에게 쓸 약은 공주가 갖다줄지어다.》
갑돌이는 너무도 기뻐서 룡왕에게 연신 절을 올리며 자리에서 물러섰다.
공주는 갑돌이를 먼곳까지 바래우면서 갓버섯같은 무병초 세뿌리를 안겨주었다.
《이것을 한송이한송이씩 달여먹이면 동생의 병이 씻은듯이 가실거에요. 그리고 무슨 일이 있거들랑 이 보석반지를 천지에 던지세요. 그러면 저를 다시 만날수 있어요.》
공주는 품에서 보석반지를 꺼내주며 눈물이 글썽하였다.
갑돌이도 선뜻 발길이 떨어지지 않았다. 그러나 어차피 가야 할 길이므로 마음을 다잡고 뒤로 돌아섰다.
집으로 돌아온 갑돌이는 인차 약을 달이였다.
무병초 한뿌리를 달여먹였더니 을돌이의 얼굴에 피기가 돌고 두 뿌리를 먹이니 일어나 앉고 세뿌리를 다 먹이니 밖에 나가서 싱싱 뛰며 놀았다.
갑돌이는 너무 기뻐 동생을 꼭 들어안았다.
을돌이의 병이 가신듯이 사라지자 갑돌이는 그제야 룡왕이 준 금수저와 은수저의 생각이 났다. 그 금수저와 은수저로 밥을 드니 새노란 조밥이 어느새 흰쌀밥이 되고 풋나물찬도 값진 반찬으로 변하군하였다.
갑돌이는 을돌이를 불러앉히고 이 기쁨을 낱낱이 이야기하고는 천지를 향하여 무릎을 꿇고 룡왕에게 다시한번 큰절을 올리였다.
그때부터 옛날 사람들은 천지에는 큰 룡왕이 산다고 하면서 그곳을 《룡왕댁》이라고 불렀다. 이와 함께 사슴들이 한가하게 누워서 잠을 자고 조용한 못가에 달빛이 어리는 깊은 밤이면 늙은 룡이 노래를 불렀다는 시구도 전해지게 되였다.

박상용

천지가의 샘물 안명수

백두산천지를 둘러싼 바위들엔 여러곳에서 맑은 샘물이 솟아오른다. 그중 어느 한 바위에는 자그마한 두개의 샘구멍이 나란히 있는데 거기에서는 사시장철 맑고 정갈한 샘물이 퐁퐁 솟구쳐오른다. 예로부터 사람들은 그 샘물에 눈을 씻으면 눈이 밝아진다고 하여 《안명수》라고 불러왔다. 거기에는 오늘도 우리의 마음을 뜨겁게 하는 전설이 전해지고있다.

옛날도 아주 오랜 옛날 백두산기슭에는 가난한 사람들이 오붓이 모여사는 자그마한 마을이 있었다. 마을이라야 쓰러져가는 막가을 버섯다냥 찌그러져가는 오두막 몇채뿐이였다.

그 마을에는 꽃보다도 더 예쁘고 흰 눈보다도 더 깨끗하고 마음씨 착한 설화라고 하는 처녀가 살고있었다. 그는 앓는 어머니 한분을 모시고 힘겹게 근근히 살아가고있었다.

백설이 뒤덮인 백두산에도 봄이 오면 양지받이 산기슭의 눈부터 녹으며 각가지 꽃들이 다투어 피여나고 마을은 꽃속에 묻힌다. 봄은 만물을 소생시키는 약동하는 계절이라 겨우내 가난과 추위속에 옹송그리던 사람들도 가슴을 쭉 펴고 새해의 농사차비를 하였다. 더구나 마을의 처녀들은 들나물 산나물을 캐며 시름없이 웃고 떠들며 노래를 불렀다. 그래서 마을의 늙은이들은 봄은 처녀들이 좋아하는 계절이라고 했다.

그러나 설화만은 아름다운 봄의 정취를 느낄만한 마음의 여유가 없었다. 늘 깊은 수심속에 잠긴 그의 남달리 해맑은 하얀 얼굴에는 짙은 그늘이 가실날이 없었다. 설화에게는 앓는 어머니에 대한 근심과 살아가기 힘든 걱정뿐이 아니였다. 그는 그 어디에도 하소연할수 없는 가슴아픈 사연이 설움닳은 그 마음을 아프게 히비기때문이였다.

설화네 이웃집에는 쇠동이라는 총각이 운신조차 제대로 하지못하는 늙은 아버지와 함께 살았다. 쇠동이와 설화는 소꿉시절부터 함께 자랐다. 철없는 아이때에는 쇠동이가 신랑이 되여 빨간 진달래꽃을 꺾어서 설화의 머리에 꽂아주고 설화는 진흙으로 꽃떡을 빚어놓고 제법 색시노라고 《서방님, 어서 진지 드세요.》하며 오손도손 재미나게 놀았다.

그들이 조금 큰 다음에는 쇠동이가 늘 설화가 자기 이름을 부르는것을 싫어하였고 설화가 하자는대로 하지 않았다. 어느날 설화가 《쇠동아, 우리 산에 가 놀가?》하니 쇠동이는 눈을 흘기며 시뜩해서 이렇게 말했다.

《내가 뭐 네 동무야? 쇠동아 쇠동아 하면서 쪼꼬만게… 오빠라고 해…》 쇠동이는 설화보다 두살이나 우인데다가 키도 한뽐이나 더 컸다. 그래서 설화의 어머니도 설화보고 《쇠동오빠》라고 부르라고 하였다.

세월은 흘러 어느덧 쇠동이와 설화의 동년시절은 추억속에 멀어져가고 어엿한 처녀총각으로 자라났다. 그들은 이웃에서 서로 돕고 아끼는 각별한 사이였다. 남정의 손이 없는 설화네집 무거운 일은 쇠동이가 하였고 녀인들의 손이 없는 쇠동이네 집안 일은 의례히 설화가 하는것으로 되였다. 쇠동이는 설화네 나무를 도맡아 했다. 그는 산에 가서 나무를 해가지고 와서는 큰 단을 설화네 집앞에 내려놓아주군했다. 설화도 어머니가 없는 쇠동이네 빨래며 녀자의 손이 가야 할 일은 의례히 자기가 해야 할 일로 생각했다. 그는 들나물, 산나물도 부지런히 캐서 깨끗이 다듬고 씻어 찬을 만들어 쇠동이네 부뚜막에 가져다 놓군하였다.

그래서 저의또래 동무들에게 늘 늘림을 받았다.

《애 설화야, 뭐 그럴게 있니? 아무래도 그럴거 아예 두 집을 합치고말려마…》

그러면 설화는 얼굴이 빨개서 주먹을 쥐고 그 동무의 등을 때려주며 《너는 정말 못하는 소리가 없구나.》하였다. 마을의 총각들도 아름다운 설화를 넘겨다보며 은근히 쇠동의 마음을 떠보느라고 《설화 새서방!》하고 부르면 쇠동이는 사람좋게 싱글벙글 하면서 《쉿! 고 새침떼기가 들으면 공연히 나보고 해볼거야…》하고는 웃었다.

그러던 어느날이였다. 그날도 쇠동이는 여느날과 다름없이 나무를 한짐 해가지고 마당가에 들어섰다. 설화가 달려나와 쇠동의 어깨에서 나무짐을 내려주면서 다급하게 말하였다.

《쇠동오빠, 야단났어요. 오랑캐가 또 쳐들어온대요. 그래서 온 마을 남정들이 다 모였어요.》

《뭐?!》 쇠동이는 가슴이 철령했다. 백두산 근방에 사는 사람들에게는 그 소리가 전혀 뜻밖의 소리는 아니였으나 쇠동이는 어쩐지 가슴이 섬찍하며 눈앞이 새까매졌다.

오래전부터 북쪽에 사는 오랑캐들은 늘 백두산을 호시탐탐 노리며 해마다 몇번씩 쳐들어왔다. 늙은이들의 말에 의하면 그놈들은 백두산을 빼앗아 저희들의 산으로 만들려고한지 오래전부터라고 하였다. 그러나 그놈들은 번번이 실패하고 쫓겨가면서도 그 야망을 버리지 않는다고 하였다.

그것은 백두산은 신령의 산이여서 백두산을 가진 민족은 슬기와 지혜가 있고 장수와 영웅호걸이 많이 난다고 하여 오랑캐들은 수백번을 쳐들어왔다. 몇년전에도 백두산을 빼앗겠다고 수많은 군사를 끌고왔다가 백두산을 지키는 군사들과 이 나라 북변의 백성들이 힘을 합쳐 그놈들을 몰아냈다. 그때의 싸움은 실로 가렬처절했다. 설화의 아버지도 그 싸움에서 돌아갔고 쇠동의 아버지도 그때에 받은 상처로 해서 지금까지 운신도 제대로 할수 없었다.

쇠동이는 얼른 나무짐을 벗어놓고 땀도 씻을 사이없이 마을의 좌상로인네 마당으로 달려갔다. 거기에는 어느새 마을의 늙은이들과 젊은이들이 날창을 만든다 칼을 벼린다 법석 떠들었다.

좌상로인은 쇠동이를 보고 반겨맞으며 말했다.

《오, 알고 왔겠지?》

《네, 들었소이다.》 쇠동이는 좌상로인에게서 메를 받아들고 시뻘건 쇠덩이를 쾅쾅 내리쳤다. 그들은 밤을 지새워 창과 칼을 만들고 나라의 군사들과 합세하려고 다음날 새벽에 떠나려고 하였다.

어느덧 새벽달이 휘영청 밝았다. 쇠동이와 설화는 푸른 하늘에 두둥실 떠오른 새벽달을 쳐다보면서 둥구밖으로 나갔다. 쇠동이는 달빛아래서 설화를 바라보니 그의 얼굴은 더더욱 하얀 배꽃같이 아름다웠다.

《설화, 우리 아버지까지 돌보느라면 고생이 많겠는데… 이럴줄

알았더면 내가 나무라도 많이 해줬을걸…》

설화는 그 순간 웬일인지 목이 꽉 메여 말이 나가지 않았다. 그저 뜨거운 눈물이 두볼을 적시며 비오듯 흘러내렸다. 쇠동이도 눈물이 솟구쳐 말을 못하고 설화의 손을 꽉 쥐였다. 그들이 철이 들어서는 처음으로 쥐여보는 그 손이였다. 설화는 싸움터에 떠나는 그에게 눈물을 보이지 말아야겠다는 생각에 눈물을 닦고 웃으며 말했다.

《쇠동오빠, 아무걱정 마시고 꼭 이기고 몸성히 돌아오세요. 기다리겠어요.》

《설화! 내가 아직도 설화의 오빠인가? 인젠 오빠가 되고싶지 않는데. 내가 돌아온다음엔 오빠라고 부르면 안돼. 알겠소?!》

쇠동이도 눈물이 솟구쳐 홱 돌아서 빠른 걸음으로 앞선 사람들을 따라갔다. 그들은 서로 사랑을 고백하거나 자기 마음속의 이야기를 말한적도 없다. 쇠동이와 설화사이에는 서로 믿음이면 되지 다른 그 무슨 격식이 필요없었다.

오랑캐를 몰아내는 그 싸움은 그리 오랜 시간이 걸리지는 않았다. 우리의 군사들은 실로 백두산의 슬기와 천지의 정기를 타고나서인지 용맹무쌍하였고 무적의 장수들이였기에 적들은 미처 제놈들이 가지고 온 무기이며 제놈들의 장수의 더러운 시체마저 거두지 못하고 천리 줄행랑을 놓았다.

설화가 그처럼 가슴을 조이며 기다리던 쇠동이도 돌아왔다. 그러나 쇠동이는 앞못보는 소경이 되여 남의 잔등에 업혀서왔다. 그가 싸움터에서 마지막 원쑤놈을 쫓아가 창으로 찌르는 순간 그놈은 홱 돌아서면서 무슨 독약가루인지 그의 눈에 뿌렸다. 마지막원쑤는 죽였으나 쇠동의 눈에서는 궂은 피눈물이 흐르면서 뽀얀 안개가 낀것 같더니 마지막에는 아예 보이지 않았다.

설화는 안타까와 조용한곳에 가서 홀로 실컷 울었다. 그러나 쇠동의 앞에서는 한번도 피로움을 나타내지 않았고 꼭 나을수 있다고 위로했다. 온 마을사람들은 쇠동이를 위해서 좋다는 약초는 다 캐왔고 용하다는 의원은 다 데려다 보였다. 그러나 웬일인지 좀처럼 낫지 않았다. 마을사람들은 쇠동의 일로 해서 몹시 걱정하고 가슴아파하였다.

《애그, 저 쇠동이가 불쌍도 하지. 어머니도 없으니 누구든 시중할

사람이 있어야 하련만…》
《그러게 말이요. 원래 설화하고 될줄 알았는데 설화 어머니가 하나뿐인 딸을 이제 저렇게 된 쇠동에게 줄가?》
 그러나 설화는 예나 다름이 없이 쇠동이네 집 살림을 도말아 했다. 쇠동이 하던 일까지 다 혼자 하자니 설화가 얼마나 힘들었으랴. 그는 낮에는 나무를 해오고 달밤에는 강가에 나가서 쇠동이네 빨래를 하군했다. 쇠동의 옷을 빠는 설화의 뜨거운 눈물이 비오듯하여 물로써가 아니라 그 눈물로 빨았다.
 그러나 설화의 마음을 알리 없는 중매군들은 그의 집 문턱이 다슬 지경으로 찾아들었다. 건너마을 최부자는 하루에도 몇번씩 중매군을 보내여 설화의 어머니에게 재산을 자랑하며 감언리설 피여보고 권력으로 위협공갈했다. 그뿐이 아니였다. 태나무집이며 아래마을 리로인네 까지도… 설화의 어머니는 딸의 마음을 알기에 중매군들의 청혼을 받지 않고 돌려보냈다. 그러나 설화 어머니의 마음은 몹시 피로왔다. 쇠동이 사람이야 나무랄데 없지만 인제 저 지경이 되였으니 장차 딸이 고생할일이 안타까왔다. 사람이 정분을 봐서는 모른다 할수 없고 그렇다고 하나뿐인 딸의 장래를 생각하지 않을수도 없으니 실로 진퇴량난이였다.
 설화의 어머니는 너무도 안타까와 홀로 누워 울었다.
 (설화는 남달리 잘생겼는데 왜 운명은 남달리 기구할가? 어려서 아버지를 잃고 이 어미마저 앓아서 온갖 고생과 근심걱정속에 살았는데 시집갈 나이되니 또 쇠동이까지…)
 어느날 어머니가 한참 울고있는데 설화는 약초와 산나물까지 뜯어서 지고 이고 대고왔다. 그는 어머니병애 좋다는 약초와 쇠동이 눈치료에 쓸 약초며 산나물까지 캐느라고 산을 넘고 초령바위를 롤아오르고 내리며 가시넝쿨에 할키고 찢기여 보기에도 처참하고 그 정상이 말이 아니였다. 그래도 그는 울고있는 어머니에게 어디 더 아픈가고 물었다.
 그때 어머니는 더는 참을수 없어 마음속 생각을 비쳐보았다.
 《애야, 네 나이도 인젠 열여섯이다. 이 가을에는…그런데 글쎄 쇠동이 그 사람이야 나무랄데 없지만… 글쎄 나도 모르지 않는다. 너희들사이가 어려서부터 남다른 사이라는걸… 그러니 내가 그를 잊기는 어려우리라만…》 그러면서 중매군들이 왔다간 이야기를 하였다.

설화는 어머니의 말을 조용히 들으며 그도 눈물을 흘리였다. 그는 어머니의 뜻을 알고는 어머니 무릎에 엎디여 서럽게 울다가 자리를 고쳐앉으며 이렇게 말하였다.

《어머님, 저도 어머님의 마음을 알겠나이다. 제가 고생하는것이 가슴이 아파서이지요? 그러나 어머님, 저는 쇠동오빠가 저지경된것을 보고 그 어데에도 갈수 없나이다. 설사 쇠동오빠가 아닌 낯모르는 총각이라도 우리 백두산을 지켜 싸우다 저렇게 되였다면 나는 그런 의로운 사람의 눈이 되고 손발이 될것이온데 하물며 쇠동오빠의 저 처지를 보고 제가 어떻게 다른 마음을 가질수 있나이까! 저는 일생 그의 눈이 되고 손발이 될것을 각오하였나이다. 어머님, 부디 딸자식의 뜻을 꺾지 말아주소이다.》

설화는 대같이 굳은 뜻을 굽히려 하지 않았다. 자기가 두집 살림을 다 같이 돌보겠는데 속히 쇠동의 곁에 가서 그의 피로운 마음을 달래주고 그의 눈이 되고 지팽이가 되여줘야 하지 않겠는가고 하면서 울었다.

설화의 어머니는 딸의 마음을 절대 돌려세울수 없다는것과 잠시나마 자기의 그릇된 생각을 뉘우치며 딸에게 사죄하듯 말했다.

《설화야, 낸들 왜 네 마음을 모르겠느냐. 나도 네가 쇠동이를 버리고 어데 가서 금방석에 앉아도 바늘방석에 앉은것 같고 흰밥에 고기국을 먹어도 무슨 살로 가겠느냐. 알겠다.》

그리하여 다음날 쇠동이가 좋아하는 송기떡과 도라지채와 산나물국을 끓이라 하고 설화의 어머니는 쇠동의 아버지에게 이렇게 말했다.

《쇠동의 아버님, 우리 오늘은 저애들의 성례를 치릅시다. 우리네 살림에 무슨 말타고 가마타겠소이까?》 설화 어머니는 목이 메여 한참 말을 끊었다가 쇠동이가 우리 백두산을 지켜 싸우다가 눈을 잃었는데 설화가 그의 눈이 되고 손발이 되는것도 제 운명이고 제 소원이니 어서 해주자고 하였다. 그러자 쇠동의 아버지는 너무도 고맙고 너무도 감격스러워 뜨거운 눈물을 흘리며 설화의 어머니 손을 잡고 《사돈님!…》 하고는 흐느꼈다.

그런데 쇠동이는 짐짓 성이 난 소리로 말했다.
《설화 어머니, 그 마음 고맙기는 하지만 설화야 내 동생이 아니나이까. 설화, 그건 안돼. 설화야 동생인데… 영원히 동생이지. 어서 다른데로 시집가야 해… 설화는 우리 집에 오기는 너무도 아까운 처녀야…》
그때 설화는 목이 메여 흑흑 느껴 울다가 겨우 이렇게 말했다.
《쇠동오빠, 아니, 싸움터에 떠나시던 날 나보고 돌아온 다음엔 오빠라고 하면 안된다고 하시지 않았나요? 그때 인제는 오빠가 되고싶지 않다고 하시지 않았나이까. 나도 인젠 동생이 되기는 싫어요.》
설화는 쇠동의 아버지에게도 자기 어머니에게도 절하고 음식상을 차렸다.
그 다음날 온 마을에서는 그 소식을 듣고 마을의 좌상로인이 달려왔다.
《설화야, 기특하다. 암, 백두산의 아들이고 백두산의 딸들이 그래야지! 잔치를 혼자하는 법이 어디 있느냐?》
그리하여 쇠동이와 설화는 온 마을에서 떡치고 송아지를 잡고 신랑은 말타고 신부는 꽃가마를 태워서 요란스럽게 큰 잔치를 하였다.
설화는 그날부터 얼굴에는 웃음꽃이 피여났고 어느 하루도 쉬지 않고 약초를 캐다 달였다. 그리고도 자기의 지성이 부족한것 같아서 새벽 일찍 일어나서 백두산 기슭의 샘물을 떠다 기도도 드렸다. 그는 남편의 눈을 띄워보려고 무진 애를 썼으나 아무런 소용이 없었다.
그러던 어느날밤이였다. 밤새 보리방아를 찧던 설화가 너무도 피곤하여 방아공을 끌어안고 쪽잠이 들었을 때였다. 누군가 설화의 어깨를 흔들기에 눈을 떠보니 밝은 달빛아래 백의백발의 로인이 앞에서 인자하게 웃고있었다. 설화는 얼른 일어서 옷깃을 여미고 절하면서 《로인님은 뉘신지요?》 하니 그 로인은 이렇게 말했다.
《지성이면 돌에도 꽃이 핀다 하거늘 네 지성이 기특하도다. 백두산의 착한 딸 설화야. 내 시아버님에 대한 공대와 남편에 대한 충정, 어머니에 대한 그 효성이 하도 지극해서 내 너를 도와주려 하노라. 나는 백두산의 산신령이노라.》

로인은 말하기를 백두산 천지가에 올라 두겹 쌍무지개가 뿌리내린곳에 가면 약수가 있는데 그 약수에 쇠동이 눈을 씻으면 앞을 보게 될것이라고 하였다.

설화가 일어서 사례하려고 하니 로인은 어느새 구름을 타고 백두산으로 훨훨 날아가고있었다. 설화는 어머니에게 간단히 말하고 그날 아침으로 물동이 하나 이고 백두산으로 올랐다. 그는 한 봉우리에 오르면 또 봉우리가 있고 츠렁바위에 오르고 내리고 찾아도 천지가 어디 있는지 샘물이 어데 있는지 알수 없었다. 낮에는 샘물을 찾아 헤매고 밤에는 지쳐서 바위밑에서 밤을 지새우며 열흘이나 해맸다. 그는 도로 내려갈가고도 생각하다가도 다시 마음을 굳게 먹었다.

그러던 어느날 저녁 바위밑에 앉아 어머니와 쇠동이가 기다릴 생각하니 몹시 안타까와 울고있는데 멀지 않는곳에 불이 환한곳을 발견하였다.

(저게 무슨 불일가? 저기에 인가가 있나보구나.)그는 그 불빛이 인가라고 생각하니 얼마나 반가왔는지 몰랐다. 인가에 가 하루밤 묵고 길을 물어 천지가에로 가려고 하였다.

그런데 그곳에 가니 네귀 덩실한 기와집 한채가 있어 문이 방싯 열렸는데 새여나오는 불빛을 통해 집안을 들여다보니 달님갈은 총각이 책을 펼쳐놓고 글공부를 하고있었다.

그 총각은 설화의 인기척에 보던 책을 덮어놓고 밖으로 나왔다. 설화는 너무 황송하여 그자리에서 큰 절을 하며 인사하였다.

《도련님, 지나가던 행인이 도련님의 글공부를 방해하여 죄송하기 그지없나이다. 저는…》

그 총각은 설화를 무척 반겨 맞으며 마당가의 6각정자에 와 앉으라고 하였다. 그리고 설화를 유심히 살펴보며 말하기를 《그대는 눈송이갈이 희고 꽃갈이 아름답도다. 이밤 이렇게 어여쁜 그대를 내 방 앞에 오게 한것은 하느님이 정해준 천생배필로 된 연분인가보노라.》 하며 설화를 쳐다보았다. 그는 설화에게 자기를 소개하였다. 자기는 이 나라의 왕자인데 10년을 기한하고 이 승엄한 백두산에 와서 도를 닦는다고 하였다. 백두산의 기상과 천지의 웅심깊은 슬기를 한몸에 지니면 신선이 되거나 천상천하 명인이 된다고 하여 여기와서 도를 닦은지 꼭 10년이 되는 마지막날밤이라고 하였다.

그는 날이 새면 왕궁에서 꽃수레가 오니 하늘이 맺어준 연분인것 같은데 어서 방에 들어가 백년가약을 맺고 래일 꽃수레를 타고 왕궁에 들어가면 일생 부귀영화를 누린다고 하였다.

설화는 왕자의 말을 듣고 저으기 놀라기도 하고 당황하여 얼른 일어나 왕자앞에 공손히 무릎을 꿇어앉아 모든것을 사실대로 말했다.

《왕자님, 소녀는 산아래마을 소경 쇠동의 안해올시다. 소녀가 바라는것은 오직 하나 남편의 눈을 띠우는것이오이다. 오랑캐들이 수시로 쳐들어오는데 젊은 대장부가 눈을 감고 앉아있으면 어찌하오리까. 소녀의 남편 쇠동이는 장수는 아니오나 이 나라의 사나이고 백두산의 아들이 아니나이까!》 설화는 왕자님이 백두산에서 마지막 밤을 편히 보내라고 인사하며 자기도 샘물을 빨리 찾아야 한다며 일어서려고 하였다. 그 순간 번쩍 하더니 기와집도 왕자도 6각정자도 간곳없이 사라졌다. 어느덧 아침해가 불쑥 솟아 6각정자가 있던 그자리에는 기묘한 바위가 있고 거기에 두겹 무지개가 뿌리를 내렸다.

《아, 무지개!》 설화는 쌍무지개가 뿌리내린곳에로 다가갔다. 거기에는 두줄기의 샘물이 솟아났다. 설화는 샘물앞에 꿇어앉아 큰절을 하였다. 설화의 눈에서도 두줄기의 기쁨의 눈물이 샘솟듯하였다.

설화는 샘물에 손을 담그니 한줄기는 령천이고 한줄기는 온천이였다. 그는 산신령할아버지가 시켜준대로 그 물에 손을 씻고 눈을 씻으니 눈이 시원해졌다. 그다음 백두산을 바라보니 봉우리마다 옥을 쪼아 만든듯 기묘하고 천지의 푸른물이 출렁거렸다. 그는 다시 천지에 큰절을 올리고 가지고 간 동이에 샘물을 정히 받아놓고 그우에 노란 쪽박을 띠여 이고 산길에 나서니 자기가 사는 마을로 가는 길이 환히 보였다.

(아니 이렇게 곧은길이 있은것을 나는 왜 못보고 열흘이나 걸려서야 찾았을가.)

설화는 그날부터 그 샘물로 쇠동의 눈을 씻어주었더니 궂은 피눈물이 멎기 시작하고 차츰 눈앞의 안개가 걷히는듯 하였다. 설화는 쇠동의 손목을 이끌고 천지가의 샘물터에 가 씻고 그 물을 길어다 자주 씻었더니 쇠동이는 원래대로 다시 앞을 보게 되였다. 쇠동이와 설화는 아버지, 어머니의 앞이라는것도 잊고 서로 부둥켜안고 기쁨의 눈물을 흘렸다. 온 마을에서는 그들을 축하하여 또 한번 큰 잔치를 차렸다.

그때로부터 천지가의 그 샘물을 안명수라고 하여 눈병이 나던 거기로 찾아가며 지금에도 그 샘물은 눈병치료에 좋은 약수로 일러준다고 한다.

설화와 쇠동이는 아들 딸을 낳고 백두산을 지키며 오래오래 잘살았다고 한다.

예로부터 이 나라의 녀인들은 고향과 민족을 지켜 싸웠거나 의로운 일을 한 남편을 더없이 존경하고 우러러 섬기는 아름다운 사랑의 력사를 수놓는다.

조 수 영

백두산의 사슴이끼

백두산에는 사슴이끼라고 부르는 류다른 이름을 가진 풀이 있다. 이 풀에 대하여 알고있는 사람은 그리 많지 못할것이다.

그러나 이 알려지지 않은 풀에도 하나의 아름다운 이야기가 전해지고있으니 우리 조상들이 백두산의 이름모를 풀 한포기까지 얼마나 소중히 간직하고 뜨겁게 사랑해왔는가를 다시금 깊이 깨닫게 하여준다.

백두산일대에는 태고적부터 사슴들이 무리지어 살고있었다. 그것들은 사냥군들의 《우-여》하는 입나팔소리에도 별로 놀라지 않고 풀을 뜯어먹으며 때때로 물을 마시려 샘터나 늪으로 내려오군하였다. 살진 사슴의 무리들은 백두산의 풍치를 더욱 아름답게 하였을뿐아니라 사람들에게 귀중한 약재까지 주는것으로 하여 각별한 사랑과 보호를 받고있었다. 그리하여 백두산의 사슴에 대한 소문은 백두산일대에는 물론하고 국경 너머 비적무리들이 있는곳까지 퍼지였다.

이 비적떼소굴에는 포악하고 탐욕스럽기 짝이 없는 괴수놈이 살고있었다. 이놈은 졸개들을 끌고 도적고양이처럼 강을 건너와서는 마을을 습격하여 사람들을 해치고 량식과 재물들을 로략질하였으며 짐승들까지 닥치는대로 끌어가군하였다.

두목은 성질이 변덕스럽고 심술이 사나왔는데 잘 때도 눈을 부릅뜨고 연신 이발을 갈군하여 보는 사람들에게 소름끼치게 만들었다. 이러한 괴수놈의 귀에 백두산이 멀지 않는 관모봉기슭에 사슴이 무리지어 밀려다닌다는 소문이 들어갔던것이다.

관모봉은 백두산의 다음가는 높은 봉우리로서 숲이 무성하고 기슭으로는 두만강의 지류인 연면수의 맑은 물이 흐르고있어서 산짐승들이 많이 모여드는곳이였다.

어느날 두목놈은 부하들을 데리고 관모봉의 사슴떼를 사냥하러 몰래 강을 건너왔다. 이날도 마음놓고 풀을 뜯고있던 수십마리의 사슴들이 창에 맞아 목숨을 잃었다. 두목은 잡은 사슴들을 저의 소굴로 실어갔다. 관모봉기슭의 들판은 사슴들이 흘린 피로 물들었다.

비적두령이 강건너에서 수많은 사슴을 잡아왔다는것을 알아낸 오랑캐장사군들은 많은 금붙이와 보석따위들을 가지고 와서 록용과 바꾸어갔다.

여기에 재미를 들인 괴수놈은 졸개들을 다시 내몰아 관모봉의 사슴을 씨도 없이 모조리 잡아오라고 호령하였다. 그리하여 련일 관모봉기슭에서는 사슴들의 비명소리가 그칠새 없었고 얼마후엔 사슴이 멸종할 지경에 이르게 되였다.

뒤늦게 이 사실을 알게 된 사슴골마을사람들은 강건너 비적들의 죄행에 치를 떨었다. 그들은 한사람같이 일떠서서 강도무리들과 피어린 싸움을 벌리였다.

한편 마을사람들은 종자사슴이라도 구원할 생각으로 나머지사슴들을 안전한곳에 숨겨놓기로 의논하였다.

마을사람들은 누가 종자사슴을 목적지까지 이끌고 가겠는가에 대하여 온밤 의논하던끝에 지혜가 있고 용감한 초봉이라는 젊은이에게 그 일을 맡기기로 하였다.

마을어구에는 이른새벽마다 사슴떼들이 물을 마시러 내려오는 수정같이 맑은 초계수가 흘러내리고있었다.

새벽일찍 길차비를 하고 물가에 나온 초봉이는 개울가에 무성한 오리나무덤불속에 숨어있다가 때마침 맞다들린 엄지사슴 한마리를 붙들었다.
 젊은이의 억센 손아귀에 잡힌 사슴은 놓여나려고 네다리를 버둥거리며 구슬프게 울부짖었다.
 그러자 어디선가 두마리의 새끼사슴이 엄지의 울음소리를 듣고 개울가로 껑충껑충 달려왔다.
 《사슴아, 울지 말아. 난 악착한 원쑤놈들한테서 너희들을 구원해주려고 달려온 초봉이란다. 자, 어서 나와 함께 여기를 떠나자…》
 초봉이는 사슴이 좋아하는 먹이를 주면서 다정하게 목덜미와 잔등을 쓸어주었다. 초봉의 다정한 애무에 감동했는지 엄지사슴은 두눈을 슴벅거리며 새끼들과 함께 초봉이를 순순히 따라왔다. 여기저기서 살아남은 사슴들이 그들의 뒤를 따랐다. 초봉이가 사슴들을 데리고 떠난지 얼마후였다.
 사슴잡이에 나갔다가 한마리도 사냥하지 못하고 허탕을 친 놈들이 모두가 주눅이 들어 돌아왔다.
 《두령님, 야단났소이다. 그 많은 사슴들이 이제는 한마리도 없소이다. 들리는 말에 의하면 웬 젊은놈이 사슴들을 데리고 어데론가 떠났다고 합니다.》
 《뭣이?》
 두령은 깜짝 놀라 두눈알을 디룩거리며 외마디소리를 질렀다.
 《그래 그놈이 어데로 갔는가?》
 《모르겠소이다.》
 졸개들은 어떤 벼락이 떨어질지 몰라 겁에 질려 와들와들 떨고있었다.
 피수는 성이 꼭뒤에까지 나서 울안에 갇힌 호랑이처럼 방안을 왔다갔다 하였다.
 온밤 장사군들과 술을 처마신지라 골이 터져나갈듯 쑤시는데 사슴까지 한마리도 잡아오지 못했으니 부아가 터지지 않을수 없었던 것이다.
 게다가 사슴을 팔아 큰 재산을 모으려던 계획이 뒤죽박죽이 돼버렸다.
 《이놈들아, 빨리 가서 사슴들이 간곳을 알아오지 않으면 한놈도

남기지 않고 다 목을 칠테다.》
 두목은 술병이며 음식그릇이 그대로 있는 식탁을 그대로 쾅 내리쳤다. 그 바람에 졸개들은 우루루 밖으로 밀려나갔다.
 창과 칼을 든 한무리의 비적떼들이 말을 타고 관모봉쪽으로 밀려갔다. 두목놈은 하늘을 우러러 기도를 드리면서 그들이 꼭 사슴들을 잡아오게 해 달라고 빌었다.
 그놈이 기도를 드리기 바쁘게 멀지 않은 서북쪽하늘에서 《빠르릉!》 하는 천둥소리가 땅을 뒤흔들더니 야밤처럼 하늘이 캄캄해졌다. 그리고는 난데없이 돌비가 쏟아져내리기 시작하였다. 모진 폭우는 련사흘째나 그칠줄을 몰랐다. 두목은 불안속에 낮과 밤을 보내였다.
 사슴을 찾으러 떠났던 부하들이 갑자기 불어난 강을 건느다가 다 물에 떠내려갔다는 소문이 들려왔다. 이 말을 들은 두목놈은 더더욱 안절부절 못했다. 괴수놈은 잠자리에 들기만 하면 악몽에 시달렸고 잠을 깨면 사지가 쑤셔나서 견딜수가 없었다. 드디여 두목놈은 병에 걸려 잠자리에서 일어나지 못하게 되였다.
 그러던 어느날 놈은 용하다고 소문난 오랑캐점쟁이를 제방에 불러들이였다. 점쟁이는 한동안 주문을 외우더니 태연스레 점패를 뽑았다.
 《두령님.》 점쟁이는 머리를 기웃거리며 뒤말을 잇지 않았다. 두목은 등이 달아나기 시작하였던지 자리에서 벌떡 일어나 앉았다.
 이윽고 점쟁이가 말을 이었다.
 《어허, 불길한 점패로다. 달아난 사슴들을 잡아오지 못하면 두령님의 일확천금의 꿈도 일장춘몽이로다. 아니, 이미 액운이 눈앞에 왔거니 자칫하단 생명까지 잃어버릴수 있소이다. 무슨 일이 있든지 달아난 사슴들을 잡아 액매이를 하여야 화를 막고 행운을 얻을수 있으리다.》
 그 말을 들은 두목의 얼굴은 대번에 시뻘겋게 달아올랐다. 그는 어찌할지 몰라 머리를 부둥켜안으며 신음소리를 내질렀다.
 서북쪽하늘에서 벌어졌던 조화와 점쟁이의 말을 듣고 한동안 고민하던 두목은 어느날 부하들을 앞마당에 모이게 하였다. 앉아서 한탄만 하여서는 아무 소용도 없다는것을 깨달았던것이다.

그는 일확천금의 꿈을 버릴수가 없었다. 어떻게 해서든지 종적없이 사라진 사슴떼를 찾아내야 하였다.
 두령은 억지로 얼굴에 웃음을 띠우고 부하들이 모인곳으로 나갔다.
 《모두다 명심해 들거라. 우린 어떤 일이 있더라도 사슴떼를 다시 찾아내야 한다. 그것을 찾지 못하면 너희들도 살아남지 못하고 나도 망하고말것이다. 큰 재난이 우리를 향해오고있다. 이것은 하늘이 나에게 귀띔한것이다. 그래서 오늘은 내가 직접 사슴떼를 찾아떠나겠으니 모두다 나의 뒤를 따라야 한다!》
 두목은 말을 타고 앞장서 달려갔다.
 손에 들고있던 괴상한 방망이를 꺼내여 한번 휘둘렀다. 회오리바람을 일으키면서 초봉이와 그가 몰고간 사슴떼들을 따라 졸개놈들과 함께 추격하였다.
 한편 사슴의 무리를 이끌고 초봉은 밤낮없이 가고 또 갔다.
 한시바삐 안전한곳으로 가야 했다. 비적들이 언제 달려올지 마음이 놓이지 않았다.
 초봉은 잘 걷지 못하는 새끼사슴들을 번갈아 안고갔다. 그러다보니 자연 걸음이 더딜수밖에 없었다. 초봉은 새끼사슴들이 더는 걸을수 없게 되자 하나는 등에 지고 하나는 가슴에 안았다.
 어느날 초봉은 사슴들에게 물을 먹이느라고 자그마한 샘터에서 잠시 쉬게 되였다.
 먼길에 지쳐버린 초봉은 그만 깜빡 잠이 들었다. 얼마나 시간이 흘렀는지 어디선가 사슴이 울부짖는 소리에 그는 정신이 번쩍 들었다.
 눈을 떠보니 어미사슴이 없었다. 초봉은 황황히 사방을 살펴보았다. 샘터에서 얼마 멀지 않는 공지에서 어미사슴과 어떤 놈팽이와 싸움이 한창 벌어지고있었던것이다.
 어미사슴은 뿔을 휘저으며 그놈에게 사납게 달려들었다. 그것은 비적놈이 틀림없었다. 그놈이 어떻게 이곳에 불쑥 나타났는지 초봉이는 알수 없었다. 그러다가 두목놈이 부하들을 풀어놓아 자기들의 뒤를 검질기게 따르고있다는 생각을 하고 흠칫하였다.
 사실 그랬다. 두목놈은 흔적을 찾노라고 온 산판에 수십명의 졸개들을 풀어 놓았던것이다.

초봉은 놈의 등뒤로 살금살금 다가가다가 그만 《앗!》하고 외마디 비명을 지르고말았다.
비적놈을 받아넘기던 어미사슴의 뿔이 부러졌던것이다.
뿔이 부러진 어미사슴은 비칠거리더니 그만 쓰러져 숨지고말았다.
그러자 그놈은 두눈을 욕심사납게 희번득거리며 사슴의 뿔을 한가슴에 그러안는것이였다. 그 찰나 초봉은 표범처럼 달려들면서 그놈의 뒤통수를 내리쳤다. 그놈은 찍소리도 못하고 나가 뻗었다.
초봉은 어미사슴을 잡아 흔들었다.
《사슴아, 사슴아 날 용서해다오. 넌 나때문에 이런 봉변을 당했구나…》
초봉의 두눈에서는 눈물이 비오듯 흘러내렸다. 그런데 어디선가 말발굽소리가 울려왔다. 초봉은 벌떡 일어섰다. 언제 그러고있을 경황이 못되였다. 그는 사슴떼들을 데리고 황급히 달아나기 시작하였다. 시내물을 건느고 가시덤불을 헤치기도 하면서 초봉은 정신없이 걷고 또 걸었다.
고개도 얼마나 넘었는지 몰랐다. 자기의 뒤를 따르는 놈들의 말발굽소리는 이젠 지척에서 들려왔다.
초봉은 숨이 턱에 닿아 바위고개를 톺아오르기 시작하였다. 경사가 급한곳으로 오르면 말들이 따라오기 힘들수 있다고 생각했던것이다.
산마루에 오른 초봉은 그만 발걸음을 멈추었다. 앞에는 수십길 벼랑이 놓여있었다. 눈앞이 아찔하였다.
말에서 내린 비적놈들은 꽥꽥 돼지멱따는 소리를 치면서 산으로 올라왔다.
초봉은 최후를 결심하였다. 그리고 몰고온 사슴떼들을 보면서 혼자소리로 웨쳤다.
《이 사슴들아, 나는 인젠 별수가 없구나. 놈들에게 붙들리면 나는 죽는 목숨이다. 그러니 너희들은 힘껏 재간껏 놈들의 손에서 벗어나 어데 가서 잘들 살아라.》하고는 새끼사슴과 사슴무리들을 바라보고는 고향쪽하늘을 우러러 눈물을 삼키면서 중얼거렸다.
《좌상로인님, 용서해주소이다. 이 초봉은 마을사람들의 믿음에 보답하지 못하고 그만 여기서 목숨을 끊으려 하나이다. 죽으면 죽었지 어찌 저 흉악한놈들의 더러운 손에 죽겠나이까. 아!-》

초봉이가 이러며 벼랑에 떨어지려는데 누군가 그의앞을 막아섰다.

허연 수염이 앞가슴을 뒤덮은 늙은 로인이였다.

《너는 어찌 죽을 생각부터 하느냐. 이 사슴들을 살리지 못하면 우리 백두산일대엔 영영 사슴의 씨종자가 없어지리니 목숨을 내걸고 살려내야 한다.》

《할아버지는 누구십니까?》 초봉은 가슴을 두근거리며 로인을 바라보았다.

《난 이 백두산부근에서 백가지 약초를 캐여먹으며 벌써 백오십년이나 살고있는 늙은이로다. 내 그대와 사슴들을 구원할 묘책을 대여줄터이니 나를 따라오너라.》

초봉은 사슴들을 데리고 로인의 뒤를 따라갔다.

로인은 벼랑가에 서있는 한그루의 아름드리 나무밑에 놓여있는 바위돌을 들어올리였다.

《자, 어서 사슴들을 데리고 이리로 빠지거라. 이것은 백두산으로 가는 하나밖에 없는 비밀통로이다. 저기 뒤따르는 놈들은 내게 맡기여라.》

《할아버지, 고맙소이다.》

초봉은 사슴들을 데리고 그 굴로 들어갔다. 이윽고 바위돌이 쿵 하고 닫기였다.

초봉은 희미한 빛발이 비쳐드는 동굴을 따라 걸어갔다.

초봉이가 한참 걷고있는데 머리우에서 《쿵, 쿠궁, 와르르》 하는 벼랑무너지는 요란한 소리들이 울려왔다.

초봉은 보지 않고도 자기들을 뒤따라 쫓아오고있던 비적두목과 그 졸개놈들이 봉변을 당하고있다는것을 깨닫고 기쁨의 눈물을 흘리였다.

얼마나 걸었는지 문득 초봉의 눈앞에는 한줄기의 밝은 해빛이 비쳐들었다.

그것은 동굴입구였다. 초봉은 새끼사슴들을 데리고 동굴에서 나왔다. 그의 눈앞에는 뜻밖에도 천지의 푸른 물결이 넘실거리고있었다.

초봉의 눈앞에는 백두산의 장엄한 모습이 펼쳐져있었다. 천지의 벼랑우에는 비적무리를 징벌하고 자기들을 구원해준 그 백발의 로인이 서있었다.

초봉이는 새끼사슴들을 데리고 백발로인앞으로 다가갔다. 고마운 인사라도 올리고싶었던것이다.

(아, 이 로인이 혹시 백두산 신령님이 아닐가?)

초봉은 품에 꼭 껴안은 새끼사슴을 내리우고 그 로인에게 큰절을 하였다.

《저와 이 사슴들을 구원해주시여 정말로 고맙소이다.》

그러자 백발로인의 얼굴에는 만족한 웃음이 피여올랐다.

《허허, 정말 기특한 젊은이로다. 이 나라의 백성으로서 어린 사슴을 지키려는것은 실로 장한 일이로다.》

로인은 허연 수염발을 내리쓸며 껄껄 웃었다.

《포악무도한 비적떼두목놈과 그 졸개놈들을 모두 벌하였으니 이제는 마음을 놓고 부모님과 마을사람들이 기다리는 집으로 돌아가거라.》

초봉이가 로인의 말을 듣고는 그앞에 한걸음 다가서며 정중하게 물었다.

《제가 집으로 가면 불쌍한 이 한쌍의 새끼사슴들은 어찌하겠나이까.》

《음… 갸륵한 마음이로다. 이고장은 외적들이 넘보는 나라의 변방이라 놈들이 언제 달려들지 모를 일이니 네 만일 사슴들과 멀어지고싶지 않다면 여기 백두산야에서 사슴떼를 키우며 사는것이 어떠한고?》 하고 로인은 초봉에게 의향을 물었다.

초봉이는 잠시 머뭇거리다가 조심스럽게 입을 열었다.

《그런데 여기는 풀 한포기 자라나지 못하는 곳이온데 어떻게 사슴을 키우겠나이까.》

《한쌍의 어린사슴을 살리려고 애쓰는 그 마음 더욱 기특쿠나! 아름다운 꽃과 나무, 기묘한 바위와 맑은물 그리고 호함진 사슴떼들이 산야에 흐른다면 그것은 얼마나 기름진 풍경이겠느냐. 이 산천의 풀 한포기, 짐승 하나를 그처럼 아끼는 너의 그 착한 마음으로 백두산은 천하의 절승으로 될것이로다. 내 이제 이고장에서 사슴이 살수 있도록 하여주리라.》

로인은 널직한 은띠를 두른 허리춤에서 금빛조롱박 하나를 꺼내여 초봉의 앞에 내밀었다.

《너는 엄지사슴이 땅에 떨어뜨린 그 뿔을 곧 찾아오너라. 그 뿔에다 이 조롱박으로 천지의 물을 떠서 부으면 새끼사슴들이 배불리 먹을수 있는 이끼풀이 돋아날것이다. 그러면 이 땅에는 대대손손 사슴떼가 무리지어 흐를것이다.》

로인자신도 그날을 그려보는듯 기쁨을 감추지 못하며 흡족하게 웃었다.

초봉은 너무 고마와서 다시한번 로인에게 절을 하였다.

《로인님! 고맙소이다. 이 은혜를…》

《자, 어서 그 뿔을 찾으러 가거라.》

초봉은 새끼사슴을 로인에게 맡긴후 엄지사슴이 숨을 거둔 그 산기슭으로 떠났다.

엄지가 떨어뜨린 6지각의 호합진 사슴뿔은 그대로 풀밑에 놓여있었다.

초봉은 너무 기뻐서 사슴뿔을 덥석 가슴에 끌어안았다. 그리고는 인차 돌따서서 백두산으로 돌아왔다.

초봉은 그 사슴뿔을 땅에 묻고 로인의 말대로 천지의 물을 밤낮없이 계속 부어주었다. 그랬더니 잠간사이 온 산야에 연록색 이끼가 파릿파릿하게 돋아났다.

사슴뿔모양으로 작은 실가지를 치며 뾰족뾰족한 순이 엉켜져 마치도 무늬를 짜놓은듯싶은 이끼에서는 유별난 향기가 풍기였다.

그리하여 이 풀을 마음껏 뜯어먹으며 한쌍의 작은 사슴은 어미로 자라났다.

이끼는 점점 퍼져서 백두산의 원시림에도 그리고 밋밋한 등성이에도 한벌 쫙 덮이였다.

그후 마음 착하고 부지런한 초봉이는 날을 따라 푸르러가는 백두산기슭에서 사슴떼를 키우며 오래도록 살았다고 한다.

그가 가꾼 이끼가 사슴뿔모양처럼 생겼다고 해서 그 이름을 《사슴이끼》라고 지어불렀다.

백두산의 이 신기한 사슴이끼는 겨울의 엄혹한 추위와 눈속에서도 얼지 않고 연록색의 그 빛갈을 자랑하며 꿋꿋이 살고있다.

그것은 백두산의 사슴을 지켜싸운 젊은 초봉이의 용감하고 깨끗한 마음을 담아 그렇게 억세게 살고있는지도 모른다.

서 봉 제

곤 장 덕

곤장덕은 량강도 보천보에 있다. 백두산으로부터 시작하여 압록강기슭을 따라 뻗어내리는 산발에서 보천보를 감싸고 솟아있는 이 구간을 우리 조상들은 어째서 곤장덕이라고 부르게 되였던가.

여기에 그 사연을 전해주는 옛이야기 하나가 있다.

1712년 음력 5월이였다. 옛날에는 이해를 리조 숙종왕 39년 임진년이라고 하였다. 백두산줄기에도 뒤늦게 찾아온 봄이 수집게 얼굴을 내밀어 산자락의 눈을 녹이면서 파릇파릇 풀을 돋아나게 하고 이름모를 꽃들도 얌전하게 몽우리 지우는가 하였더니 오는듯 돌아서서 자취없이 가버렸다. 뒤이어 무더운 여름철이 밀려들기 시작하였다.

어느날 늦은 아침에 궁벽한 산골치고는 정말 몇십년 가도 보기드문 요란한 행차가 삼수거리를 떠났다.

그때 세월에 삼수고을은 갑산과 함께 중죄를 지은 사람들이 정배살이를 가던곳으로 알려지고있었다. 그렇기에 정녕 참기 어려운 처지에 놓일 때면 《나중에 삼수 갑산으로 갈지라도 한바탕 해대고 말테다.》라고들 하는 말까지 생겼던것이다.

이런 삼수거리를 떠나는 행차를 보면 맨 앞에는 감영에서 나온 사령들이 공연히 눈을 부라리며 이따금 지나가는 행인들을 길옆에 꿇어엎드리게 하면서 걸어갔다. 그다음에 벼슬아치들이 두줄로 가지런히 나오는데 맨 앞에서 나오는 벼슬아치들사이에는 담차게 생겨보이는 구실아치 한사람이 끼여서 걷고있었다. 이 담차게 생긴 구실아치가 청나라말에 능한 우리 나라 통역관 김경문이였다.

경문은 걸어가면서 자기의 오른편에서 나아가고있는 사람들을 흘끔 올려다보았다. 늙수그레한 두 사나이가 네사람이 메는 4인교가

마를 저마끔 하나씩 타고 앉아있었다. 그들이 쓰고있는 양태가 넓다란 통영갓이 해빛을 받아서 호사스럽게 잔줄무늬를 일으키며 반짝거렸다. 얇고 부드러운 비단으로 지은 핫바지가 불어오는 산들바람에 가볍게 잔물결질하였고 눈부시게 꾸며입은 관복이 그들의 위엄을 한결 돋구었다.

경문은 마음속으로 중얼거리였다. 앞가마에 앉아있는 저 어른이 한양에서 내려온 감계사(국경 경계선을 감정하기 위하여 중앙정부에서 파견된 책임자)박권이라는 분이였다. 그리고 뒤따르는 가마에 앉아있는 량반이 함경감사 리선부라는 어른이고 한양의 조정에서나 도의 감영에서나 다 큰 어른들이 이렇게 내려온걸 보니 우리 나라와 청나라사이에 국경선을 감정하는 이번 일이야 순조롭게 잘될것 같군, 제발 그렇게 되였으면 얼마나 좋을고.

김경문이 이번에는 자기의 왼쪽에서 말을 타고가는 청나라 사신 목극등을 슬그머니 곁눈질해보았다.

단숨에 몇백리라도 냅다 달릴것 같은 커다란 말우에 호화롭게 꾸민 안장을 얹고 그우에 말처럼 얼굴이 길숨하며 체격이 탄탄해보이는 혈색 좋은 사나이가 앉아있었다. 그는 다른 나라에 온 공식사절답게 틀을 차리고 점잔을 피웠다. 그러면서도 눈만은 연방 좌우를 두리번거리였다. 그는 중중첩첩한 대륙의 산들과 무연하게 펼쳐진 거치른 광야, 사납게 부는 메마른 북풍에 시달리다가 압록강을 건너와서 산이 푸르고 물이 맑고 공기가 깨끗한 조선의 풍치에 대혹되였다. 목극등은 길림에 주재하는 관원이면서 그 직책이 아니라 청나라 강희황제의 칙사자격으로 조선대표와 함께 국경선을 감정하러 나왔다. 그는 임무가 임무인데서 그런지 아니면 성격이 그래서인지 자기의 속마음과 자세를 쉽게 내비치지 않으려는듯하였다. 입에는 보이지 않는 빗장을 지르고 허리에는 천근짜리 쇠뭉치라도 달아맨 사람처럼 말이 적고 행동거지가 무거웠다.

두 나라 대표들뒤로는 각각 자기측 대표를 보좌하는 글쓰는 사람, 지도 그리는 사람 등 기술실무인원들이 주런이 늘어서서 따라오고 있었다.

김경문은 통역관으로서 자기가 해야 할 일이 무겁구나 하는 생각에 마음의 탕개가 은근히 조이여졌다.

삼수를 떠난 일행은 구가진을 지나고 허천강을 넘어 혜산진에 들렸다가 오시천을 옆에 끼고 백두산으로 들어가려는 길이였다. 가는 길에서 시간이 흐르고 날이 거듭 바뀌여 며칠이 지나갔다. 4인교에 올라 앉아있는 박권과 리선부는 허리가 쑤셔나고 오금이 쏘아 견딜수 없을 지경이 되였다.

다른 나라 사신만 옆에 없다면 백가지 일이 앞에 놓인다 하여도 다 뒤로 제쳐놓고 어느 마을에든지 들어가서 며칠동안 푹 쉬면서 사냥도 하고 천렵도 하여 재미를 실컷 본 다음 가고싶었다. 하지만 지금은 그럴 형편도 못되다보니 공연히 애꿎은 가마군들에게만 눈살을 찌프리군하였다.

가마우에 앉아서 가는 그네들이 이 지경이였으니 그 4인교를 메고가는 사람들의 고생이야 여북하였겠는가, 가마채가 내리누르는 무게에 어깨가 아프다못해서 무딘 나무칼로 살점을 도려내는것 같았다. 그러나 멈추어서서 추스르지도 못하였고 제 마음대로 어깨바꿈을 할수도 없었다. 조금만 멈추어서든가 주춤거리기만 하여도 가마우에서 짜증 섞인 《으음》소리가 들려왔다. 그런 소리가 나는 경우에는 점심참이든가 저녁참에 꼭 그 가마군이 외딴데 불려가서 된 꾸중을 눈알이 튀여나올 지경으로 들어야 하였다.

무슨 변이 터질것 같으면서도 욕을 먹는 가마군이나 호령을 하는 벼슬아치들이나 다 그럭저럭 도수를 넘기지 않고 이어가던 행차길이 그만 곤장덕에 이르러 끝내 벌집을 쑤셔놓고야 말았다.

일행이 곤장덕의 가파로운 언덕길을 톺아오르고있을 때 가마군 한사람이 그만 한쪽발을 헛짚어서 하마트면 무릎 하나를 꿇을번하였다. 가마군은 죽기내기로 있는 힘을 다 써서 꺾어드는 오금을 간신히 펼수 있었다. 이러다나니 가마가 한쪽으로 슬쩍 기울어지게 되고 타고있던 사나이의 몸뚱아리도 그쪽으로 무게가 쏠리게 되였다. 가마우의 늙다리가 체면도 다 잊어버리고 《어 어》숨넘어가는 소리를 질렀다. 그는 가마군이 죽기내기로 힘을 써서 지탱해준 덕에 가마에서 굴러떨어지지 않았다. 하지만 도리여 제편에서 치밀어오르는 분노를 삭이지 못하여 그날 저녁 외딴곳에다 형틀을 차려놓고 가마군의 볼기에 곤장을 먹였다.

곤장을 맞고 놓여나온 가마군은 저쪽 후미진곳에 돌아가 엎드려서 식 식 모두숨을 내쉬였다. 생각할수록 울분이 치밀어올라 가슴이 터질것만 같았다.

《이 죽일놈의 두상태기, 몇백리길을 가마에 태우고 여기까지 온 은공갚음이 곤장질이냐. 오늘저녁은 너 죽고 나 죽고 사생결단을 해보자.》
 가마군은 저도 모르게 악에 받친 혼자소리를 하였다. 이때 누군가의 부드러운 손이 그를 조용히 안아일으켰다. 통역하는 김경문이였다.
《이 사람 참으라구. 오죽하면 죽을것은 종이라는 말까지 생겼겠나.》
《아무리 종이라도 이렇게 학대를 받고서야 어떻게 그저 죽었소 하고만 있겠어요. 집에서 새는 바가지 들에서도 샌다더니 감영에서 걸핏하면 곤장질하던 버릇을 여기까지 와서도 내놓으니 이거야 어디 참는대도 분수가 있지 않나요.》
《그러니 어찌겠나. 못된 송아지 엉치에 뿔이 나서 날친다고 하여 우리까지 참지 않으면 무슨 변이 날게 아닌가. 곤장 치는 량반네가 미워도 남의 나라 사람들이 와있는데 그네들이 우리의 심상치 않는 변을 알게 된다면 나라의 체면이 상할터이니 임자가 참을수밖에 더 있나. 헴 든 아재비가 참아야 한다고 하였다네.》
 가마군은 한참동안이나 푸 푸 황소숨을 내불다가 진대나무에 붙어있는 팔둑같은 마른 가지를 껑하고 뚝 꺾더니 허공을 휘 휘 무섭게 칼질하고나서 한마디 씹어뱉었다.
《에이 내가 죽었다가 다시 살아난셈치고 참았다.》
 당장 터질것 같던 변이 이렇게 하여 또한번 더 무사히 가라앉은줄 알았더니 참으로 맹랑하고 기가 차는 일이 다음날 아침에 벌어졌다.
 박권과 리선부는 날이 새고 아침상을 느지막하게 물린 다음에도 앉은 자리에서 슬슬 뭉개면서 길떠날 잡도리를 하지 않았다.
《행차 차비가 다 된줄로 아뢰오.》
 하는 소리를 듣고도 방바닥에서 엉치를 들지 않던 박권과 리선부는 목극등이 떠날 차비를 해가지고 나섰을 때에야 기가 차는 소리를 내뱉었다.
 이제부터는 산이 점점 더 가파로워져서 가마를 타고갈수 없은즉 하늘소를 대령하라는것이였다.
 구실아치들이 딱한 낯빛을 하고 한걸음 나서서 이고장은 하늘소가 귀하옵고 마참 짐을 싣고오는 부담말이 있사오니 그것으로 대령하면 어떠하리까 하고 조심스럽게 물어보았다.

《말이야 무관들이나 타는것이지 점잖은 선비가 어찌 그런걸 탈고, 내 말타는 무예는 익혀본 일이 없노라. 하물며 짐을 싣고온 부담말따위를 대령하겠다니 이 어찌 무엄한 짓이 아닌고.》

이것은 공연한 트집이고 핑게였다. 말이든 하늘소이든 견마군이 고삐를 잡고 끌기만하면 짐을 실었든 사람을 태웠든 공순하게 가라는대로 가기 마련이니 굳이 말타는 무예를 익히지 않았다고 할건 못되는것이였다. 그리고 하늘소에 비하면야 부담말도 말인 이상 얼싸한터인데 하늘소 타겠다는 사람이 부담말 타발할게 못되였다. 세살 먹은 아이도 들어보면 뻔한 핑게를 한 나라의 정부에서 내보낸 대표들이 토해놓았으니 듣는 사람들모두가 아연해지지 않을수 없었다.

목극등은 아무말도 없이 무표정하게 뒤짐을 지고 두어걸음 왔다갔다할뿐이였다. 다만 그의 눈동자에는 마음속 깊은곳에서 이것저것 타산해보는 은근한 기색이 엷은 안개처럼 피여나고있었다. 그는 한참만에 요 머칠 험한 길에 교자를 타고 오시기에 늙은 몸이 얼마나 피곤하였겠습니까 하고나서 이제부터는 산길이 매우 가파롭다는데 말이나 하늘소 등에서 떨어지기라도 하면 어찌겠습니까 라고 말하였다.

그 소리에 박권이 옳다 됐다는 기색으로 입삐뚤어진 소리를 지결였다.

《그러게 말이오이다. 늙은 몸이 나라의 중대사를 맡아보다가 설사 잘못된다 한들 무슨 한이 있겠소이까마는 대사를 그르치게 될것이 근심이 되오이다.》

올곧은 말이라고는 한마디도 들을것이 없는 감계사와 감사 두사람의 수작에 옆에 서서 통역하던 김경문은 창자가 뒤집히는것 같았다.

생각같아서는 치밀어오르는 분한 생각을 몽땅 털어내놓고싶은 충격에 그는 제 몸을 주체할수 없을 지경이였다.

그러나 상사람과 구실아치는 입을 가지고도 바른 소리 한마디 할수 없는 량반세상의 법도에 눌려서 김경문은 속에 있는 소리를 하지 못하였다.

박권은 침묵이 오래 끌면 저들에게 재미없는 일이 벌어질지 몰라서 속이 달았다. 그는 목극등을 향해서 제 속심을 넌지시 내비치였다.

《본관과 이 함경감사는 임무가 무거운데 비하여 늙어서 따르지 못하여 근심이였던중 합하의 후의를 고맙게 여기는바입니다. 우리둘은 비록 앞길을 더 가지 못해도 우리를 대신하여 군관과 역관을 보내고 여기서 기다릴것이오니 귀한 행차 편안히 다녀가시기를 바랍니다.》

김경문이 더는 참지 못하고 돌아서서 땅바닥에 침을 퉤 뱉었으나 박권, 리선부는 그것을 못본체하였다.

나라의 국경선을 확인하는 일이 얼마나 중대하다고 일신의 안일만 앞에 내세우고있단말인가. 저런 썩은 늙다리선비들이 나라정사의 채를 잡고 거들먹거리고있으니 한심하고 통분스럽기 그지없는 노릇이였다.

김경문은 애가 타는것을 꾹 누르고 박권과 리선부를 바라보면서 빌다싶이 사정하였다.

《이번일에는 두분께서 꼭 가셔야 할줄로 아룁니다. 몸이 비록 불편하셔도…》

그의 말이 더 나가지 못하고 대번에 허리를 뚝 잘리웠다.

《무슨 행실없는 잡소리냐, 역관으로서 감계사나 감사가 맡은 임무를 대신하는것을 감지덕지해야 하겠거늘 무슨 말대답인고, 딴말 말고 분부시행하여라.》

김경문은 땅이 꺼지게 한숨을 쉬고 물러나왔다. 어제밤 가마군이 곤장을 맞고 나와서 이를 북북 갈던 그 외딴곳에 간 그는 두주먹으로 동가슴을 쾅쾅 치면서 미친듯이 중얼거렸다.

《하늘이여, 저 벼슬도적놈들에게 왜 벌을 내리지 않습니까, 조종의 산이여, 저런 역적놈들에게 어찌하여 곤장이라도 내리치지 않습니까. 차라리 그럴바에는 저런자들의 역관노릇을 하는 못난 이놈에게 벼락이라도 내려주시오.》

김경문은 피뜩 제 정신을 차렸다.(아니다. 여기서 이러고있을 때가 아니다. 안가겠다는자들은 물러나라지. 내 한사람이 남는다 해도 기어이 백두산 마루에 올라가서 내 나라의 지경이 시작되는곳에 국경표식비를 세우고야말리라.)

이날부터 청나라측에서는 황제의 칙사가 나서고 우리쪽에서는 량반들이 사람대접도 안하는 군관이요 역관이요 하는 구실아치들이 마주서서 나라의 경계선을 감정해나가게 되였다. 그들은 가도가도 끝이 없는 수림속을 헤치면서 나갔다. 천리 나무바다라더니 과연 그 나무바다는 조종의 산을 겹겹이 둘러싸고있는 성벽과 같았다.

가다가 나무가지에 옷이 찢기고 진대나무를 타고넘다가 신이 터져도 김경문은 멎어서려고 하지 않았다.

그는 숨을 헐떡거리면서도 《백두산이여, 그대의 자손이 찾아왔거니 나무바다로 이루어진 성새의 대문을 열어주시오. 길을 틔워주시오.》하고 마음속으로 웨치며 힘을 돋구었다.

그랬더니 신기하게도 숲이 끝나고 무연한 풀밭이 나타났다. 이름모를 고산지대의 여름꽃이 바람에 한들거리고 메새들이 푸드득거리였다.

저기 저 멀리 백두의 상상봉이 머리에 은관을 얹고 하늘높이 우뚝 서서 《나의 자손아, 장하다. 어서 오너라.》 하는듯 반겨주었다.

김경문은 어릴 때 어머니치마폭을 붙들고 그랬던것처럼 신비로운 백두의 록색 풀밭에 안겨 사면을 유심히 둘러보았다.

어느쪽을 둘러보아도 백두산은 서먹서먹한 구석이 없고 어릴 때 다정하였던 어머니품처럼 자애롭게 여겨졌다. 어렸을 때 자기가 치마폭에 감겨들면 어머니는 미소지으며 따뜻한 품에 자기를 꼭 껴안아주었다. 그때처럼 김경문은 지금 백두산의 넓은 풀밭에 서서 어머니의 품과도 같이 자기를 안아줄 백두산마루를 올려다보았다. 너무도 숭엄하고 너무도 정답고 너무도 자애로운 산모습에 심혼이 쭉 빨려들어서 꿈많은 소년시절에 그러하였던것처럼 자기를 잊고 환상의 세계에 잠겨버렸다. 김경문은 자기의 몸뚱아리를 남겨두고 쑥 빠져나와서 앞서 내달리는 넋에 실려 산마루에로 달려갔다.

산우에는 푸른 물이 넘실거리는 천지가 있고 천지의 둘레에는 병풍같은 벼랑우에 뭇봉우리들이 주런이 둘러서고있었다.

김경문의 넋은 병사봉마루우에 올라서서 사면을 두루 둘러보았다.

동쪽을 굽어보니 망망한 동해가 쏴쏴 물갈기를 일으키며 백두산을 향해 달려오는것이 보이는듯하였고 남쪽을 살펴보니 내 나라 삼천리 금수강산이 백두산의 지맥을 받아 기운차게 뻗어나간것이 손금보이듯 하는것만 같았다. 그는 머리를 돌려 북쪽을 보고 서쪽을 보았다. 아! 저기가 고구려의 옛 고장들이 펼쳐졌던 넓은 광야가 아닌가.

누가 백두산을 이 나라 한쪽 지경에만 위치했다고 한다든가. 이 나라 력사와 우리 겨레의 마음 한복판에 거연히 서있지 않는가.

명산에는 위인이 나기 마련인데 조종의 이 대명산은 어찌하여 박 권, 리선부와 같은자가 활개쳐도 그런것들을 쓸어버릴 나라의 위인을 내여주지 않고있단말인가. 날것이다, 조종의 산이 받들어올릴 그런 위인은 언제이든 반드시 날것이다. 백두산을 우리 나라 력사, 우리 겨레의 마음속 한가운데뿐아니라 누리의 한복판에 높이 울려세울 그런 위인이 오늘은 비록 아니라 하더라도 래일이든 모래든 혹은 먼 후날이든 우리의 앞날에는 틀림없이 태여날것이다.

김경문은 그날에 살아보고싶어졌다. 그런 위인의 신하가 되여 살아보는 우리의 후손은 얼마나 행복할것인가.

《과연 크구나, 넓기는 또 얼마나 넓고 높기는 그 얼마나 높은고.》

김경문은 자기의 벅찬 감격을 그저 이렇게밖에 달리는 표현할수 없었다.

이때 그의 머리에는 옛날에 누군가 다른 나라 사람이 써놓은 글구절을 읽었던 생각이 떠올랐다. 읽은지 하도 오래되여 한글자도 빼놓지 않고 그대로 다 기억할수는 없게 되였으나 그가운데 한대목은 자주 외우군하였던 까닭으로 입을 떼기만 하면 첫머리부터 그대로 줄줄 뜬금으로도 읽을수 있었다.

《동옥저는 고구려의 개마대산(백두산)동쪽에 있나니 동으로는 큰바다와 기슭하고 북으로는 읍루와 더불어 잇당아있다…》

그렇다. 고구려의 개마대산, 이 말은 백두산이 예로부터 우리 겨레의 조종의 성산이였음을 누구나 다 인정하여왔다는것을 말해주지 않는가.

이때 바람이 지나가면서 상념에 잠기고 격정에 휩싸여있는 김경문을 환상세계에서 현실에로 되돌려 놓았다. 그는 백두산록의 넓은 풀밭에 아직 서있었다.

김경문은 조종의 산의 조약돌 하나, 흙 한줌도 손상되지 않게 경계선을 정확히 감정해야 한다는 무거운 책임감을 새삼스럽게 깊이 자각하였다.

그가 가슴을 쭉 펴고 백두산의 맑은 공기를 폐부깊이 시원하게 들이마신 다음 산마루를 향하여 다시금 발걸음을 내짚으려고 하는데 누군가가 발을 약간 절룩거리는것이 얼핏 눈에 띄였다.

누군가 하고 살펴보니 청나라측의 통역관이였다. 몇백리 길을 같이 걸어오면서 서로 제고장 이야기도 꽃피우고 세상 돌아가는 형편과 보고 들은 사실들도 말하는 사이에 의기가 통하는 친한 벗으로 사귀게 된 사람이였다.

그는 김경문과 친숙해지자 나이도 묻지 않고 자기를 동생처럼 처신하였다. 김경문의 해박한 지식, 참나무같은 몸체와 그보다 더 단단하고 굳센 의지, 뜨거운 애국충정에 반해버렸다. 그래서 스스럼없이 《형》이라고 존경하여 부르게 되였던것이다. 그럴수록 김경문도 그를 친형제처럼 대하게 되였다.

《어째서 발을 저는거요.》

《아, 아, 형은 근심하지 마시오. 아무일 없소.》

《그러지 마오. 여기선 내가 주인이고 그대는 손님이요. 사실대로 말해주시오. 어디 다친데가 있는게 아니요.》

《그런것이 아니고 오늘아침에 감발을 소홀히 한탓인지 발바닥이 약간 부르튼것 같소.》

《하 이거 안되겠소. 내가 발탈 고치는데서는 천하의 제일 명의라고 할만하니 어서 신을 벗어보오.》

김경문은 사양하는 그를 붙들어앉혀 놓고 물집이 생긴 자리에 성냥딱총을 놓았다. 쾌활한 청나라 통역관은 김경문의 진정이 고마와서 일부러 《아이 따거워, 아이 따거워.》 소리를 우습게 거듭하더니 《에 시원하다.》 하면서 껄껄거리였다. 김경문도 그의 손을 잡고 유쾌하게 웃었다.

일행이 산자락을 얼마 벗어나지 않았을 때 앞서서 저만치 말을 몰아가던 목극등이 돌아서면서 말채찍을 휘두르더니 《자, 여기에 경계비를 세우자.》라고 하였다.

김경문은 제 귀를 의심하였다. 내가 잘못 듣지 않았나. 여기에 경계비를 세우다니, 무슨 근거로, 어떤 생각에서 그러는것일가, 그는 묻는 눈길로 말우에 앉아있는 사람을 곤추 보았다.

김경문의 시선을 받은 목극등은 혼자소리처럼 슬쩍 한마디 더 하였다. 백두산의 산발은 이 줄기가 저 줄기같은데 공연히 무거운 돌을 지고 산꼭대기까지 갈거야 있는가 하는것이였다.

김경문은 동의할수 없었다. 그래서 엄숙하게 고개를 가로저었다. 그런데 더 맹랑한 소리가 그의 귀에 들려왔다.

《이렇게 해도 당신네 나라가 얻는 땅은 평장히 넓지 않소. 공연히 여기서 시간을 지체하다가 늦게 돌아가면 기다리고있는 감계사에게 목이 잘릴가봐 걱정스럽구려.》

그 소리에 김경문은 버젓이 걸어가서 목극등을 의미심장한 시선으로 마주보았다.

《우리 조선과 청나라는 이웃하고있는데 누가 덕을 보고 누가 덕을 못보아서야 되겠습니까. 나는 이 목이 잘리는 한이 있드라도 백두산의 풀 한포기 흙 한줌도 손상이 가게 경계비를 세울수는 없습니다.》

누가 들어도 공명정대한 말이고 누구에게도 굽히지 않는 애국의 넋이 담긴 뜨거운 목소리였다. 목극등은 김경문이 비록 지체가 낮은 통역관에 지나지 않지만 고판자리에 늘러앉아있으면서도 자기를 작다고 낮추고 남을 크다고 겁내는 박권, 리선부 따위와는 판판 다른 목곧고 뼈굳은 사람으로 다시 보게 되였다.

마침내 일행은 백두산 마루에로 더 오르기 시작하였고 분수령에 위치한 토문을 찾는데로 나아가게 되였다.

김경문은 지도를 꺼내들고 지형을 살피며 나갔다. 하지만 토문은 쉽게 발견되지 않았다. 그는 산발을 오르내리고 홈태기를 건너다니였다. 다리가 뻣뻣해지고 온몸이 물에 젖은 솜처럼 나른해졌다. 그래도 김경문은 조상들의 엄한 목소리가 들리는것 같고 후손들의 기대에 찬 눈길이 와닿는것 같아 지칠줄 모르고 토문을 찾아 이리 뛰며 저리 달렸다. 처음에는 그가 토문을 찾아 헤매는것을 심드렁하니 건너다보면서 다리쉼을 하던 사람들도 그의 극성스러운 행동에 감동되여 하나 둘 자리를 털고 일어나 지형들을 살펴나갔다. 이렇게 애쓴 보람이 있어 드디여 찾고찾던 토문을 발견하였다.

오랜 세월 눈비속에 패워지고 깎여진 한 골짜기가 눈앞에 나졌다. 그곳을 찬찬히 살펴보니 골짜기 량쪽이 깎아지른 벽처럼 마주서있는것이 꼭 그 사이에 문을 낸것과 같은 모양을 하고있었다. 토문, 흙으로 다듬은 문이라는 말인데 여기가 틀림없이 그곳이로다. 지도에는 토문으로 해서 곬을 따라 내려가면 송화강으로 들어가는 토문강이 된다고 그려져있었다. 그렇지, 저기 저리로 흐르는 물줄기가 토문강을 이루는것이 분명하다.

김경문은 기뻤다. 그는 소리를 쳐서 모두를 불렀다.

《자, 여기가 토문입니다. 여기 지도에 그려진 그대로입니다.》

엄연한 현실앞에서 어느 누구도 그렇지 않다고 할 사람이 없었다.

그들은 토문이 내려다보이는 분수령에 땅을 파고 경계비를 세웠다.

경계비를 세우고난 일행은 경건한 심정으로 그 비돌을 들여다보았다. 높지도 크지도 않는 비돌이였다. 높이는 겨우 두자 세치이고 넓이는 그보다 다섯치가 없는 한자 여덟치였다.

비돌에는 여덟줄의 글자가 새겨져있었다.

김경문은 누구보다도 더 감개무량하여 그 글자 한자한자를 새겨보았다.

《국경을 조사하면서 이곳에 이르러 살펴보니 서쪽은 압록강을 경계로 삼고 동쪽은 토문을 경계로 하고있는 까닭에 이 분수령우에 그것을 새긴 비석을 세운다.》

김경문은 고개를 버쩍 쳐들고 토문강이 뻗어내리는 저 멀리로 눈을 주었다. 그리고 다시 손에 든 지도를 굽어보았다. 토문강은 흘러내려 북쪽으로 빙 둘러서 송화강으로 들어가는것이 그려져있다. 그와는 달리 동쪽으로는 두만강이 뻗어내려 가고있었다. 두 강 사이에 놓인 넓은 땅이 륙지안의 섬 처럼 여겨지게 되였다.

김경문은 좌우에 같이 서있는 사람들에게 거의 웨치다싶이 말했다.

《자, 이걸 보시오, 여기를 옛날부터 우리 조상들은 간도라고 하였소. 우리는 오늘 나라의 동북쪽 경계를 저 간도의 북변으로 흐르는 토문강쪽으로 감정하였으니 조상앞에도 죄를 면하고 후손들앞에도 욕을 면하게 되였소. 우리의 임무를 다했으니 내 이자리에 쓰러져 한줌 흙이 된다한들 무슨 한이 있겠소.》

그는 이렇게 말을 하고나니 마음이 후련했다. 그런데 이제는 내려가리라 하고 다시한번 비석을 들여다보는 순간 가슴에 쾅하고 박혀지는 못이 있었다.

김경문은 옆에 서있는 군관 한사람에게 서글픈 목소리로 자기의 심정을 토로하였다.

《이보시오, 이 비석에 청나라는 사신의 이름을 조아박았는데 내 나라는 감계사가 당당하게 나서지 않고 우리네 아래 사람들 이름 밖에 새기지 못했으니 이럴 법이 어데 있겠소.》

《온 시내 맑은 물을 미꾸라지 한마리가 흐려놓는다는데 그게 바로 이 나라의 량반벼슬아치들의 너절한 행실이 아니겠소.》

일행은 비석을 뒤에 남기고 산을 내려 왔다.

김경문은 예정된 로정에서 목극등과 해여진후 박권, 리선부를 찾아갔다. 두 늙다리는 그사이 강에서 천렵을 하고 마을에서 술을 가져다가 주지육림속에 잠겨있었다.

그 꼴을 보자 김경문은 여직껏 참고 참았던 울분을 더는 누를수 없었다. 새로 그린 백두산지도를 두 늙다리앞에 내던지다싶이 밀어 놓고 무엇에 쫓기는지 무엇을 쫓아 가는지 대중할수 없는 다급한 걸음으로 발길 가는데 따라 내달렸다. 한참 달려가서 눈앞에 보이는 굵은 이깔나무줄기를 끌어안고 주먹으로 꽝꽝 두드리면서 열에 떠서 웨치였다.

《아, 하늘도 무심하다. 박권, 리선부, 저런자에게 곤장이라도 안 기지 않고 그냥 내버려두다니, 아, 통분하다.》

누군가가 그의 등뒤에서 푹 가라앉은 음성으로 나직이 속삭였다.

《진정하십시오. 백두산이 굳어살펴는한 그자들은 곤장을 맞을 날이 꼭 있을겁니다.》

돌아보니 그전날 곤장을 맞고 여기에서 가슴을 쥐여뜯던 그 가마군이였다.

《그런날이 꼭 있을가?》

《량반네 법은 죄없는 나에게 곤장을 쳤지만 이 나라 백성의 법도는 조종의 산을 욕되게 한 그런자들을 곤장칠것입니다.》

박권, 리선부는 백성의 법도가 저들에게 곤장을 먹인다는것도 모르고 새로 그린 백두산지도를 가지고 한양으로 돌아가서 임금에게 바쳤다. 그런줄도 모르는 숙종왕은 그들의 《공로》를 치하하고 흐뭇한 심정으로 《백두산지도에 붙이노라.》라는 시까지 한수 지었다. 그 시에는 《산에 오른 기개가 어떠했더뇨, 그 누가 구름발이 밀다

했던고.〉라는 구절도 있었다.
　숙종이 지은 시가 량반벼슬아치들 사이에서 자랑삼아 읊어지고있을 때 백성들사이에서는 보천보 앞산에서 되돌아선 박권, 리선부의 행위야말로 곤장을 쳐야 할짓이라고도 하고 또 이고장 백성들이 그놈 둘을 붙잡아놓고 죄를 따진 다음 곤장을 맵게 쳐서 고을의 지경밖으로 내쫓았다고도 하는 말들이 나돌기 시작하였다.
　이때부터 사람들은 이 덕의 이름을 곤장덕이라고 불렀다는 전설이 생겨나게 되였다.

권 택 무

천지의 우뢰소리

　예로부터 백두산천지에는 신비한 이야기가 많았다. 맑은 날에도 때때로 요란한 우뢰소리가 터져 사람들을 깜짝 놀래우군했는데 특히 기미년(1919년)어느 여름에 《백두산탐험대》랍시고 백두산에 기여올랐던 왜놈들이 단단히 혼쭐이 나서 쫓겨내려왔던 이야기가 전해져 지금도 사람들의 마음을 통쾌하게 하여준다.
　백두산에 여름이 찾아온 어느날 토스레옷에 짚신감발을 한 스무살남짓해보이는 총각하나가 열댓명의 사람들을 데리고 백두산 원시림을 헤쳐 가고있었다. 보통키에 어깨가 쩍 벌어지고 두눈이 억실억실하게 생겼는데 별로 힘들어하지 않고 스적스적 앞장서 걸었다. 그는 천복이라 부르는 젊은이인데 무산군수네 집에서 머슴살이를 하고있었다. 그의 뒤에 따라선 사람들은 《백두산탐험대》란 이름을 가진 왜놈들이였는데 명색이 그럴뿐이고 실지는 대륙개척에서 일확천금을 꿈꾸는 건달군들, 투전군들, 장사군들의 무리였다. 왜놈들은 산세가 점점 험해지고 수림이 무성해지자 은근히 겁들을 내면서 천복의 뒤를 바싹 따라갔다.
　그들은 무산에서 길을 떠날 때 천복을 시답잖게 생각했으나 한주일이 지나자 전혀 그를 대하는 태도가 달라지고말았다. 천복은 아무리 걸어도 힘들어하지 않았고 밤에도 곧잘 길을 찾아내군하였다. 이제 와서 이 길잡이 젊은이만 없으면 왜놈들은 오도가도 못하고 천고의 밀림속에서 까마귀밥이 되리란것이 뻔하였다. 그런 생각은 점점 공포심으로 변해갔는데 일행중에서도 얼굴이 좀상스럽게 생긴 호리모도가 더 했다.

호리모도는 백두산일대의 산림자원에 군침을 흘리는 목재상이였다. 그는 천복이가 자기들을 그 어데론가 깊은 함정속으로 끌고가는듯한 공포심에 시달리고있었다. 무엇때문에 서뿔리 탐험대에 끼워들었는지 후회막심했다. 호리모도는 등산모를 쓰고 홰나무지팽이를 든 옆의 사람에게 말을 걸었다.

《이거 우리가 귀신한테라도 홀리운게 아니요?》
《글쎄말이요. 어쩐지 저 녀석의 눈치가 수상하구만…》
두녀석이 일본말로 수군덕거리자 천복이가 문득 걸음을 멈췄다.
《이거 백두산이 멀지 않았는데 입건사를 잘하슈. 함부로 일본말을 하다간 조선사람이 아니란게 드러나면 큰 화를 당해요.》
두녀석은 얼떨떨해서 마주보았다. 그러다 등산모를 쓴 녀석이 껄껄 너털웃음을 터뜨렸다.
《하하, 일본말을 하는데 어쨌다는거야. 거 정말 별일 다보는군…》
그러자 모두들 웃음을 터뜨렸다. 천복이도 할수 없다는듯 따라웃었다. 그러다 그는 웃음을 끊으며 정색해서 입을 열었다.
《헛참, 모르면 잠자코들 있어유. 옛날부터 여기 백두산엔 외인들은 출입을 못했습지요. 언젠가 아라사(로씨야)사람들이 백두산에 들어왔다가 무슨 변괴였는지 갑자기 들이닥친 폭설에 빠져 얼어죽고말았수다. 영국사람도 단단히 혼이 난 일이 있어요. 다 외인들이라는게 드러난 탓이였수다. 산신령의 노염을 사면 다 이런 천벌을 받게 되지요. 그러니 정 말하고싶으면 조선말을 하든가 벙어리처럼 잠자코들 있어유…》
그러자 왜놈들은 약속이나 한듯 입들을 다물어버렸다. 천복의 얼굴엔 장난궂은 느슨한 웃음이 떠돌았다. 그는 백두산에 벌써 여섯번째나 입산한다. 그는 어렸을 때 아버지를 따라 몇번 백두산에 들어왔었다. 삼년전에 아버지가 세상을 떠나자 아버지 뒤를 이어 여러번 백두산입산자들의 길안내를 하군하였다.
아버지는 대대로 군수놈한테 진 빚을 갚지 못해 종살이를 하다싶이 살았다.
 범가죽 두장과 록용 세틀을 바친다는 약조로 땅마지기나 얻어부치며 생계를 유지했는데 끝내 그 빚을 갚지 못해 천복이가 또 머슴살이를 하고있었다. 아버지는 애당초 호랑이나 사슴한테는 총구를 돌려대려고도 하지 않았다. 기껏해야 산돼지나 잡는데 만족하던 아버지였다. 아버지는 일생 백두산에 드나들었지만 언제나 목욕재게를 하고 옷차림과 마음까지 깨끗이 한 다음에야 산에 발을 들여놓군하였다. 천복이 역시 아버지를 닮아 백두산을 사랑했고 신성하게 여기고있었다. 그는 사실 이번 걸음을 몹시 꺼리였다. 왜놈들을 데리고 백두산으로 들어가는것자체가 큰 죄를 짓는것 같았기때문이다. 그러나 군수놈의 요구요 또 천복이로서도 어쩔수 없는 사정이 있었다. 바로 길 떠나기 전날 밤이였다.
 왜놈들과 햇송아지를 잡아놓고 술을 처먹던 군수가 천복을 불러서 왜놈들의 길잡이를 하라고 말했다. 천복은 나무하러 갔다가 무릎을 다쳐서 먼 길은 못가겠다고 말했다. 그러자 군수놈은 큰소리도 쳐보고 별수작을 다 하였다. 사실 백두산구경을 시켜주겠다하고 왜놈들한테서 술한 묵돈을 받아먹었는데 천복이가 나가자빠지니 당황하였던것이다.
 《이봐 자네 그래 장가는 안들셈인가? 정 뻗대면 이번 기회에 옥녀를 아예 돌아오지 못할곳에 팔아버리겠네.》
 천복은 그만 말문이 막혀버렸다. 그와 앞날을 기약한 옥녀도 종살이를 하고있었다. 천복은 할수 없이 길 떠날 차비를 하였다. 그런데 새벽에 옥녀가 찾아왔다. 그는 울어서 눈두덩이 부어있었다.
 《난 어쩌면 좋아요. 어제밤 군수놈이 나를 일본에 팔아먹었어요. 이번에 백두산에서 돌아오던 길에 부사산기슭의 어느 고급료정에 데려간대요. 벌써 문서장까지 교환했나봐요.》
 《뭣이? 에익 때려죽일놈같으니… 내 당장 그놈들을—》
 천복은 부엌에서 시퍼런 도끼를 찾아들었다. 옥녀는 당황하여 그의 팔목을 잡았다.
 《안돼요.… 이러면 모든 일을 다 망치고말아요. 거기선 감옥신세밖에 질것이 없어요.》
 《아!—》
 천복은 도끼를 뿌려던지고 머리를 부둥켜안았다.

《그래 그 거간군놈이 어느놈이요?》
《등산모를 쓰고 지팽이를 짚고 다니는놈이예요.… 난 계약문서를 그놈이 등산배낭에 넣는것을 봤어요.》
그러자 천복의 머리속엔 하나의 그럴듯한 생각이 번개처럼 떠올랐다.
(오냐 이 장사군, 도적놈들아 어디 한번 두고보자…)
천복은 옥녀에게 자기가 백두산에서 돌아올 때까지 꼭 기다려달라고 당부한다음 아주 흔연스럽게 길을 떠났다.…
천복은 일행을 데리고 저녁무렵에 풍파라는곳에 당도하였다. 그가 여기서 하루밤 묵어가기로 작정한데는 다 뜻이 있었다. 풍파는 산등에가 류달리 많은 고장이였다. 대충 저녁들을 치르고 바위너설들에 앉아 땀을 들이는데 산등에들이 달려들기 시작했다. 먼저 비명을 지른것이 호리모도였다.
《아이쿠 이게 무슨놈의 벌이야?》
한두마리도 아니요, 단번에 여라문놈씩 달려들어 살점을 물어뜯는바람에 호리모도는 삽시에 얼혼이 빠져버렸다.
천복이도 산등에한테 쏘였다. 그놈들은 뾰쪽한 주둥이를 바늘처럼 들이박고 숨이 넘어갈 지경으로 콕콕 쏘아댔다. 그러나 천복은 자기의 아픔보다도 왜놈들이 아우성을 치는게 더 통쾌하였다.
(잘한다 잘해. 실컷 놈들의 피를 빨아먹어라…)
그는 이게 다 조선사람들의 피를 빨아먹고있는 왜놈들에게 백두산신령이 벌을 내린것이라 생각했다.
등산모는 등에를 쫓느라 홱 나무지팽이를 휘둘러대다가 호리모도의 뒤통수를 후려쳤다.
《야 이자식이 이거 눈깔이 빠진게 아니야?》
호리모도는 악에 받쳐 등산모의 멱살을 움켜잡았다. 등산모의 두 눈이 휘떡 뒤집히고말았다.
《이놈아 나무나 베여먹는 주제에 무슨 개수작이냐.》
《뭣이 나무나 베여먹는다구? 생때같은 처녀들을 팔아넘기는 네놈보다는 그래도 열싸하다.》
《이자식이 오늘 죽고싶어 몸살이 났구나! 어디 한번 맞아봐라.》
등산모는 아예 지팽이로 호리모도를 사정없이 후려치기 시작하였다. 두놈은 사생결단으로 치고 받고 피투성이가 되여 딩구는데 모두들 씨물씨물 웃으면서 큰 구경거리라도 생긴듯 말리지 않았다.

두놈은 맞붙어돌아가다가 그만 너럭바위우에서 풍덩 시내물에 떨어지고말았다.

거기는 때마침 깊은 소였다. 얼마후 등산모만 가까스로 기슭에게 바라올랐는데 몰골이 정말 말이 아니였다. 천복은 속이 후련하였다. 그날밤은 어떤 산전막에서 잤는데 온밤 등산모의 신음소리로 모두들 잠을 설데리고말았다. 게다가 어떤 녀석이 한밤중에 꿈을 꾸다가 《호랑이다!—》하고 소리치는바람에 서로 부둥켜안은채 사시나무떨 듯하였다.

날이 밝자 많은 녀석들이 백두산구경이고뭐고 돌아가자고 겁에 질린 소리들을 했다. 천복은 자기는 그냥 돌아가면 군수한테 곤장을 맞는것은 물론이요 군수네 집에서 겨우 얻어먹는 밥통마저 떨어지게 된다고 펄쩍 뛰였다. 왜놈들은 할수없이 다시 천복의 뒤를 따라서지 않을수 없었다.

이튿날 점심때가 되여 일행은 백두산이 한눈에 바라보이는 어느 덕지대에 올라섰다. 백두산의 웅장한 모습에 왜놈들은 절반 열이 나가버렸다. 만년장설이 쌓인 봉우리들은 해빛에 번쩍거리고 명주필같은 하얀 구름들이 허리에 휘감겨있어 보는 사람의 눈길을 아뜩하게 만들었다. 천복은 정중하게 입을 열었다.

《옛날부터 백두산에 들어오는 사람들은 제일 좋은 음식으로 반드시 〈백의관음〉에게 제사를 지냈수다. 그러니 어르신네도 제사를 지내고야 백두산에 올라갈수 있습네다. 그래야 산신령의 보호를 받고 백곰이나 백호도 사람을 해치지 않습네다.》

그러자 왜놈들은 서로 수군거리더니 현해탄 건너 저희들의 신궁을 향해 손을 합장하고 《아마데라스 오미 까미》에게 열심히 빌기 시작하였다. 천복은 그만 깜짝 놀랐다.

(아니 이놈들이 정신들이 나갔군. 어데다 대고 비는거야 젠장…)

천복은 화가 나서 소리쳤다.

《당장 그만하지 못하겠소? 백두산에 왔으면 백두산을 향해 제사를 지내야지 이건 도대체 무슨짓들이요. 이러다간 몽땅 천벌을 맞을거요. 자, 이제부터 내가 하라는대로 하시우…》

천복은 왜놈들더러 가지고 온 음식들을 다 꺼내놓게 하였다. 그들은 마지못해 배낭들을 헤쳤다. 천복은 커다란 너럭바위우에 제상을 차리기 시작하였다.

《첫줄에는 과일이요 두번째는 어물이요 세번째는 밥이나 놓을가… 동두서미 동홍서백이라…어허 우리 산신령께서 좋아나 할런지… 뭐 차릴건 없지만 정성이니 받아주옵소서.》

천복은 연신 코노래처럼 중얼거리며 제상을 차리는데 왜놈들은 우두커니 서서 군침들을 삼키였다. 열댓놈의 배낭을 터니 제법 그럴듯한 큰 상이 생겨났다.

제상을 다 차린 천복은 왜놈들을 제상앞에 나란히 세웠다.

《자 이제부터 백두산신령께 절을 하겠소이다. 모두들 내가 하는대로 하시오.…》

천복은 무릎을 꿇으며 넙적 엎드려 절을 하였다. 그러다 돌아보니 한두놈이 따라할뿐 나머지는 서로 눈치들을 보며 머뭇거리였다. 천복은 또 벌컥 화를 냈다.

《아니 이거 점잖은 어르신네한테 몇번씩이나 타일러야 하겠소. 당신들이 이 나라의 조종의 산을 찾아왔은즉 우리 나라의 풍습대로 절을 해야 복을 받고 화를 면한단말이요. 절을 하지 않는 사람은 백두산에 함께 올라갈수 없수다. 무슨 변이 나겠는지 누가 알겠소. 이제 내 말이 틀리나 두고보슈. 헛참…》

그러자 왜놈들은 천복을 따라 절들을 하기 시작하는데 그 모양들이 어색하기 이를데 없었다. 왜놈들을 실컷 절을 시키고난 천복의 얼굴에는 흐뭇한 미소가 피여났다. 그다음 천복은 고수레를 한답시고 먹음직한 음식들을 시내물에 처넣고 건빵과 주먹밥 몇덩어리로 요기를 시킨다음 길을 떠났다. 그는 우울해하는 왜놈들의 마음을 좀 찾혀볼 생각으로 몇마디 했다.

《어르신네들이 성의껏 제사를 지내니 이것 좀 보시오. 날씨가 참 좋수다. 이런 맑은 날씨는 일년에 한두번 있으나마나 합지요. 정말 당신들은 운수가 좋수다.》

그러자 왜놈들도 싱글벙글 좋아하였다.

《그러나 아직 장담하기는 좀 이르지요. 순식간에 복이 화로도 되는 일이 있는데… 옛날부터 몹쓸 짓을 한 사람들과 허튼 소리 하는 사람들이 산에 오르면 반드시 천벌을 받군했으니까요…》

일행은 드디여 힘겨운 행군끝에 백두산마루에 올랐다. 모든 일은 정말 순조로왔다. 왜놈들은 자기들이 정말 복을 받았다며 기뻐했다. 그들은 여기저기 행장들을 벗어던지더니 약속이나 한듯이 천지바투 다가갔다. 천지의 물결은 금시 파랬다가는 시커먼 빛으로 쉼없이 조화를 피웠다. 등산모는 천지가까이 바위우에 난딱 올라앉아 희떠운 수작을 했다.

《아 참 고생끝에 락을 본다더니 감개무량하구나! 저기 내 고향 부사산도 발밑에 보이는것 같구나!…》

(헛참, 저놈이 또 부사산을 생각하고있는걸…)

천복은 아니꼬운 눈길로 그자의 일거일동을 여겨보았다. 등산모는 지팽이를 들어 맞은편 봉우리들을 가리키며 뭐라고 웃어댔다.

(아니 저놈이 정말 어따 대구 지팽이질이야. 오 백두산신령님이시여, 이놈들을 데리고 온 이 천복이를 용서하여주옵소서… 소인이 할수없어 이런 잘못을 저질렀사오니…)

바로 그때 어느놈인가 천지에 돌멩이를 집어던졌다. 그러자 별안간 천지속에서 쿵! ― 하고 대포소리같은 이상한 소리가 울려나왔다. 왜놈들은 서로 마주보며 눈들을 껌벅거렸다. 돌멩이를 집어던진 자에게 눈총을 쏘는 사람도 있었다.

돌을 던진 녀석은 얼굴이 새하얗게 질려 부들부들 떨었다. 천지속에서 이번에는 좀 더 크게 쿵―쿠궁 하는 요란한 소리가 울렸다. 등산모가 먼저 벌떡 몸을 일으키며 소리쳤다.

《아니 이게 도대체 무슨 소린가?》
《글쎄 바위돌이 막 움씰움씰 하누만!》
《이거 화산이 폭발하는건 아니요?》
《알게 뭐요. 이거 정말 심상치 않소.》

저저마다 겁이 나서 한마디씩 하는데 후죽봉쪽으로부터 검은 구름이 뭉게뭉게 피여오르더니 삽시에 하늘을 뒤덮었다.

천지속에서 다시한번 땅이 떠나갈듯 요란한 우뢰소리가 터졌다. 바위들이 막 움씰거리는것 같았다. 천지에 낮게 드리웠던 구름장 하나가 통채로 못속에 떨어져들어갔다. 한순간 사방은 먹물을 칠한듯 캄캄해지고말았다. 번개가 번쩍하고 내리꽂히더니 천지를 들었다놓으며 뢰성벽력이 터졌다.

《결벽이 무너진다!―》

천복은 목청껏 소리질렀다. 그러자 얼혼이 빠진 왜놈들은 걸음아

날 살려라 하고 정신없이 내뛰다가 천길벼랑에 마구 굴러떨어졌다. 천복은 호탕한 웃음을 터뜨렸다.

《핫하하…그만큼 타일렀는데 어따 대구 왜달질이고 지팽이질들이냐. 손목이 근질거려도 참아야지 돌은 왜 집어넣어. 우리 산신령이 그래 가만 있을줄 알았냐. 허허 천벌을 맞을녀석들같으니…》

천복은 문득 웃음을 그치고 사방을 휘둘러보더니 등산모의 배낭을 찾아 멀리로 뿌려던졌다.

그때로부터 며칠후. 무산군수네 사랑방문이 소리없이 열리더니 자그마한 보따리를 든 처녀가 미끄러지듯 소리없이 나왔다. 대문밖에서 약속하고 기다리던 천복은 말없이 처녀의 손목을 쥐더니 아무도 모르게 뒤산으로 빠졌다. 누구도 그들이 어데로 사라졌는지 알지 못했다.

※예로부터 천지의 남쪽석벽에는 바위구멍이 있어 그것이 바로 산밑까지 통했다는데 바람이 그속으로 나들며 메아리쳐 우뢰소리를 낸다고 하였다. 또한 천지의 물이 산밑으로 숨어나가느라 폭포물소리가 심히 장엄하게 들린다고 하였다.

황 청 일

백두산노랑포수

우리 나라의 력사에 《신미양요》가 일어난 해로 기록되고있는 1871년 3월의 어느 봄날밤.

이날밤은 달이 어찌나 밝은지 도글도글 영글은 별들조차 빛을 잃고 대낮처럼 밝았다. 다만 낮과 다르다면 사위가 쥐죽은듯 괴괴한것이다.

머리에다 황색수건을 두른 황거성은 집을 벗어나 동구길을 하염없이 걷고있다. 나이는 오십에다 우수리를 더 했고 더부룩한 수염에 밭고랑처럼 깊숙이 패여있는 이마의 주름살들은 그의 파란많은 인생을 그대로 보여주는것인가. 그러나 칠척이 넘어보이는 우람찬 체구며 혈색좋은 얼굴, 아름이 벌는 허리와 쩍 벌어진 두어깨는 누가 보아도 힌힌한 무장의 기상이 첫눈에 완연하였다.

북방의 봄날은 아직도 차다. 한낮에는 제법 따스한 봄볕을 뿌려주다가도 밤이면 탱탱한 바람이 추위를 몰아온다.

황거성은 목을 움츠리며 묵묵히 동구길을 벗어나 멀리 백두산이 우렷이 바라보이는 나지막한 고개길에 들어섰다. 어쩐지 자욱자욱이 천근만근 무거웠다. 나이 탓일가? 아니 그는 시름에 잠겨 제가 어디로 가는지도 모른다.

그때 저벅저벅 뒤따르는 발자국소리…

황거성은 듣지 못했다. 아니 들으려고도 하지 않았다. 문득 귀에 익은 목소리…

《아버지, 그러다가 감기라도 드시면… 어서 집으로 들어가시자요.》

그제사 뒤돌아보니 두 아들, 일룡이와 차룡이가 안타까운 눈으로 자기를 지켜보지 않는가.

《오ー오 나 너희들이구나.》

황거성은 두 아들을 새삼스럽게 바라보았다. (이젠 다 자랐구나.) 름름한 모습을 보니 칭얼거리는 그들을 이끌고 서울에서 여기 백두산기슭으로 은거해오던 때가 눈앞에 삼삼하다. 그때 일룡이는 열살, 차룡이는 겨우 여덟살이였다. (세월이 류수같다고 뉘 말했더라.) 후유ー 숨이 나간다.

황거성은 본시 서울에서 군복을 입었던 사람이였다. 그는 어려서 군대에 들어가 병졸로 있다가 한개 초소를 맡는데까지 이르렀다.

당시 왕조는 부화방탕한 생활과 권력다툼에만 미쳐서 나라정사를 다 말아먹고있었다. 세상에 널리 알려진 흥선대원군(리조 26대 왕인 고종의 아버지 리하응 당시 집권자)을 몰아내기 위한 민비(리하응의 며느리이며 고종의 왕비)와 그 일파의 모략은 최절정에 이르렀다. 그러다나니 인민들의 생활은 도탄에 빠졌다. 군대에 군량과 피복을 못대주어 나라의 방비를 맡아나선 군인들이 로략질을 하려 밤이면 시가를 싸다녔다.

서구나라들과 이웃나라들에서는 새 문명을 받아들여 나라를 개혁한다, 신식무장을 갖추어 린근을 엿본다, 호시탐탐 기회를 노리는데 이 나라 왕조만은 구태의연히 문을 닫아걸고 백성들의 고혈을 짜내는데만 급급하였다.

정의감과 의협심이 강한 황거성은 일개 군관의 자격으로 왕조와 량반들의 잘못을 밝히는 상소문을 써서 운현궁(대원군이 거처하는 곳)에 들이댔다. 그 대가로 황거성을 당장 잡아올리라는 령이 떨어졌다.

황거성은 병졸들의 도움을 받아 안해와 두 어린것을 이끌고 어쩔수 없이 륙로 천여리를 걸어 백두산에 은거하여 포수로 변해버렸다. 포수로 되긴 했어도 백발백중의 사격술과 인품이 너그러운 황거성은 이웃들의 존경을 받았다. 그가 사냥을 다닐 때에는 언제나 머리에다 황색수건을 쓰고 다녔다. 황색을 즐겨서인가? 아니 그에게는 물날은 그 노랑수건밖에 딴것은 없었다.

그래서 그의 성을 아는 사람은 그를 황포수라 부르고 얼굴이나 아는 사람은 그저 노랑포수라고 하였다.

황거성은 군적을 버리고 노랑포수가 되긴 했지만 애국애족의 정신만은 버리지 않았다. 그는 무술을 계속 닦아가는 한편 두 아들을 명포수로 키우고 찾아오는 청년들을 가르치기도 했다. 그러다보니 황거성일가는 저절로 포수가정으로 되였다.

황포수는 집에다 야장간을 꾸리고 화승대를 만든다, 창과 칼을 벼린다, 화약을 제손으로 얻어오기도 하였다. 이러하기를 10여년, 처음에는 몇몇 청년들이 그의 뜻을 좇아 포수로 되고 그 포수들이 다시 제아래에 몇명씩 포수를 키우고 그 포수들이 또 포수를 낳다나니 어언 노랑포수가 백두산일대에 수백명을 헤아리게 되였다.

그들은 황거성처럼 노랑수건을 두르고 다녔다. 아마 대장의 본을 무작정 따른탓이리라.

《백두산에 노랑포수들이 나타났다!》소문은 어느새 발이 달리고 날개가 돋혀 사방에 퍼지더니 마침내 조정에서까지 백두산노랑포수에 대하여 알게 되였다.

그러던차에 나라에 란이 터졌다. 우리 나라를 호시탐탐 노리던 미국오랑캐들이 1866년 6월, 침략선 《샤만》호를 이끌고 기여들더니 때를 놓칠세라 같은해 8월 12일에는 로즈놈이 지휘하는 3척의 프랑스함대가 강화도남쪽 물치도부근에 침범하였다. 그것도 성차지 않아 9월 5일에는 7척의 군함에 2,500여명의 군대를 이끌고 또한번 물치도에 덤벼들었다.

섬나라오랑캐들도 가만있지 않았다. 해군소좌 이노우에 요오가가 거느린 해적선《운양》호는 닻을 올리고 바야흐로 기회만 노려보고있었다.

그러나 그때까지도 어설픈 봉건의 잠에서 깨여나지 못했던 리왕조의 내부는 한심하기가 그지없었다. 그러다가 사방에서 굶주린 개들이 으르렁거릴 때에야 급기야 잠에서 깨여났다.

리왕조는 바빠맞았다. 서울의 대문을 지키던 강화류수는 하루아침에 도망치고 제노라 하던 량반나부랭이들도 제마끔 제 살구멍을 찾아 헤맸다. 당황한 봉건왕조의 일부 간신들이 서양오랑캐들과 화친하는것으로 이 위기를 면해보려고 했다. 그러나 쇄국정책에 매달린 대원군이 그 말을 들을 턱이 없었다.

대원군은 운현궁에서 급히 머리를 내밀고 화친을 배격하는 글을 내보냈다. 그리하여 《서양오랑캐들이 침범하니 싸우지 않는다면 화친하는것이요, 화친을 주장하는것은 나라를 파는것이다》라는 글발이 새겨진 척화비가 도처에 세워졌다.

한편 대원군은 정규군을 보강하고 서북지방의 우수한 포수들에게도 동원령을 내렸다.

그러더니 오늘 뜻밖에도 무산에서 아전 하나가 그 동원령을 백두산노랑포수들에게도 전달하였던것이다. 그러나 그걸 순순히 받아물 노랑포수들이 아니였다.

《여보 아전나리, 우리는 왕조의 버림을 받고 죽지 못해 살아가는 목숨들이요. 우리에게는 법도 없고 임금도 없소. 그따위 종이장은 싹 집어치우시오!》

아버지 못지지 않은 명포수로 자라난 일룡이와 차룡이가 무섭게 쏘아붙이자 노랑포수들이 저마다 팔을 걸고나섰다.

그 기세에 겁을 먹은 아전은 꼬리가 빳빳해서 도망치고야말았다.

《여보, 법보다 주먹이 더 가깝다는걸 명심하구려.》

《하하하…》

누군가 한마디 조롱하자 웃음판이 터져올랐다.…

황거성은 후에 이 사실을 알고보니 어쩐지 마음이 개운치 않았다. 그래서 이렇게 잠들지 못하고 숲속길을 하염없이 걷고있었던것이다.

《아버지, 외람된 말이지만 공연히 마음 쓰시는것 같아요.》
 아버지의 심중을 알아차린 맏아들 일룡이가 조심스럽게 꺼내는 말이였다.
《그 사람들이 우릴 언제 사람으로 치부하기나 했어요.》
《…》
《우리가 무슨 밸 빠진놈이라고 그들의 령을 들어요.》
 차룡이도 형의 편을 들었다.
《오랑캐들이 침범하면 하라지요. 우리에게는 아까울것이 하나도 없어요.》
 그 순간 황거성의 눈에서는 불이 번쩍거렸다.
《뭐, 우리에게 아까울것이 하나도 없다고?! 닥쳐라!》
 황거성의 벼락같은 목소리가 온 숲을 쩌렁쩌렁 울리였다.
《이놈아, 그래 이 땅이 뉘 땅인줄 아느냐, 조상대대로 우리 백성들의 땅이다. 비록 우리는 왕조에게서는 버림을 받았으나 내 나라 내 강토야 우릴 언제 버린적이 있었더냐. 우리는 좋든궂든 이 땅에서 여문 곡식을 먹고 이 나라 물을 마시며 살아왔다. 그래 너는 이 모든것이 아깝지 않단말이냐?》
 황거성은 머리를 들어 멀리 백두산을 바라보았다.
《저 백두산을 쳐다보아라. 백두산은 그 어떤 침략자도 더럽히지 못한 우리 나라 조종의 산이다. 그래 우리 대에 와서 저 백두산을 오랑캐들의 발굽에 어지럽히겠니… 백두산은 우리 마음의 기둥이다. 내가 은거할곳이 없어서 여기로 들어오지 않았다.》
 일룡이와 차룡이의 머리는 무겁게 숙어졌다.
《너희들은 여기 백두산에서 잔뼈를 굳힌 백두의 아들들이다. 그런데 내가 그만 너희들을 잘 키우지 못했다.》
 자책에 잠긴 아버지의 말을 듣는 일룡이와 차룡이는 그제야 아버지의 깊은 뜻을 헤아려 가슴이 쩡해왔다.
 이튿날, 일룡이와 차룡이를 통해 황포수의 깊은 뜻을 헤아린 노랑포수들은 무장을 갖추고 한곳에 모여들었다.
 황거성은 눈시울이 뜨거워졌다. 말없이 자기 마음을 알아주고 자기와 생사를 같이하려는 그들이 더없이 미더웠다.
 이리하여 수백명 노랑포수들의 대렬이 백두산에서 길을 떠나 먼 서울로 향하였다. 앞장에는 륙십을 가까이 바라보는 황거성이 서있고 그뒤로는 일룡이와 차룡이 형제가 따라섰다.

그 대렬이 닿는곳마다 홍안의 청년들이 열, 스무명씩 따라나서고 창을 갖춘 장년들이 보태여졌다. 강물에 작은 실개울이 합쳐드는것처럼 대렬은 날이 갈수록 거창한 흐름으로 도도히 굽이쳤다.

어느날, 대렬이 옛고구려의 수도인 서경장안에 들어섰을 때였다. 불쑥 백발을 날리는 로인 하나가 해별에 번뜩이는 시퍼런 식칼을 손에 들고 대렬을 막아나섰다.

로인은 정작 대렬을 멈춰세우고보니 당황하여 말을 더듬거렸다.

《대…대장어른, 나도 이 대렬에 받아주… 주게나.》

알고보니 로인은 서경성에서 백정으로 생계를 이어가는 늙은이였다.

《내 나이는 건사했지만 아직은 오랑캐 한두놈쯤은 문제가 없다네.》

황거성은 불시에 눈시울이 뜨거워졌다.

《로인장은 회갑이 넘어서지 않았소이까?》

《회갑이 넘은 사람은 이 나라 백성이 아니며 이 땅의 물을 마시지 않는다던가. 그러지 말고 어서 나도 대렬에 받아주게나.》

황거성은 로인의 손을 뜨겁게 잡았다.

《고맙소이다. 로인장은 벌써 우리 포수들의 피를 끓게 했으니 전장에서 오랑캐와 싸운거나 다름이 없소이다.》

일룡이와 차룡이는 그 로인의 애국충정에 가슴이 정해졌다.

(아, 한갖 사람의 대접을 받지 못하는 백정으로 그나마 초야에 오늘 묻힐지 래일 묻힐지 모를 몸으로 나라를 지키겠다고 따라서는데 우리가 무슨 망동을 부렸담!)

두 형제는 자신을 다시금 뉘우치며 나라를 지키는 일에 한목숨 바쳐가리라고 굳게 마음다졌다.

결사보국을 다짐하고 강화도에 당도한 노랑포수들은 휴식도 없이 밤을 새우며 진지를 차지하고있는 우리 군사들과 합세하였다.

드디여 4월의 어느날, 5척의 군함과 80문의 포, 1,230명의 해적들이 미국아세아함대사령관 로제스놈의 지휘를 받으며 서울침공을 위한 거점으로 예견된 강화도에 침입하였다.

4월 23일 아침 해적들은 함대의 엄호를 받으면서 강화도남쪽 초지진에 발을 들여놓았다.

《땅!》
 아침의 탱랭한 공기를 가르며 한방의 총성이 울려퍼졌다. 그것은 백발의 명포수 황거성이 쏜것이였다. 그것을 신호로 노랑포수들와 수백정의 화승대가 불을 뿜었다. 동시에 광성진포대에서도 우리 군사들이 놈들에게 포탄을 퍼부었다. 신식무장을 갖춘 해적들은 저들의 기술적우세를 믿고 만만치 않게 달려들었다. 초지진 우리 군사들의 반격이 개시되였다. 무서운 백병전이 벌어졌다. 용맹한 우리 군사들의 칼과 창은 사정이 없었다.
 오래도록 계속된 전투는 우리의 승리로 끝났으나 대오의 앞장에서 가장 용감하게 싸운 황거성의 두 아들, 일통이와 차룡이는 다시 일어나지 못했다. 그만 가슴에 여러방의 적탄을 맞았기때문이였다.
 황거성은 전투가 끝난뒤 두 아들의 시체앞으로 다가갔다. 압제당하고 억울하여도 언제한번 드놀지 않던 그의 무쇠심장이 세차게 들먹거렸다.
《장하다. 내 아들들아! 너희들은 백두산에서 자란 아들답게 잘 싸웠다.…》
 황거성은 소리없이 흘러내리는 눈물을 씻을념도 없이 애국충정의 피와 넋을 다 바친 두 아들을 오래도록 굽어보았다.
 이윽고 황거성은 노랑포수들을 이끌고 백두산이 솟아있는 북녘 하늘을 우러러 보며 귀로에 올랐다.
 봉건왕조에서는 때늦게나마 황거성을 조정에 부르도록 하고 노랑포수들을 치하하려고 정승 하나를 강화도에 내려보내였다.
 그러나 그때는 벌써 노랑포수들이 다 물러가고 그림자 하나 남지 않았다.
 노랑포수들은 일통이와 차룡이의 시체를 번갈아 메고 먼 백두산까지 무사히 돌아왔다.
 황거성은 두 아들의 시체를 고이 제손으로 묻어주고는 그 모진 아픔을 새겨가며 그후에도 수많은 포수들을 키웠다.
 바로 이 노랑포수의 후손들이 계속 이 일대에 퍼져간 후에는 일제의 침략을 반대하여 싸운 의병부대의 중요한 력량이 되였다.
 력사에서는 구미침략자들을 반대하여 싸울 때 공로가 큰 《강계포수》들의 위훈을 기록하였다. 그러나 그들과 함께 용감하게 싸운 백두산 노랑포수들의 이야기는 기록되지 않았다. 아마 싸움이 끝난후 소리없이 사라졌으니 그 위훈도 미처 알려질 사이가 없었던모양이다.

박 상 용

천지속의 장수검

백두산의 장군봉을 옹위한 수많은 칼벼랑과 바위들가운데는 룡바위라고 하는 커다란 바위가 천지기슭에 우뚝 솟아있다.
이 룡바위에는 과연 어떤 옛전설이 깃들어있는것인가.

어느먼 옛날에 있은 일이다.
하루아침은 임금의 궁궐에서 바라보이는 봉화대에 불길이 솟아올랐다. 나라의 북쪽변방에서 알려오는 급한 신호였다. 그런데 또 이번에는 궁전의 앞대문으로 파발말이 네굽을 안고 화살처럼 달려들어왔다.
남쪽바다기슭에 외적이 기여든 소식을 가지고 온것이다.
조용하던 궁전안은 벌집을 쑤셔놓은것처럼 발각 뒤집혔다. 대신들을 불러들이는 어명이 연방 떨어지고 잠이 채 깨지 않은듯 취기에 부석부석한 얼굴을 한 대신들이 꼬리를 물고 입궐하였다.
임금은 룡상에 올라앉아 피곤이 잔뜩 실린 눈길로 휘넓은 대청의 좌우에 늘어선 궁신들을 훑어보았다.
이윽고 임금은 불안과 초조한 마음을 애써 누르면서 무겁게 입을 열었다.
《경들을 급히 부른것은 다름이 아니노라. 남해안과 북쪽변경에 갑자기 외적들이 쳐들어와 나라에 큰 재난이 닥쳐왔도다. 그러나 나라에 닥친 이 재난을 어떻게 막아야 하겠는고.》
두손을 마주 잡고 고개를 숙이고있는 신하들은 모두가 어안이 벙벙하였다.
여태껏 태평스럽던 나라에 갑자기 외적은 무슨 외적이라는듯 사방을 두리번거리는 대신들도 있었고 겁이 나는지 목을 어깨에 틀어박고 부들부들 떠는 대신도 있었다.
 임금은 참을성있게 대답을 기다렸으나 대신들은 서로들 눈치만 보면서 남먼저 입을 열려고 하지 않았다.
 임금은 드디여 참지 못하고 버럭 성을 내고말았다.
 《나라가 외적의 침입으로 위험에 처해있는데 이렇게들 모두 잠자코만 있겠는고?!》
 그러자 나라방비를 맡은 대신 장공이 한걸음 나서며 이렇게 아뢰였다.
 《상감마마, 황송하오이다. 페하를 모시고있는 우리 궁신들이 태평세월에 눈이 어두워 나라의 방비를 소홀히 하였으니 이런 변이 생긴줄 아옵니다.》
 문관들은 장공이 아니할 말을 했다고 은근히 속된 욕을 하면서 임금의 눈치만을 슬금슬금 살피였다.
 임금은 장공을 미덥게 내려다보며 《그렇다면 당장 무슨 좋은 방책이 없겠는고?》 하고 다시금 물었다.
 장공의 옆에 서있던 키가 구척같은 무장이 그 물음에 대답하였다.
 《페하, 나라에 외적이 침습하여 큰 재난이 생긴것으로 보아 백두산에 있는 장수검에 무슨 변이 일어난줄로 짐작됩니다.》
 《그게 사실인고?!》
 임금이 와뜰 놀라 저도 모르게 룡상에서 일어서는데 한 신하가 급히 들어왔다.
 《아뢰오. 지금 백두산쪽을 지키는 장수로부터 장계가 올라왔는데 장수검이 없어졌다고 하오이다.》
 임금은 기운이 진한듯 털썩 룡상에 주저앉았다. 그리고는 길게 한숨을 내쉬였다.
 그것이 어떤 장수검이란 말인가. 백두산에 있는 그 칼은 먼 조상때부터 대대로 전해내려오는 신비로운 장수검이였다. 이 장수검만 있으면 그 어떤 외적도 두려울것이 없었다. 이런 신비한 장수검이 없어지자 갑자기 큰 재난이 닥쳐온것이 아닌가.
 《그래 그 장수검이 어째 없어졌는고?》
 임금의 말에 신하는 다시 입을 열었다.

《나라를 외적의 침입과 환난으로부터 구원할 대장수가 없다고 하늘의 천왕이 나라방비의 신령스러운 장수검을 백두산의 하늘못(천지)에 깊이 간직했다하옵니다.》

《하늘못속에? 어허 이 무슨 일인고…》

임금의 얼굴은 다시금 컴컴하게 질리였다.

《다들 들거라. 외적들을 막는 한편 날랜 장수들을 뽑아 백두산에 급파하라. 천길이 아니라 만길 물속이라도 들어가서 그 장수검을 기어이 건져 내앞에 가져다놓을지어다!》

임금은 벌떡 일어서서 궁궐대청이 쩌렁쩌렁 울리도록 목소리는 높이였으나 어딘가 모르게 불안에 떨리였다.

그때로부터 사흘이 지난 한낮경이였다.

임금의 령을 받고 나라의 방방곡곡에서 뽑혀온 장수들이 무예를 겨루는 큰 경기가 벌어졌다.

경기장이 한눈에 굽어보이는 전각에는 임금이 앉았으며 그아래에는 문무백관들과 수많은 장수들이 주런이 서있었다. 경기는 장공이 주관하였다. 장수들은 평상시에 련마해온 자기들의 지혜와 무예를 남김없이 보여주어 근년에는 있어본적이 없는 대성황을 이루었다.

이날 경기에서 무술과 도술에 뛰여나고 궁술과 말타기에서 특출한 재주와 용맹을 보인 장수 33명이 어명을 받고 백두산으로 떠나가게 되였다.

장공이 그들의 대장으로 임명되였다. 임금은 장수들이 떠나가기에 앞서 자기가 지금껏 깊이 간수하고있던 금활촉이 달린 화살 석대를 장공에게 넘겨주며 《무슨 곤경에 빠지거든 이 화살을 날리라.》 하고 신심을 안겨주었다.

그들이 길을 떠난후 나라의 해안선과 북쪽변방지역에서는 외적들이 《흑풍북》(검은 바람을 일으키는 북)을 울리며 계속 쳐들어왔다.

놈들은 검은 두루마기같은 옷에 검정수건들을 이마에 질끈 동이고 마을에 달려들어 집집의 문들을 까부시며 사람들을 죽이고 재물들을 략탈하였다.

사랑하는 부모처자와 형제들을 오랑캐의 총칼에 빼앗기고 원한에 통곡하는 백성들의 곡성은 날이 갈수록 높아져 산천초목도 치를 떨었다.

원쑤들의 발길이 닿는곳에서 저주와 원한에 사무친 목소리들이 울려나오군하였다.

태평세월 긴긴년에 나라장수 대 끊기고
음풍영월 가무속에 얼과 슬기 좀쓸었다
은금보화 가득넘친 살기 좋은 해동국이
강도외적 발굽밑에 무참케도 밟히누나

백두산의 룡왕담에 어느 누가 올라가서
이 나라를 지키여줄 장수검을 건질소냐
피흘리는 배달겨레 어느 누가 보살피며
기울어진 나라기둥 바로잡아 세울소냐

장공이 이끄는 33명의 장수들은 간난신고끝에 백두산 가까운곳에 이르렀다. 마치 그들의 힘과 의지를 시험이라도 하려는듯 드센 바람이 터졌다.
백두산우에 검은 구름장들이 떠돌고 천리수해가 해일이라도 인것처럼 쏴쏴 설레였다.
당장 그 무슨 변이라도 일어날듯싶었다.
《백두산이 갑자기 검은 구름속에 자취를 감추었소!》
장수들중 그 누군가가 떨리는 목소리로 소리치자 모두들 불안스러운 눈길로 백두산쪽을 바라보았다.
이때 백두산폭포의 물기둥이 거센 바람에 휘말려 하늘로 뻗어올랐다. 정말 무시무시한 광경이였다. 그러자 제노라 뽐내던 33명의 장수들은 마음을 진정하지 못하며 어쩔바를 몰랐다.
하늘로 올랐다가 《쏴-》 바람을 일쿠며 떨어지는 폭포소리가 《쿠구쿵-!》 골안을 메우고 그 위압에 주변의 천연원시림이 맹수처럼 사납게 울부짖으며 태질을 하였다.
《아! 백두산신령님이시여, 나라의 재난을 막으려 2천리 먼길을 달려온 우리 장수들을 부디굽어 보살펴주시옵소서.》
장공이 백두산 쪽을 우러러보며 앞길을 열어달라고 기원하였다.
그러자 시꺼먼 하늘에 파란 하늘조각이 한점 열리더니 그렇듯 태질하던 바람이 수림속에 잦아들었다.

겨우 숨을 돌린 장공과 그의 수하 장수들은 험준한 벼랑길을 묶아오르며 백두산으로 올라가기 시작하였다.

그런데 이번에는 불쑥 청석절벽의 바위산이 그들의 앞을 막아섰다. 장수들은 모두 걸음을 멈추었다.

머리를 들고 쳐다보니 아찔한 절벽이 솟아있는데 그 벼랑턱으로 가파로운 한가닥의 오솔길만 뻗어올라갔을뿐 아무리 둘러보아도 다른길은 보이지 않았다.

장공과 장수들은 모두 기진맥진하여 한숨을 쉬며 여기저기에 주저앉아버렸다.

그때 별안간 그들의 귀전에 임금의 목소리가 다시 들려왔다.

《장수 서른세명이면 천군만마도 능히 물리칠만한 큰 힘이라 할것이다. 그대들이 장수검을 건져오지 못하면 국운은 이제 다시 소생하지 못할것인즉 그대들도 나의 앞에 돌아오지 말지어다!》

그 소리는 장수들의 가슴을 다시금 세차게 뒤흔들었다. 장공은 두눈이 번쩍 뜨이는것을 느꼈다. 그는 어깨에서 활을 벗겨들었다. 장공은 두눈을 부릅뜨고 임금이 준 금촉살을 힘있게 날리였다. 화살이 바람을 일구더니 절벽의 밑둥에 가 푹 박히였다.

순간 《우르릉!》하고 바위벽이 우는 소리가 요란스럽게 났다. 동시에 백두산봉우리우의 하늘가에서 번개가 번쩍일어 하늘을 반쯤 찢어놓았다.

장공은 두번째 화살을 또 날리였다. 화살은 절벽의 중간자리에 가서 박히였다. 두번째 굉음이 터지고 두번째 번개가 또다시 반대편 하늘을 갈라놓았다.

연거퍼 세번째 화살이 《쉬익》 새된 소리를 내며 절벽의 맨 웃자리에 박히더니 《파르릉!》 소리와 함께 발밑의 땅이 움씰움씰하기 시작하였다.

움씰거리던 땅이 소리도 없이 내려앉더니 큰산같은 바위벽이 두쪽으로 쫙 갈라지면서 마치 커다란 돌대문이 열리듯이 밀려나는 성벽짬으로 눈부신 광채를 발산하며 백두산천지의 푸른 물이 한눈에 나타났다.

《아, 하늘못!》

지금껏 장장 머나먼 길을 어명을 받들어 온갖 신고와 힘난을 다 이겨내며 백두산에 달려온 그들은 천지물을 굽어보고 격정을 이기지 못하여 환성을 올리였다.

얼마후 새하얀 두루마기자락을 날리며 백발의 백두산신령이 키를 넘는 은빛지팽이를 짚고서서 장공일행을 맞이하였다.

《그대들은 도대체 누구들이기에 이 천지의 돌문을 그렇게도 소란스럽게 두드리는고?!》

신령이 가슴팍아래에 내리드리운 흰수염발을 쓰다듬으며 물었다.

장공이 공손히 머리를 숙여 절을 하며 입을 열었다.

《저희들은 임금님의 긴급 어명을 받고 외적의 침습을 막아볼 룡왕담의 장수검을 건져가고저 찾아온 서른세명의 장수들이올시다.》

《허, 장할손!》

신령은 장공과 수하장수들을 빙 둘러보았다.

《기나긴 세월 이 나라를 지켜줄 큰 장수를 기다렸도다. 그대들이 장한 뜻을 품고 찾아왔은즉 어서 그 장검을 건져보라!》

신령이 이러며 은빛지팽이를 허공에 휘저으니 구름안개가 순식간에 천지를 꽉 덮었다.

장공을 비롯한 장수모두가 구름속에 묻히였다.

얼마후 구름이 말끔히 걷히자 놀랍게도 천지에서 뜨거운 김이 물물 솟구쳐올랐다.

《장수들 보아라. 천지가 저렇게 설설 끓는 불물인즉 그대들의 뜻은 장하나 저안에 어떻게 들어선단말인고?》

천지를 굽어보던 장수들은 모두가 깜짝 놀랐다.

《예?! 저것이 끓는 물이옵니까?》

장수들이 기가 막혀 이렇게 소리치니 어느새 신령은 사라지고 그가 섰던 자리에는 뽀얀 구름이 한점 동동 떠있을뿐이였다.

장공은 손맥이 탁 풀리는 것을 느끼며 자기를 둘러선 수하 장수들을 둘러보았다.

《이제는 어찌하면 좋단말인가?》

이때 도술에 능한 한 장수가 유심히 천지에서 끓는물을 굽어보더니 기름종이로 봉한 단추만한 보석알을 입에 넣었다가 공중에 힘껏 뿌려던졌다.

보석알은 하늘로 날아오르는듯싶더니 얼마후 천지가운데에 똘랑 떨어졌다.

도술장수가 어느새 하얀 얼음옷을 떨쳐입고 장수들앞에 나섰다.
그는 단김이 피여오르는 물속으로 첨벙첨벙 걸어들어가기 시작하였다. 그가 들어가자 천지안에 가득차서 돌던 뜬김이 덩이덩이 몰켜서 구름장이 되더니 백두산봉우리에 흰 명주필을 감아놓았다.
버글버글 끓던 물면이 갑자기 싸늘하게 식어서 거울같이 고요한 수면으로 변하였다.
병사봉우에서 백두신령이 그것을 굽어보고있었다.
《오! 끓던 물이 말끔히 식었도다. 그래도 재주가 있는 장수임이 분명하도다.》
신령은 흐뭇한 미소를 지으며 짚고섰던 지팽이를 하늘높이 추켜들었다.
순간 천지가 진동하는 요란한 소리가 40리 둘레의 절벽을 흔들었다. 그러자 천지가운데서 시퍼런 물기둥이 창공높이 솟구쳐오르더니 한참동안 금빛은빛 광채를 내뿜었다.
그 현란한 물기둥우에 천지속의 룡왕이 나타났다. 룡왕은 눈부신 빛을 뿜는 금관을 머리에 얹고 진주보석으로 수놓은 비단옷을 입었는데 그만 눈이 부시여 어찌할줄을 몰랐다.
《그대들이 찾아온 뜻은 기특하도다. 허나 룡궁속에 깊이 간수한 장수검으로 말할진대 해동국의 보검으로서 그 무게가 한갓 장수의 뚝심만으로는 집어올릴수도 없겠거니와 무술에만 능해서도 아니되며 지략에만 도통해서도 아니될뿐아니라 지혜만 있어서도 아니되느니라.》
룡왕은 잠시 동안을 두었다가 다시 말을 이었다.
《하거늘 천하명장에 인덕을 갖춘 대장군이 아니고서는 옥궤문을 열어주지 않을것이니 그리 알아두도록 하라.》
룡왕의 엄엄한 말이 끝나자 장공을 비롯한 장수모두가 자기들은 기어이 장수검을 견져야 한다며 거듭 청을 드렸다.
《그대들이 수고로이 대문을 열어놓았기에 몇 마디만 더 충고하노라.》
룡왕은 바람에 수염발을 날리면서 엄숙히 입을 열었다.
《이 조종의 산은 자기의 얼과 넋을 가지고 살아야 할 민족의 기상이며 나라의 정신인것이다. 그 정신을 벼리고 키우는 천지속의 장수검을 언제면 견져내여 여기 병사봉에 높이 추켜들것인고…

장수검을 건져낼 대장수가 태여나기전에는 이 나라에 재앙이 그칠날이 없을것이니 부디 이것을 명심할지어다.》

룡왕은 하늘공중에 약간 뜨더니 더 엄엄한 음성으로 다시 입을 열었다.

《장수 그대들과 백의민족은 천하를 다스릴 한뜻으로 굳게 뭉쳐 나갈 때 하늘의 천왕도 땅우의 신령도 해동국의 겨레들에게 영원한 복을 주리로다!》

룡왕의 말은 천지주변의 기암절벽들을 쩌렁쩌렁 흔들며 끝없이 메아리쳐갔다.

그 메아리를 받아 룡왕은 다시 말했다.

《장수들, 그대들은 비록 장수검을 얻지 못하였지만 용기를 잃어 서는 안되느니라. 이 나라에 태여난 장수들로서 외적을 물리치는 싸움에 한몸을 아끼지 않고 때를 기다리면 룡왕담의 장수검을 찾아 들 대장군이 태여날 그날은 반드시 오리라.》

말을 마친 룡왕은 땅에 끌리우는 금은보석의 두루마기자락을 기 폭처럼 펄럭이며 하늘높이 날아오르더니 흰구름을 타고 사라지고말 았다.

룡왕이 사라지자 천지의 돌문이 이전처럼 다시 《쾅!》하는 평음 을 내며 닫기고말았다.

서른세명의 장수들은 그 광경을 바라보며 모두 무릎을 꿇었다. 장공이 하늘을 향하여 빌었다.

《아, 백의민족을 저 외적의 발굽밑에서 구원해줄 이 나라의 천출 명장이 언제면 백두산의 장수검을 찾으려 왕림할것이오이까. 과연 그날은 언제 오려는고, 하늘이여 승천하신 룡왕께 그 소식을 알리 내려보내주시옵소서…》

지금도 뜨거운 온천물이 솟아나는 천지기슭 룡바위에 찾아가면 그때 천지의 룡왕이 하늘로 올랐다는 력사적인 기록을 남긴 흰차돌 의 큰비석이 있다.

그 비석은 우리 조상들이 나라를 찾아줄 백두산의 대장수를 얼마 나 마음속으로 깊이 기다리며 살았는가를 지금도 가슴뜨겁게 생각 하게 하여준다.

서봉제

군복벗긴 김군교

우리 조상들이 국경지대에서 호적들의 침입을 쳐물리치던 때에 있은 이야기이다.

압록강쪽의 백두산기슭에 국경을 지키는 한 소부대가 주둔한 초소가 있었다. 거기에 김군교라는 젊은 군인이 있었다. 성은 김씨이고 직급은 군교였다. 군교란 봉건시기의 장교를 이르는 말이였다.

김군교는 힘이 세고 몸이 날래였다. 마을사람들속에서는 그가 대두 열말짜리 곡식섬을 량쪽 겨드랑이에 하나씩 끼고 압록강을 훌쩍 건너뛴다는 소문까지 돌고있었다. 그의 용맹은 군사들에게 본보기가 되였다. 수자리를 살러 온 군사들이 누구나 다 그와 함께 싸우러 나간다면 강건너 호적패도 두려울것이 없다고 말들 하였다. 사람들은 그를 만날 때마다

《김군교, 제발 강건너 호적을 쳐서 우리가 발을 펴고 잠자게 하여주오.》라고 간청하였다.

그런 소리를 처음 들을 때는 《너무 지나친 말씀입니다. 나같은것이 어떻게 호적두목 서가놈을 당해내겠습니까, 아직 그놈의 패거리를 쫓아가서 칠 힘은 없으나 놈들이 강을 건너와서 행패를 하지 못하도록 애는 쓰겠습니다.》 하고 겸손하게 대답하였다. 그러나 한번 듣고 두번 듣는 사이에 김군교는 차츰 호적두령 서가를 잡아없애야 할 책임을 스스로 자기의 두어깨에 짊어지게 되였다.

서가네 호적패거리들은 강건너편 골짜기로 한참 들어가서 소잔등처럼 길게 누워있는 밋밋한 산등성이의 밀림속에 등지를 틀고있었다. 이 호적패들은 길목을 지키다가 지나가는 나그네의 짐바리나 주머니를 털어내는데 재미를 붙이더니 점점 강 이쪽의 마을들에까지 눈독을 들이기 시작하였다.

밤이 되면 어둠을 타고 강을 건너와서는 백두산 아래쪽에 두더지처럼 배겨있다가 밤이 깊어진 다음 갑자기 마을을 덮쳤다. 호적패

들이 한번 들이닥쳤던 마을은 말그대로 피비린내 풍기는 페허로 되였다. 화전민들이 일년내내 뼈빠지게 애써 지어놓은 얼마안되는 량식마저 한알도 남기지 않고 몽땅 털어갔으며 소, 말, 개와 닭 할것없이 집짐승이라고 기르는것은 무엇이나 닥치는대로 잡아갔다. 저놈들이 하는 로략질에 조금이라도 불만을 보이는 사람은 그가 누구이든 가리지 않고 그자리에서 창으로 찌르든가 칼로 목을 쳤다. 그러고도 성차지 않아서 아낙네들을 찾았다. 호적이 온다는 것만 알면 가족들은 먼저 젊은 아낙네들부터 뒤산으로 빼돌렸다. 미처 몸을 피하지 못하고 놈들에게 붙잡힌 젊은 녀인들은 원쑤놈에게서 욕을 보지 않으려고 낫이나 도끼를 들고 대들다가 무참한 죽음을 당하였다. 죽을지언정 도적에게 모욕을 당하지 않는 이 나라 아낙네들의 절개를 알고도 남음이 있었지만 그놈들은 그놈들대로 어찌나 지독한지 맞다드는 녀인마다 죽이고야 물러섰다.

처음에는 도적놈들을 피하기만 하던 마을사람들이 차츰 맞서기 시작하였다. 이래도 죽고 저래도 죽을바에는 피값이라도 하겠다고 대여들었다. 마을사람들의 도끼날에 호적들도 죽어넘어졌다.

압록강쪽의 백두산기슭에 위치한 마을들에서는 호적들이 어찌나 악착하게 굴었던지 아이들이 울면 《호적이 온다》라고 하면서 울음을 그치게 하였다. 아이들은 그 소리를 들으면 울다가도 울음을 뚝 그치고 기겁을 하면서 어머니의 품에 와락 매달렸다. 그러던 아이들까지도 마을사람들이 점차 항거하는 시기에 이르러서는 《호적이 온다》소리에 울음을 뚝 끊치기는 하였어도 기겁을 하고 숨는것이 아니라 두리번 두리번 살피다가 낫이나 식칼이나 아니면 하다못해 베고자는 목침이라도 집어다가 어머니에게 주었다. 어서 나가서 이것으로 호적을 쫓아버티라는 뜻이였다. 어린 아이들에게까지 이런 분개심이 생길만큼 호적은 증오받고 배격당하였다.

호적들은 악이 받쳤다. 마을해 달려들어가서는 량식과 집짐승을 빼앗고 사람들을 마구 죽이고도 모자라서 온 마을을 불태워 제로 간들었다.

백두산기슭의 마을사람들은 자기들의 이 원한을 어디에 가서 풀어달라고 호소할곳조차 없었다.

한양에 있는 높은 벼슬아치들은 이고장을 마치 남의 나라 땅처럼 대하였다. 나라의 지경이 침범을 당하든 백성들이 도적떼에게서 피해를 보고 죽어가든 아랑곳하지 않았다. 그렇다고하여 지방의 벼슬아치들이라도 백성들의 사정을 알아주는가 하면 결코 그렇지 않았다. 관복 입은 도적놈이 있기는 한양의 조정이나 지방의 고을이나 마찬가지였다. 고을의 관원들도 재물을 긁어모아 제 배를 채울 구멍수만 살폈지 호적들의 침해를 짓부시고 백성들의 원한을 풀어줄 생각은 하지 않았다.

이런 때 압록강쪽 백두산기슭의 한 국경경비부대에 김군교라는 장사가 있다는 소문이 났으니 멀고 가까운 마을들에서 사람들을 뽑아서 보내여 호적두목 서가를 징벌해달라는 호소가 끊칠날이 없었다.

김군교 역시 날이 가고 해가 바뀔수록 호적의 행패질을 미워하는 마음이 점점 더 강해졌으며 호적들 내부의 어지러운 속내도 더 잘 알게 되였다. 호적들의 하졸은 대부분이 벼슬아치와 부자들에게 억눌리고 빼앗겨서 먹고 살길이 막혀 이리저리 떠돌아다니다가 올가미에 걸려든 깨지 못한 사람들이였다. 그들은 두령놈과 그놈의 측근자들이 내모는대로 로략질을 해서 돌아와도 차례지는것이란 겨우 허기나 면할 정도였다. 이들과는 달리 서가와 그 심복들은 로략질해온 물건을 가지고 흥청망청 호의호식하면서도 걸핏하면 제 눈에 거슬리는 하졸들을 함부로 때리든가 죽이였다. 그래서 호적내부는 상하가 불화하고 삼거웃처럼 복잡하게 헝클어지고있었다. 이런 실정에서 서가놈을 죽치고 그 심복을 쳐갈기면 호적패들이 물먹은 담벽처럼 무너질것이였다.

그렇지만 서가놈도 만만치 않았다. 반생을 도적패의 두목노릇으로 보내온놈이였고 황소고집에 교활하기는 꼬리아홉개 가진 여우를 쪔쪄먹을놈이였다.

김군교는 서가놈을 잡는 일이 생명의 위험까지 각오해야 할 어려운 노릇인줄 잘 알고있었다 하지만 한몸을 내대는 한이 있더라도 이고장 사람들의 사무친 원한을 풀어주기 위하여 그것을 기어이 해내고야말 결심을 품게 되였다.

그러던중 어느날 김군교는 호적들이 또 령너머 이웃마을을 략탈하고 달아났다는 련락을 받았다.

마침 시커먼 털벙거지에 당홍 동달이 야청 군복을 입고 국경순찰을 떠나려던 김군교는 그 련락을 받자 말머리를 돌려 현장으로 달려갔다. 날랜 군사 몇명이 그를 따라갔다.

귀틀집 몇채가 오붓하게 이마를 맞대고있는 이 화전마을 어구에서 김군교는 마을의 좌상로인이 쇠스랑을 한손에 쳐든채 땅에 가슴을 붙이고 쓰러져있는것을 발견하였다. 다정하고 다심한 성미인 이 로인은 김군교가 순찰을 하다가 마을에 들릴때면 친아들처럼 반겨주군하였다. 그런 로인이 오늘은 김군교의 무릎에 안겨서조차 《임자 왔나.》 소리 한번 없이 눈을 부릅뜬 그대로 굳어져있는것이 아닌가.

김군교는 로인의 집으로 뛰여들어갔다. 《어머니》하고 이집의 안로인을 찾았다. 그러나 안로인은 대답 대신 부엌의 문지방우에 굳어진 한쪽 손만 내민채 누워있었다. 그가 내밀고있는 손에는 헌 토스레를 뜯어서 기운 낯익은 낫알자루의 한 모퉁이가 뭉텅 잘린 그대로 꽉 쥐여져있었다. 그리고 앞에는 좁쌀알들이 한줌가량이나 되게 흩어져있었다.

김군교가 이번에는 《바우야》하고 좌상로인의 손자 이름을 부르면서 방문을 벌컥 열어제꼈다. 방안은 텅 비여있었다. 집안팎을 살살이 찾았으나 바우는 보이지 않았다. 김군교는 뒤울안으로 꺾어들어갔다. 감자움속을 들여다보았다. 바우는 거기에 쓰러져있었다. 김군교는 달려들어가서 바우를 안아내왔다. 바우는 눈을 꼭 감고 손에는 목침을 쥐고있었다. 그것으로라도 싸워보겠다는 어릴 때부터 몸에 붙은 행동이 최후의 순간에도 취해진것이 분명하였다. 김군교가 찾아가기만 하면 저도 자라서 군교가 되겠다고, 그래서 김군교가 쓰고있는 벙거지가 부러워 한번 써보겠다면서 기어이 벗겨내고야 좋아하던 바우가 지금은 운두 높고 둘레가 둥글고 평퍼짐한 이 벙거지모자를 보지도 않고 눈을 감고있었다. 검은 두루마기에 붉은 안을 받치고 붉은 소매를 달았으며 뒤 솔기가 길게 째진 동달이군복이 입어보고싶어 김군교의 주변을 빙빙 돌면서 소매도 만져보고 옷자락도 다쳐보던 그 손이 지금은 맥없이 늘어진채 서늘하게 온기를 잃고있었다.

이제는 모든것이 명백하였다.

호적들이 갑자기 들이닥치자 로인은 손자부터 감자움속에 숨겼다. 삼대독자인 로인에게는 죽은 아들이 남기고 간 이 손자 하나가 피줄을 이어줄 한가닥 희망이고 락이였다. 그런데 호적은 감자움에 숨어있는 아이를 보자 무작정 창날끝에 쓰러지게 만들었다. 움속에 있는것을 다 긁어내가기 위해서였다. 바우의 할머니는 제일 큰 소원이 손자 생일날에 조밥 한그릇 해먹이는것이였다. 그래서 지난해에 집뒤의 산턱을 호미로 후비고 조를 심어서 가을에 겨우 두어되박이 될사한 수확을 냈다. 지난해 가을 김군교가 이 집에 들렸을때 안로인에게 래년에는 바우의 생일날에 조밥을 지을터이니 꼭 와달라고 하면서 호박꽃같은 웃음을 지어보였다. 호적이 그 두어되박짜리 좁쌀자루를 들고나가자 안로인이 그것만은 안된다고 자루를 붙들고 늘어졌다. 호적은 들고있던 칼로 안로인의 어깨를 쳤다. 안로인은 숨이 지면서도 자루만은 놓지 않았다. 호적이 이번에는 자루의 아구리쪽을 칼로 뭉청 잘라서 들고가버렸다. 손자 잃고 로친네를 잃은 좌상로인은 쇠스랑을 집어들고 도적을 추격하다가 길바닥에서 피투성이가 된것이다.

《이 호적놈들아, 무고한 사람들을 이 지경으로 만든 네놈들이 무사할줄 아느냐. 내 기어이 네놈들을 처단할것이다.》

김군교는 부르르 몸을 떨며 두주먹으로 바위돌이 깨져라고 꽉 치고 분노의 웨침을 터뜨렸다.

며칠이 지나서였다.

등에는 독한 술을 구해서 짊어지고 품속에는 아편덩이를 건사한 건장한 농민 한사람이 밤을 타서 강을 건너갔다.

그가 바로 서가놈을 찾아가는 김군교였다.

친구들이 단신으로 떠나려는 그를 붙들고 섶을 진채 불속으로 들어가서는 안된다고 말렸다. 그러나 김군교의 결심은 돌려세울수 없었다.

《나를 위해주는 모두의 마음은 고맙소, 그리고 범의 굴을 찾아가는 이 길을 어찌 목숨을 내대지 않고 쉽게 걸어갈수 있겠소. 하지만 이 길은 누구든지 꼭 걸어가야 할 길이요. 그러니 내가 나서지 않을수 있겠소. 나에게 좋은 계책이 있으니 나를 붙잡지 말고 그 계책이 성공되도록 도와주기나 하오.》

김군교는 며칠동안 이리 굴리고 저리 굴린 계책을 털어내놓았다. 친구들도 그의 결심을 돌려세울수 없다는것을 알자 위험한곳에 들어가는 벗을 도와주려고 그 계책대로 할것을 약속하였다.

김군교는 강을 건너 십리, 가파로운 비탈길을 지나 아름드리

나무가 빼곡이 들어선 골짜기로 또 이십리 깊숙이 들어가다가 망을 보고있는 호적에게 붙잡혔다.

졸개는 김군교가 지고가는 술통에 목젖부터 꿀꺽거렸으나 두령에게 안내하라는 가을서리같은 호령에 기가 질려서 서가가 있는곳으로 데려다주었다.

서가놈은 첫눈에 김군교를 알아보았다. 김군교 역시 자기 정체를 숨기지 않았다. 두 사나이의 날카로운 눈길이 마주치자 칼날끼리 부딪칠 때처럼 시퍼런 불을 번쩍 토했다.

《엉? 김군교 네가 어떻게 여기에.》

《네 목을 가지러왔다.》

《이놈, 여기가 어디라고 함부로.》

《이 도적놈아, 네가 감히 뉘앞이라고 함부로 지껄이느냐.》

시퍼런 불이 두눈길에서만이 아니라 주고받는 말에서도 펄펄 일어났다.

김군교는 앉으라는 소리도 기다리지 않고 저먼저 방석우에 척 앉아서 등에 지고온 술통을 내려놓았다.

《네 목을 따갈 때는 따가더라도 지금은 여기에 술이 있으니 사내대장부끼리 술통을 앞에 놓고 만말을 계속할 맛이야 있느냐, 잔부터 들여오너라.》

술과 녀자라면 호박을 쓰고 돼지우리에도 들어간다는 서가인지라 군말않고 졸개를 불러서 잔 두개를 가져오게 하였다.

《가만, 나는 네가 호적이기는 하여도 제법 두령이라기에 사나이다운데가 있는가 하였더니 아낙네보다도 속통이 좁구나.》

《희떠운 수작 말고 가져온 술이나 어서 부어라.》

《도토리 깍지같은 저 잔에 말이냐? 얘들아. 사발을 가져오너라.》

김군교는 먼저 제가 술 한사발을 따뤄서 단숨에 쭉 들이마셨다. 그런 다음 또 한사발을 따뤄서 서가에게 내밀었다.

두 사나이는 사발을 가지고 독한 술 한방구리를 다 마시였다. 그들은 둘 다 산이라도 뽑을듯한 장사힘이요 밑빠진 독에 물붓듯하는 술량이지만 끝내 방바닥에 코를 박고 드렁드렁 문종이를 흔드는 요란스러운 소리를 내면서 온밤을 자고 이튿날도 계속 자다가 다음날 아침에야 눈을 떴다.

김군교는 눈을 뜨자마자 서가에게 술을 가져오라고 호령하였다.

《산중호걸이라고 뽐내는 네가 인사차릴줄도 모르느냐, 어저께는 나그네의 술을 얻어먹었으면 오늘은 주인의 술을 대접해야 할게 아닌가.》

서가는 자존심이 강하고 고집이 센 자기의 비위를 다치는 이 말에 굽어들지 않았다. 그날도 온종일 사발술을 마시였다. 그러나 아무리 끝이 없을것 같던 술량도 한도가 있기마련이였으며 술을 마시는데서도 나이는 속일수 없었다. 해가 중천을 지날무렵부터 서가는 제 힘이 술에 잡히기 시작한다는것을 감촉하였다, 그랬으나 고집스럽게 버티였다. 해가 서산으로 기울 때 서가는 참고 견디다 못하여 김군교가 내미는 술사발을 획 뿌리치고 정신을 잃어버리였다. 서가가 정신을 잃고 쓰러지는것을 확인하자 김군교도 술사발을 든채로 잠들어버렸다.

김군교는 불로 불을 다스리는것처럼 술로 술군을 굴복시키였다. 다음날부터 서가는 김군교를 은근히 두려워하는 기색을 감추지 못하였으며 김군교는 위축되는 서가의 목덜미를 틀어잡기 시작하였다.

김군교는 품속에서 아편덩이를 꺼내여 쥐고 서가놈의 북통같은 배를 쿡 찌르면서 만날 쫓겨다니는 도적질만 하지 말고 아편밭을 크게 일쿠어 돈날가리우에 올라앉아보자고 하였다. 서가는 도적질에 아편재배까지 하면 지금보다 몇곱절 더 재물이 늘어난다는 생각에 미끼를 무는 날고기처럼 덤비였다.

김군교는 아편밭을 일쿨만한곳을 돌아보자고 서가를 유인하여 길을 떠났다. 서가놈은 처음에 김군교의 말을 잘 믿지 않았다. (열길 물속은 알아도 한길 사람의 속은 모른다는데 저 군교녀석이 왜 갑자기 이따위 수작을 하는것일가.) 서가는 아편이라는 소리에 엉치를 덜썩거리면서도 제가 지은 죄때문에 겁이 나서 선뜻 나서려고 하지 않았다. 김군교가 혹시 아편을 미끼로 하여 자기를 유인해다가 없애치우려는 수작이 아닌가 하여 요리살살 핥아보고 조리 살살 냄새맡으면서 응할듯 응할듯 했으나 반나절을 응하지 않았다. 교활한 서가를 구슬리는데 김군교는 땀을 뺐다. 교활한것과 인내성이 서로 끌고 뻗치고 하던 끝에 서가는 종시 아편덩이에 물려서 끌려나온것이다. 서가는 강이쪽편 백두산속 깊숙이 들어가면 아편밭을 일쿨만한 넓은 공지가 있다는 소리에 그까짓것 산속에 들어갔다가 훌치기에 든다 하여도 백두산은 산이 험하고 경비가 성근곳이니 내빼면 그만일것이라는 타산을 하고 해가 진 다음에야 길을 나서서 강가에 이르렀다. 김군교가 앞장 서고 서가가 뒤따랐으며 그들의 좌우에는 따라오는 호적 몇놈이 붙어있었다. 그놈들은 만약 수상한 기미만 있으면 그자리에서 김군교의 가슴팍에 칼을 박을 잡도리가 단단하였다. 그런데 김군교는 아무것도 모르는듯이 태연하게 앞장서서 강물에 들어섰다.

강 저쪽편은 여울이 얕고 흐름이 잔잔하였으나 이쪽 기슭은 물살도 빠르고 물이 허리를 넘었다.

김군교가 이쪽 기슭의 가장 물살이 빠른곳에 다달았을 때 풍덩하고 넘어졌다가 일어났다. 그바람에 빠른 여울물소리와는 다른 사람 넘어지는 첨벙 소리가 순간적으로 났다. 김군교는 얼굴에 흐르는 물을 쓱 씻고 뒤에서 주춤 멈추어선 서가를 돌아보면서 《조심하오. 돌이 미끄럽군.》하고 낮게 속삭였다.

주위는 다시 고요하고 물소리만 소란스러울뿐이였다. 다만 이쪽 강기슭에 잇닿은 숲속에서 밤새의 울음소리가 더 들렸을뿐이였다. 아무런 위험 징후도 감촉하지 못하자 서가가 다시 몸을 움직이려고 물속에서 한발을 내짚었다.

김군교는 서가놈이 한발을 내짚느라고 몸의 균형을 겨우 유지하는 이 순간에 몸을 솟구치여서 깍지동같은 그놈의 몸둥아리를 물밑으로 내리눌렀다. 첨버덩거리는 소리가 나자 이쪽 기슭에서 쐭쐭 화살이 날아 들어 멍청히 서있는 십복쫄개들을 모조리 꺼꾸러뜨리였다. 서가놈은 물속에서 갈린 위급한 순간에도 우직한 제 성미대로 행동하였다. 그는 물속에서 바위돌을 꽉 껴안고 나오지 않았다. 그렇게 하여 바위처럼 굳어져서 죄많은 목숨을 끊게 되였다.

인민들은 모두다 이제부턴 발편잠을 자게 됐다고 기뻐하였다.

두령이 죽자 호적패들 가운데서 멋모르고 끼여든 사람들은 슬그머니 자취를 감추었으나 악바리들은 복수를 하겠다고 펄펄 날뛰였다.

김군교는 이런 기회에 호적의 소굴을 들이쳐서 그놈들이 다시는 백두산기슭의 마을들을 토탁질 못하게 뿌리를 빼자고 주장하였다. 그런데 상판들은 태도가 전혀 달랐다. 김군교가 무모하게도 자는 범의 코구멍을 쑤셔놓았으니 마을들이 더 화를 입고 국경이 더 소란해질것이라고 우에다 대고 속닥질을 하였다. 이자들은 마을들이야 로략질을 당하든말든 저들만 편안히 지내면 되였다. 그런데 이제 호적들이 복수를 하겠다고 접어들면 저들이 편안히 지낼수 없을것은 뻔했다. 그렇게 되면 이고장이 소란하다는 추궁을 받고 목이 떨어질 위험이 있었다. 그럴바에야 이 모든 책임을 김군교에게 들씌우자는 심사였다.

드디여 김군교는 군복을 벗으라는 지시를 받았다. 김군교가 군복을 벗으면 호적들도 잠잠해질것으로 속타산한 처사였다.

김군교는 억울하고 분했다. 마을사람들을 위하여 도적의 피수를 목숨 걸고 나서서 처단했는데 그것이 《죄》로 되다니 생각할수록 기가 막혔다. 군복이 아까워서가 아니였다. 군교노릇 하는것에는 털끝만한 미련도 있을것 없었다. 다만 근심거리는 자기가 군복을 벗기면 그자리를 과연 누가 메꾼단말인가, 그 사람의 가슴에 애국애족의 넋이 있다면 그도 어차피 자기와 같은 처지가 될것이 아닌가,

《과연 이 나라 내 겨레를 지킬 사람은 누구인고 누가 저 백두산을 지키랴, 누가, 누가, 누가…》

군복을 벗기고 터벅터벅 걸어나오면서 울분에 차서 웨치는 김군교의 《누가》소리는 해저무는 저녁하늘에 높이 솟아있는 백두산으로 멀리 멀리 메아리쳐갔다. 김군교는 비록 군복을 벗기고 억울하여 향방없이 피타게 웨치기는 하였으나 역시 애국애족의 넋을 가진 무인이였다. 락망도 비판도 하지 않았다. 좋다, 량반벼슬아치 너희들은 나에게서 군복을 벗겨갔지만 나는 군복없이도 기어코 백두산을 지킬것이다, 내 비록 오늘은 불우한 처지에 놓였다마는 후세는 나의 충정을 알아줄것이다.

김군교는 백두산속으로 성큼성큼 사나이걸음을 내짚었다.

그후 많은 세월이 흘러갔다. 백두산기슭의 마을들에는 산속으로 들어간 김군교가 백발이 성성하도록 뜻있는 포수들과 힘을 합쳐 호적의 무리들이 강을 건너 기여드는것을 족치면서 꿋꿋이 살다가 생을 마쳤다는 이야기가 전해지게 되였다.

권 택 무

오리발과 백두산호랑이

옛날 백두산에서 얼마 멀지 않은곳에 자그마한 마을이 있었다. 이곳에 오생원이라는 사람이 살았는데 자식이라곤 딸 하나밖에 없었다. 오생원내외는 그 딸을 아들맞잡이로 손안의 옥처럼 귀하게 길렀다. 딸은 어려서부터 례절이 밝고 품성이 온순했을뿐아니라 부모들을 도와 길쌈도 하고 농사일도 했으며 한가한 때면 비단에 수놓이도 하였다. 딸은 점점 숙성하더니 그 용모가 이슬머금은 함박꽃처럼 활짝 피여나 사람들의 눈길을 끌었다. 오생원내외는 기쁘기도 하고 한편 불안하기도 하였다. 그와 견줄만한 사위감을 어데 가서 찾는단 말인가. 아무리 사방에 수소문해봐야 그의 짝이 될만한 사내는 없었다. 딸도 역시 웬만한 총각들은 거들떠보려고도 하지 않았다.

그러던 어느날 오생원내외는 딸이 홀몸이 아니란것을 발견하고 깜짝 놀랐다.

오생원은 딸을 불러앉히였다. 그러나 억이 막혀 인차 말문을 열지 못했다.

도대체 그렇게 얌전하던 자기 딸이 이런 꼬락서니를 하고 앉았다는것이 믿어지지 않았던것이다.

《허 참, 이거 집안이 망할 징조로다.》

딸은 홍당무같이 익은 얼굴을 푹 숙이며 치마폭으로 다리를 감싸안는다. 그 얌전한 태도는 더더욱 오생원의 분통을 터지게 만들었다.

《너 이년, 내 수염이 시허영도록 너 하날 믿고 살았는데 이 무슨 망신이란 말이냐…》

딸은 고개를 외로 틀뿐 입에 자물쇠라도 잠근듯 대답이 없었다.

《너 오늘 똑바로 대지 않으면 옛날 하백이 그랬던것처럼 주리를 틀어 우발수로 쫓아버릴테다. 그래 도대체 어떤 녀석이냐?》

딸은 그제사 고개를 드는데 두눈엔 눈물이 글썽하였다. 그 눈빛은 억울함을 하소하고있었다.

《아버지 어머니가 저를 키우시면서 어떻게 훈계하시군했나요. 저 백두산의 흰눈처럼 깨끗하게 몸을 지키라고 하셨지요. 소녀는 그 말씀을 한순간도 잊은적이 없어요. 정말 억울하오이다.…》

《뭐, 억울하다구? 허허 참…》

오생원은 손을 들었으나 차마 때리진 못하고 기막힌듯 길게 한숨을 내쉬였다. 정말 딸의 말처럼 어떻게 키워낸 자식인가!

딸은 드디여 치마폭에 눈물을 떨구었다. 그것을 보자 오생원은 가슴이 아팠다. 자기가 괜히 딸자식을 닥달질하는것 같기도 했다. 언제 한번 부모들을 속여본적 없는 효성이 지극한 딸애가 아니였던가! 그의 목소리는 좀 누그러졌다.

《이 답답한것아, 그래도 어떤 녀석이든지 가까이 했으니 그 꼴이 됐을게 아니냐?》

《아버지 사실은…》

딸은 주저하며 조용히 입을 열었다.

《진작 말씀드리려고 마음은 먹었으나 저도 차마 믿기 어려운 말이여서 그만 여쭈지 못했사와요.》

딸은 그만 제 설음에 겨워 훌적거렸다.

《몇달전부터 제가 잠이 들면 사람인지 뭔지모르게 가만히 방안에 들어와서 앉아있군했어요. 제가 눈을 뜨면 그것은 슬며시 문름으로 빠져나가군했어요…》

오생원은 두눈이 휘둥그래졌다. 도대체 딸의 말을 믿어야 할지 믿지 말아야 할지 갈피를 잡을수 없었다.

《그래 어제 밤도 왔댔느냐?》

《네…》

《으—음…》

오생원은 저도 모르게 주먹을 불끈 쥐였다. 당장 그 무엇을 짓부셔버릴듯한 태세였다. 한동안 그런 자세로 생각에 잠겼던 오생원은 문득 한가지 계교가 생각나서 무릎을 탁 쳤다.

《애야, 너 오늘밤 내가 시키는대로 하거라. 명주실타래를 줄테니 자는척하다 그 이상한 놈이 들어오면 발목에 명주실끝을 매놓아라. 눈치 채지 않게 감쪽같이 해야 한다. 알겠느냐?》

딸은 말없이 고개를 끄덕이였다. 이튿날 아침 오생원은 날이 밝기

바쁘게 딸의 방문앞으로 살금살금 다가갔다.

《옳지! 그러면 그럴테지…》

오생원이 예견했던대로 눈에 보일듯말듯 하얀 명주실 한오리가 방안에서 흘러나와 행길로 사라졌다. 오생원은 그 명주실을 따라서 살금살금 걸어갔다. 명주실은 나지막한 등성이 하나를 넘더니 눈늪쪽으로 뻗어갔다. 오생원은 그만 늪가에서 발걸음을 멈추었다. 명주실오리가 물속으로 들어가버렸던것이다. 오생원은 아연하여 늪가를 빙빙 돌아갔다. 사람이라면 어떻게 물속으로 들어간단말인가.

오생원은 어떻게 할지 몰라 한동안 우두커니 늪을 바라보다가 집으로 돌아왔다. 그러나 끝까지 원인을 알아보지 않고서는 배겨낼것 같지 않았다. 오생원은 늪의 물을 퍼내고싶은 충동에 사로잡혔다. 그는 마을사람들을 설복해서 늪으로 데리고 나갔다.

《임자들, 내 오늘 한턱 쓸테니 이 늪의 물을 퍼보세나…》

마을사람들은 무슨 영문인지 몰라서 선듯 응하지 않았다. 누군가 입을 열었다.

《원 롱담을 해도 분수가 있지… 무슨 할일이 없다고 늪을 말리우겠소.》

《허허, 오생원이 갑자기 머리가 잘못된게 아니오?》

《무슨 금덩어리라도 찾을지 누가 알겠소!…》

오생원은 그들의 말에 개의치 않았다.

《내 금덩이가 나오면 임자네들에게 골고루 나눠주리다…사실은》

오생원은 농부들에게 사연을 이야기했다. 그리하여 마을사람들은 용드레를 설치하고 하루종일 신고하여 늪의 물을 퍼냈다. 그러자 늪가운데는 하나의 넙적한 바위돌이 가로누워있었다. 오생원은 몇몇 사람들과 힘을 합쳐 그 바위돌을 들었다. 바위돌이 들리자 쿵-하는 웅글은 소리가 메아리처럼 들렸다. 오생원은 두눈이 휑해져서 바위돌이 놓였던 자리를 바라보았다. 그자리엔 한사람이나 드나들수 있는 구멍이 뻥 뚫렸는데 그안에서 차고 신선한 기운이 뻗쳐나왔다.

그제사 오생원은 바위돌에 쓴 《수궁문》이란 글을 알아보았다.

《아니 이게 롱궁으로 통한 문이 아닌가!》

《글쎄 바다로 통했는지도 모르네…》

《바다보다도 룡왕담으로 통한게 분명할세!》

마을사람들은 구멍을 들여다보며 중구난방으로 떠들어댔다. 오생원은 비로소 룡왕의 아들이나 그 어떤 물신이 자기딸한테 반하여 이 수궁문으로 드나들었다는것을 어렴풋이 짐작하였다.

그때로부터 얼마후 오생원의 딸은 몸을 풀었는데 이상하게도 한쪽 발이 오리처럼 지간막에 덮여있는 아이를 낳았다. 집안은 손자 아닌 손자의 출생으로 썰렁한 분위기에 잠겨버렸다. 오생원내외는 그 아이를 어떻게 했으면 좋을지 몰라 속을 썩였다. 집에 그냥 두자니 동네가 부끄러워 견딜수 없었다. 의논끝에 할수없이 딸을 분가시키기로 작정하였다. 오생원은 백두산으로 들어가 며칠동안 땀을 흘려 귀틀집을 하나 마련하고 거기서 딸이 아이를 데리고 살도록 하였다.

딸은 아이를 데리고 눈물을 흘리면서 백두산으로 들어갔다. 딸을 깊은 산속에 두고 떠나오려는 오생원의 발걸음은 퍼그나 무거웠다. 딸은 아이를 가슴에 안은채 조용히 입을 열었다.

《아버님.걱정말고 집으로 가시옵소서. 불초한 자식때문에 부모님께 걱정만 끼쳐서 죄송하옵니다. 그런데 이것도 사람으로 태여난 이상 이름이 있어야 하오니 적당히 이름이나 하나 지어주고 가시옵소서.》

오생원은 잠간 망설였다. 애비도 잘 모르는 녀석이니 어떻게 이름을 지어주었으면 좋을지 선듯 궁리가 나지 않았던것이다. 그러다 열결에 떠오른 생각이 발가락이 오리발처럼 생겼다는데 머물렀다. 오생원은 그저 범상히 웃어넘기며 입을 열었다.

《거 뭐…딱히 이름이랄게 있느냐… 오리발이라 부르려무나…》

《네. 알겠사와요.》

딸은 공손히 고개를 끄덕거렸다. 오리발이라 불러 놓고보니 오생원도 그럴듯한 생각이 들었다. 애비의 성도 모르는 녀석이니 자기의 오씨성을 물려받은것 같아 마음이 대견하였던것이다.

오리발은 자라면서 점점 기골이 장대하고 용모도 잘 생기고 머리도 총명하였다. 그는 날마다 늪으로 찾아가서 헤염을 치며 노는데 물짐승처럼 물을 좋아하였다. 어떤 때는 해종일 물에서 나오지 않을 때도 있었다.

어느날 오리발의 어머니는 밤이 깊도록 아들이 들어오지 않아 늪으로 가보았다. 늪가에는 아들의 벗어놓은 미투리와 옷이 있을뿐

오리발은 그림자도 보이지 않았다. 새벽녘에도 그 이튿날에도 아들은 돌아오지 않았다. 어머니는 오리발이 물에 빠져죽은줄 알고 눈물로 시간을 보냈다. 사흘째 되던 날 뜻밖에도 아들이 희색이 만면해서 돌아왔다.

《애야, 너 어디 갔댔느냐?》

오리발은 싱글벙글 할뿐 선듯 대답을 하지 않았다.

《어머니, 난 천지속의 룡궁에 갔댔어요!》

《아니 너 그게 정말이냐?》

어머니는 가슴이 저도 모르게 두근거렸다. 룡궁에 갔으면 혹시나 하는 생각이 들었던것이다. 오리발은 눈늪에서 헤염치다가 수궁문을 발견하였다. 호기심이 잔뜩 동한 오리발은 그 수궁문으로 들어갔다. 얼마나 걸어갔는지 문득 그의 눈앞에는 화려한 궁전이 나타났다. 오리발은 어안이 벙벙하여 어쩔줄 몰랐다. 그때 울긋불긋 산호진주로 장식한 금빛찬란한 옷을 입은 신하가 나와서 오리발을 궁전으로 안내하였다. 그것은 인간세상에서는 구경도 할수 없는 진주궁으로서 눈부시도록 휘황찬란한 궁전이였다.

오리발은 열두대문을 지나서 룡왕이 있는곳으로 안내되였다. 대궁전의 기둥은 모두 산호로 깎아세웠고 천정은 진주로 문채를 놓았으며 벽에는 자개를 뿌려 마치 요지경속에 들어온것 같았다.

룡왕이 앉은 룡상의 좌우에는 많은 신하들과 아름다운 궁녀들이 나란히 서있었다. 룡왕이 물었다.

《너는 왜 벌써 여기로 왔느냐?》

오리발은 무슨 영문인지 몰라 두눈을 뚜부럭거렸다.

《너는 우리 룡왕딸이 낳은 자손이로다. 속세에 필요해서 너를 지상에 보낸것이니 몸과 마음을 단련하며 때를 기다리거라.》

이리하여 오리발은 실컷 룡궁을 구경한 다음 밖으로 나왔는데 뜻밖에도 그곳은 천지였었다. 그후부터 오리발은 틈만 있으면 백두산에 올라 천지를 내려다보기를 즐기였으며 활쏘기와 칼쓰기에 전념하였다. 특히 활쏘기를 잘했는데 얼마있어 백두산일대에서 소문난 명궁이 되였다.

어느 여름날 오리발은 깊은 산속에 들어갔다가 뜻밖에도 커다란 독수리가 호랑이새끼를 채물고 날아가는것을 발견하였다. 오리발은 당장 어깨에서 활을 벗어들었다. 그는 백두산에서 사는 모든 짐승들을 다 좋아했는데 특히 호랑이를 더욱 사랑하였다. 오리발은 즉석에서 화살을 날렸다. 독수리는 한쪽 날개에 화살을 맞았다. 그리하여 할수없이 호랑이 새끼를 떨궈버렸다. 오리발은 달려가서 풀숲에 떨어진 호랑이새끼를 안아일으켰다. 그놈은 아직 털도 채 돋지 않은 매우 어린것이였는데 그만 떨어지면서 앞다리를 분질렀다. 오리발은 여러가지 약초들을 뜯어다 발라주고 정성껏 상처를 싸매여 범이 살고있음직한 어느 동굴앞에 가져다놓았다.

며칠후 오리발은 새끼호랑이의 일이 궁금하여 동굴로 가보았다. 자기가 가져다놓은 새끼호랑이는 어데도 보이지 않았다. 오리발은 혹시나 하여 어둑컴컴한 동굴안을 들여다보다가 기겁을 하며 뒤로 벌렁 나자빠지고 말았다. 송아지만한 호랑이가 눈에 불을 켜들고 앉아있는것이 아닌가. 오리발의 등골엔 식은땀이 쭉 흘렀다. 어찌나 놀랐던지 일어설념도 하지 못했다. 얼마후 오리발은 마음을 가다듬고 자리에서 몸을 일으켰다. 그런데 어느새 호랑이가 그의 앞에 다가오더니 등을 척 돌려댔다. 타라는 시늉 같았다. 잔등과 배허벅에 어룽어룽한 검은 줄무늬며 먹물을 찍어 이마에 갈겨쓴듯한 임금왕자는 대번에 오리발의 마음을 사로잡았다. 오리발은 주저없이 범의 잔등에 올라앉았다. 호랑이는 씽-하고 고개를 하나 넘더니 오리발이 일찌기 보지 못했던 맑은 샘터에 가 멎었다. 오리발은 샘물을 마시라는줄 알고 엎드려서 몇모금 들이켰다.

그러자 호랑이는 꼬리에 물을 묻혀 오리발의 병신발을 추겨주었다. 그러자 놀랍게도 지간막 하나가 떨어져버렸다. 그제사 영문을 깨달은 오리발은 샘물을 떠서 발을 씻었다. 오리발의 입에서는 저도 모르게 《아!-》하는 탄성이 터져나왔다. 지간막이 다 떨어지고 사람의 멋진 발이 되였던것이다. 오리발은 날아갈듯한 기분에 사로잡혔다.

《호랑아! 정말 고맙구나! 이 은혜를 뭘로 갚는단말이냐…》

오리발은 눈물이 그렁그렁해서 호랑이를 바라보았다. 어머니도 어쩔수 없었던 배안의 병신을 백두산의 맑은 샘물이 다 고쳐주었다고 생각하니 오리발의 마음은 백두산에 대한 한없이 고마운 격정으로 불같이 달아올랐다. 그럴수록 백두산을 더 정성껏 더 진심을 바쳐 아끼고 사랑하지 못한 자신을 후회하기도 하였다.

그후 은혜를 갚은 호랑이에 대한 소문은 여러 마을들에 날개라도 돋힌듯이 퍼져갔다. 그러자 병신발을 고친 오리발한테 중매군들도 뻔질나게 찾아오기 시작하였다. 그러던 어느날 이웃 마을에서 찾아온 파파늙은 로파 하나가 오리발에게 이렇게 말했다.

《내 오래전부터 남달리 백두산을 사랑하는 자네의 소행을 기특하게 생각하여 소원을 풀어주려고 찾아왔네…》

사실 오리발은 자기의 병신발때문에 선듯 장가들 생각을 하지 못하고 속으로 갑자르기만 하였던것이다.

《두만강기슭의 곰바위마을에 가면 림좌수의 딸로서 혼기를 놓쳐버린 처녀가 있네. 그 처녀를 안해로 맞으면 앞으로 세상을 쥐락펴락할 영웅호걸을 낳을것이네. 래일 가서 만나보게…》

이튿날 아침 오리발은 중매군로친의 말대로 곰바위골을 향하여 집을 나섰다.

한 서너날 걸어야 했기에 오리발은 도중에 먹을 길량식까지 보자기에 싸서 한쪽어깨에 둘러멨다. 그가 동구밖에 나서자 마치 기다리기나 했던것처럼 전날의 그 호랑이가 바위굽이에 앉아있었다.

오리발은 너무 기뻐 호랑이한테로 달려갔다. 호랑이도 반가운듯 입을 접접거리며 꼬리를 휘저었다. 오리발은 호랑이의 목덜미를 쓸어주었다.

《고맙구나 백두산호랑아! 어쩌면 너는 내 마음을 그리도 잘 알아맞히느냐! 오냐 어서 가자, 곰바위골에 좋은 처녀가 있다는구나…》

이윽고 오리발을 태운 호랑이는 두만 강쪽으로 씽씽 달려가기 시작하였다. 얼마후 오리발은 어떤 기와집대문앞에 당도하였다. 오리발을 내려놓은 호랑이는 안개처럼 어데론가 사라져버렸다.

오리발은 요란스럽게 두주먹으로 대문을 두드렸다. 그런데 아무리 두드려도 사람이 없는지 응답이 없었다. 그는 할수없이 마당앞의 돌배나무밑에 주저앉았다. 주인들이 아마 어데론가 나간 모양이라고 생각했던것이다.

이때 집안에는 처녀가 있었다. 대문 두드리는 소리에 놀라서 처녀는 문틈으로 밖을 내다보았다. 문밖에는 키꼴이 좋고 얼굴이 검실검실한 사내가 어깨에 전통까지 메고 서있는데 기상이 보통사람 같지 않았다. 처녀의 가슴은 울렁거렸다. 그는 여태껏 이런 름름한 사내는 처음 보았던것이다. 총각이 서너번 대문을 두드렸으나 처녀는 망설일뿐 문을 열지 않았다. 그는 서뿔리 총각의 마음을 사고싶지 않았고 자기를 드러내고도 싶지 않았다. 그는 총각을 더 두고보고싶었다. 숱한 청혼자들을 원두쟁이 쏜외 보듯한 그가 아니였던가. 그때 돌배나무우듬지의 새둥지안에서 산비둘기의 자지러지는듯한 울음소리가 들렸다. 어데서 날아왔는지 올해 봄부터 산비둘기 한쌍이 둥지를 틀었는데 처녀는 그 산비둘기를 금이야옥이야 중히 기르고있었다. 그 비둘기둥지에 뜻밖에도 독사 한마리가 기여들고있었다. 벌떡 자리에서 뛰쳐일어난 오리발은 별로 겨냥도 하지 않고 살을 날렸다. 독사는 정통으로 대가리에 화살을 맞고 스르르 땅에 떨어져내렸다. 처녀는 손에 땀을 쥐고 그 모습을 지켜보았다. 더는 나무랄데 없는 사나이였다. 아! 어데서 이런 사내가 자기한테 찾아들었단말인가! 처녀는 숨을 죽인채 총각이 다시 대문을 두드려주기를 기다렸다. 얼마후 또다시 요란스럽게 대문두드리는 소리가 울렸다. 처녀는 떨리는 손으로 대문을 열었다.

《저 누구를 찾으시나이까?》

오리발은 처녀를 떳떳한 눈길로 바라보며 입을 열었다.

《나를 여기로 보낸것은 다 하늘의 뜻이니 아예 내 말을 거역할 생각은 마시오. 나는 그대를 백두산으로 데려가려고 찾아왔소. 어서 나의 안해가 되여주시오.》

백두산이란 말에 처녀는 가슴이 두근거렸다. 이 세상에서 가장 높고 가장 신령스러운 백두산의 이름을 그도 어릴때부터 옛말처럼 들으며 자랐다. 백두산이란 이름은 처녀의 가슴속에 소중한 보물처럼 간직되여있었다. 그 미지의 세계가 지금 자기를 끌어당기고있었다. 어떤 생활이 이제 자기를 기다릴것인가.

마치 오늘을 위하여 백두산사나이에게 한생을 맡기기 위해 자기의 모든것이 존재해온것처럼 생각되였다. 그러자 그리도 담차고 도고하던 처녀의 두볼은 익은 파리처럼 새빨개지고 말았다. 그는 저도 모르게 고개를 숙이며 안방으로 달려들어갔다. 처녀는 드디여 부모들의 승인을 얻어 오리발과 성혼하였다. 처녀는 오리발을 따라 천고의 밀림속으로 들어갔다. 남다른 아들을 키우느라 40전에 벌써 머리칼이 새하얘진 오리발의 어머니는 아들, 며느리의 장래를 축복해주고나서 함박눈이 펑펑 쏟아지던 어느날 안도의 숨을 쉬면서 조용히 눈을 감았다.

세월은 흘렀다. 어느덧 오리발한테는 련이어 세 아이들이 태여났다. 아이들은 아버지의 름름한 기상과 어머니의 담찬 기질을 닮아 무럭무럭 자라났다. 눈에 보이는것은 험산준령이요 천고의 밀림이요 사나운 맹수들과 천태만변의 날씨여서 아이들은 일찍부터 성격들이 호방하고 의협심이 강했으며 북방사나이답게 드세찬 기질을 타고 자라났다. 그들이 조만간에 백두산의 기개를 지닌 장수들이 되리란것은 누구도 의심치 않았다.

당시 백두산주변의 부락들은 로토(녀진의 이름)의 출몰로 조용한 날이 별반 없었다. 로토가 수시로 백두산근방과 남북 여러 읍들에 출몰하기때문에 백성들은 마음놓고 생업에 종사할수 없었다.

그리하여 각 읍들에 수십개의 산보(보루)를 설치하고 호적의 무리들을 막아내고있었다.

오리발의 아들들은 장성하여 로토와의 싸움에서 한몫 단단히 하였다. 특히 셋째아들이 더 출중하였다. 어느날 셋째는 큰 뜻을 품고 아버지앞에 무릎을 꿇고 앉았다.

《아버님. 어찌 백두산에 태여난 고구려의 후손으로서 제집 뜨락이나 지키고 앉아있겠소이까. 저는 이제 백두산너머에 가서 우리 동족들과 함께 뜻을 꽃피워보려고 합니다…》

오리발은 대견한 눈길로 셋째의 얼굴을 바라보았다.

《옳거니! 백두산의 물과 백두산의 공기를 마시며 자랐으면 응당 나라의 성업을 생각해야 하느니라… 어데 가서든지 마음속에 백두산을 간직하고 떳떳이 살아라.》

셋째는 이렇게 집을 떠났다. 일설에는 그가 백두산너머에 가서 여러 부락들을 통합하여 옛고구려땅에 별천지를 세웠다는 소리도 있고 뜻을 이루지 못한채 호적들에게 살해되였다는 소리도 있었다.

황청일

대홍단의 국사당

진달래 붉게 타는 대홍단의 숲속에 가면 지금도 해 잘 드는 아늑한 곳에 자리잡은 자그마한 국사당을 보게 된다. 옛날사람들이 지방마다 사당을 짓게 된것은 미신을 잘 믿는 그들의 오랜 생활관습과 관련되여있다. 그들은 비바람이 고르워서 농사가 잘되고 마을에 재앙이 없이 행복하기를 바래서 이런 사당들을 지어놓고 토신에게 제를 지내군하였다. 그러면 자기들의 념원이 이루어지리라 믿었다. 어떤 지방에서는 이것을 그저 사당이라 하고 또 다른데서는 《국사당》 혹은 《성황당》이라 불렀다. 대홍단의 국사당도 바로 토신에게 제를 지내는 장소였다.

세월의 눈비속에 다 찌그러져가는 국사당안을 엿보면 넓은 제단이 놓여있을뿐 다른것이란 별로 없다. 이 국사당을 두고 이런 사연이 전해지고있다.

먼 옛날 대홍단에서 이삼십리 떨어진 신사동에 자그마한 마을이 있었다. 사람 못살 고장인 이 심심산골에 처음에는 포수들이 처자를 거느리고 한집 두집 모여오더니 그 뒤를 따라 부대기농사나 지어보려고 또 몇집이 옹기종기 생겨나고 나중에는 가난한 처서군들이 줄레줄레 따라서더니 어느새 여라문호를 이룬 자그마한 마을이 되였던것이다.

이 마을에 옥란이라는 나어린 처녀가 홀어머니를 모시고 살았다. 단 두식구가 죽그릇일망정 마주 대하고 앉았을 때에는 방안에 단란한 기운이 서리여 행복하였다.

그런데 몇해전부터 어머니가 중병에 걸려 덜컥 자리에 눕고보니 집살림이란 말이 아니였다. 아무리 두식구라 해도 가정살림살이의 크고작은 부담이 어린 옥란이의 어깨에 실리고보니 그렇게 될수밖에 없었다.

옥란이는 한창 나이에 이르도록 새옷 한번 걸쳐보지 못하고 변변한 음식을 한끼나마 제대로 먹어보지 못했다. 그러나 흔히 가난한 사람들에게서 찾아볼수 있는 착한 마음씨와 효성만은 더 이를데 없었다.

그는 앓는 어머니를 대신하여 집살림을 도맡아하고 좋다는 약이란 약은 다 지어다 대접하였지만은 웬일인지 어머니의 병세는 날이 갈수록 더 심해만 갔다. 어떻게 하면 어머니의 병을 고쳐드릴가 그는 자나깨나 이 한가지 생각밖에 없었다.

그러던 어느날, 옥란이는 희한한 소문을 듣게 되였다. 그것은 이웃마을에 점을 잘 치는 소경로파가 살고있는데 그는 어떤 일이든지 귀신같이 알아맞힌다는것이였다.

(혹시 우리 어머님의 병을 고쳐드릴 방법이나 대주지 않을가?) 이런 생각이 든 옥란이는 점쟁이로파를 찾아갔다.

점쟁이로파는 손을 더듬거리며 옥란이의 얼굴을 쓰다듬고 손을 만져보더니

《참 네 고생이 말이 아니구나.》 하고 제법 혀를 끌끌 찼다.

옥란이는 불시에 눈물이 글썽했다. 이날 이때까지 이렇게 자기 고생을 잘 알아주는 사람은 처음 보았던것이다.

《넌 그러다나니 열댓살이 다 되도록 새옷 한번 제대로 입어보지 못하고 변변한 음식 한번 배불리 먹어보지 못했겠구나.》

점쟁이는 신통히도 알아맞혔다.

(참 용하긴 용하구나. 어떻게 눈으로 보지 못하고 바깥출입을 잘 하지도 않는 저 로파가 한번 찾아보지도 못한 우리 집 사정을 그렇게도 잘 알아맞힐가?)

옥란이는 점쟁이로파한테 바싹 다가붙었다. 그러면서 어머니병에 대해서 이야기를 했다.

점쟁이로파는 한참이나 점패를 굴리더니 이렇게 말했다.

《너의 어머니의 병은 골수에 박혔으니 네가 지금 처럼 약이나 달여드려서는 아무런 소용이 없다. 저 대흥단에 있는 국사당에 가서 꼭 삼년석달 치성을 드리면 너의 어머니의 병이 씻은듯이 나을수 있단다.》

《네 정말 그럴가요?》

옥란이는 어쩐지 그 말이 미심쩍었다. 숱한 약을 써도 낫지 않던 그 병이 치성을 드리면 낫는다는것이 아무래도 잘 믿어지지 않았다.

《정말 삼년석달 치성을 드리면 나을수 있을가요?》

《그건 네가 어떻게 치성을 드리는가에 달려있는거란다. 정성이 지극하면 돌에도 꽃을 피운다고 신령님이 너를 꼭 도와줄게다.》
《네, 알겠사와요.》
옥란이는 앞을 보지 못하는 로파에게 허리를 굽혀 절을 하고는 집으로 돌아오며 굳게 마음 먹었다.
('내 삼년석달이 아니라 십년이라도 어머니의 병이 나을수만 있다면 갖은 치성을 다할테다.)
그날부터 옥란이는 치성하려 다녔다. 그의 집으로부터 국사당은 삼십리나 잘되는 먼곳이였다.
그러나 옥란이는 비 오나 눈이 오나 어느 하루도 빠짐없이 구불구불 낯설은 오솔길을 헤치며 쉼없이 다녔다. 비록 남들처럼 돈이나 흰쌀은 못가지고 다녀도 좁쌀이나 어쩌다가 생기는 기장쌀이라도 아꼈다가 들고 다녔다. 물론 그 좁쌀이나 기장쌀이라도 모두가 옥란이의 허리띠를 몇번이나 조이면서 얻어낸것이였다. 정 손에 든것이 없을 때에는 국사당에서 조금 멀어진곳에 있는 우물에 가서 맑은 샘물 한그릇이라도 정히 떠서 치성을 드렸다.
《신령님, 우리 어머님의 병이 꼭 낫게 해주옵소서.》
그래서인지 어머니의 병이 낫지는 않아도 더 심해지지는 않았다. 신령님이 그의 정성을 알아주는것이 틀림없었다. 그래서 남들보다 더 일찌기 국사당에 나타나서 정성을 고이는 옥란이였다. 마을에서 제일 먼저 굴뚝에서 연기를 피워올리는 집도 옥란이네 집이고 제일 먼저 집을 나서는 사람도 바로 옥란이였다. 남보다 돈이나 쌀은 더 못가지고 다닌다 해도 정성이야 어떻게 못하랴!
이삼십리나 되는 그 길을 가자면 새별을 머리에 이고 집을 나서야만 하였다. 그러다나니 캄캄한 오솔길에 잘못 들어서 눈물에 땀물을 범벅해서 흘린적도 한두번이 아니였다.
그러나 그것도 다 지난 옛날, 일년내내 다니고보니 그 오솔길도 이제는 동구길처럼 손금보듯 환해졌다. 그 기간 닳아빠진 미투리인들 그 얼마고 굽이굽이 오솔길에 뿌린 땀인들 그 몇동이랴.
어느 단오날, 동갑나이 처녀들은 다 갑사댕기를 드리우고 이른 아침부터 집을 나섰다. 그날도 국사당을 찾아가는 옥란이를 본 동갑또래들은 그의 손을 잡아끌었다.
《애, 옥란아! 오늘은 명절중에 명절이여서 동네방네가 떨쳐나섰

는데 오늘 하루만이라도 우리와 함께 즐거움을 나누려마.》
《그랬으면 나도 오죽이나 좋겠니?》
옥란이는 조용히 한숨을 내쉬였다.
《그네를 잘 타는 네가 없으면 모두 섭섭해할게다.》
사실 옥란이는 그네를 잘 탔다. 그날만은 동갑또래들과 함께 마음껏 그네도 뛰고싶고 쿵덩쿵덩 널뛰기도 하고싶었다.
그러나 하루라도 치성을 안드리면 그간에 쌓은 정성이 다 무너질것만 같아 굳이 길을 떠나는 옥란이였다.
그러던 옥란이가 하루는 해종일이 지나도 국사당에 나타나지 않았다. 국사당곁에는 자그마한 산전막이 있었는데 거기에는 두 늙은 내외가 살고있었다.
《허, 그 애가 이젠 맥이 진한 모양이군, 지금껏 오지 않는것을 보니…》
그런데 그날 밤이 퍽 깊었을 때 누군가 산전막의 문을 두드렸다.
《이 밤에 누가 왔나, 혹시 도적이…》
《참, 령감도 도적이 주인을 찾겠소. 어서 나가보기나 하오.》
령감이 등불을 켜들고 문을 열어주니 이게 웬일인가, 땀에 함뿍 젖은 옥란이가 머리를 다소곳이 숙이고 서있지 않는가.
《로인님! 잠을 깨워서 죄스럽나이다. 미안하지만 치성을 드리려 하니 등불을 좀 빌려줄수 없나이까?》
《그런데 오늘은 어떻게 이리 늦어졌느냐?》
로인이 눈을 비비며 물어보았다.
《그만 오늘은 때아니게 어머님이 심하게 앓다보니 하루종일 짬을 낼수 없었소이다. 저물녘이 되여 잠간 눈을 붙인 사이에 길을 떠나 왔소이다.》
그만 로인은 가슴이 정해졌다.
《애야, 이런 날이면 우리가 대신하여 치성을 드릴테니 다시는 밤길을 걷지 말아라.》
로인은 자꾸만 눈을 슴뻑거렸다.
《아니야요. 아무리 령험한 신령님이라 해도 제가 드릴 치성이야 제가 드려야 신령님이 더 마음을 써줄것이 아니겠나요.》
옥란이는 공손하게 말을 올렸다.
《오냐 네 말이 옳다. 내가 잘못 생각했다. 지성이면 감천이라고

174

예 정성에 네 어머니병이 꼭 나을게다. 암 낫고말고.》
 (아, 오늘 늦게라도 오길 잘했지.)
 옥란이는 안도의 숨을 호— 내쉬였다.
 그러던 어느 겨울날, 며칠째 함박눈이 펑펑 쏟아지더니 그날은 아침부터 모진 눈보라가 태질을 했다.
 오, 눈보라! 그걸 누가 상상인들 할수 있으랴. 나무를 밑등이채 꺾어던지고 골짜기도 순식간에 반반하게 메워버리는 그 모진 눈보라를! 이런 밤이면 구새먹은 통나무속에서 쿨쿨 겨울잠을 자던 곰도 추위에 깨여나 몸을 옹송그린다.
 그러나 그날도 옥란이는 국사당에 들어섰다. 손발이 얼고 몸이 꽁꽁 얼다 못해서 입마저 영영 얼어붙은듯 절은 하였으나 말을 하지 못했다. 다만 볼아래로 세차게 쏟아져내리는 눈물이 그걸 대신하여주었다.
 (아, 선하고 선하신 신령님! 부디 우리 어머니의 병을 낫게 하여 주읍소서.)
 정말 정성이면 이보다 더한 정성이 어디있고 효녀면 이보다 더한 효녀가 그 어디 있으랴!
 어느덧 세월이 흘러 삼년석달이 다 되여오는 어느날이였다.
 그날도 옥란이는 치성하기에 앞서 우물에 가서 손발을 깨끗이 씻었다. 그러다가 무심결에 얼마깊지 않은 우물속을 들여다 보았다.
 그런데 이게 웬 일인가. 가슴이 부풀어오르고 얼굴이 보름달처럼 환한 어떤 처녀가 물속에서 자기를 마주보고있지 않은가.
 (누굴가? 혹시 물속에서 산다는 녀신이 아닐가? 그렇다면 옷이 너무 람루해.)
 그건 다름아닌 옥란이 자신이였다. 언제한번 한가한 날이 있어서 제 얼굴을 들여다본적이 있는 옥란이였던가. 그는 자기가 이렇게 자라서 피여난것도 몰랐다. 풀죽을 먹고 그나마 모자라서 늘 허리띠를 조여매는 옥란이였지만 맹물을 먹고도 몸이 나는것이 처녀라더니 그 말이 정말 옳은가보다.
 (저게 정말 나란말인가?)
 옥란이는 물속을 들여다보며 살며시 웃었다.
 그러자 물속의 《처녀》도 마주 웃어주었다.
 《이제 어머니병이 낫고 내가 어진 총각을 만나 외손주마저 그 무룹에 안겨드리면 고생속에 살아오신 어머니가 얼마나 기뻐하랴.)

옥란이는 처음으로 마음의 여유를 얻어 물속의 《처녀》와 실컷 이야기를 나누었다.

그때였다. 이웃에 사는 분주월아주머니가 숨가쁘게 우물가에 달려왔다.

《옥란아, 어서 집으로 가자. 어머니가 어머니가 숨을 거두었단다.》

《예, 우리 어머니가요?!》

옥란이는 그 말을 믿지 않았다. 아니 믿을래야 믿을수 없었다.

《안야요, 떠나올 때만 하여도 별일 없던 우리 어머니였어요…》

그러자 분주월아주머니가 눈물을 방울방울 흘렸다.

《실은 네 어머니가 한 보름전부터 심하게 앓았단다. 그러면서도 네가 걱정한다고 애써 웃음을 지어보이더 목에 넘어가지 않는 미음을 드는척하다가 몰래 없애치우군했단다…》

《아, 어머니! 그래서 나날이 더 상해가시면서도 오히려 더 웃음을 지어보이셨구나.》

옥란이는 금시에 앞이 캄캄하고 하늘이 무너져내리는것만 같았다. 그는 우뚝 일어서서 국사당을 쏘아보았다.

(아, 령험하신 신령님, 내 정성이 정말 모자란가요? 손발이 얼어터지고 길아닌 길이 한길이 다 되도록 삼년석달 달아다닌 내 치성이 아직도 모자란가요? 들고다닌 치성물이 성차지 않으셨던가요? 없어요. 없어, 세상에 령험하다는 신령님이란 그 어디에도 없어요.)

그는 끝없는 푸르른 하늘을 원망하기도 하고 쉴새없이 드나들던 국사당을 마귀의 소굴처럼 몸서리치며 저주주기도 했다.

(내가 어리석었지, 그 앞 못보는 점쟁이의 말을 곧이듣고 삼년석달을 뛰여다니다니…)

이윽고 기막힌 옥란이의 얼굴에 두줄기의 《내물》이 줄줄이 흘러내리더니 어쩔새없이 우물에 풍덩 뛰여들었다. 그리고는 다시는 솟구치지 못했다. 아니 솟구치지 않았다.

그후부터 사람들은 다시는 국사당을 찾아가지 않았다. 그래서 지금은 형체마저 찾아보기 힘들게 되였던것이다.

박상용

박지 못한 쇠말뚝

백두산으로 올라가는 수림속 오솔길을 벌써 열홀째 렵총을 가지고 지키는 40대의 기골이 장대한 사나이가 있었다.
그는 아름드리 진대나무에 의지하여 잔등과 어깨를 풀과 나무가지로 위장한채 그 무엇을 기다리는지 해종일 렵총을 비껴들고 오솔길을 쏘아보고있었다.
혹시 백두산 호랑이를 기다리는것인가 아니면 배록이라도 한마리 쏘아잡으려는것인가… 시커먼 구레나룻은 보기좋게 턱과 뺨을 뒤덮었고 부리부리한 두눈에선 밤낮으로 불꽃이 벙긋거렸다. 그러나 하루에도 몇번씩이나 그 외통길로 사슴들이 물마시러 내려와도 그는 도무지 쏠념을 하지 않았다. 깊은 밤이면 때때로 커다란 호랑이가 눈에 불을 켜들고 저만치 앞에 바위처럼 눌러앉아있어도 그는 방아쇠에 손을 가져가지 않았다. 그는 후치령막바지에 집을 둔 박포수란 사나이였다. 과연 박포수는 무엇을 기다려 숨을 죽인채 열홀씩이나 길목을 지키여 엎드려있는것일가?…
때는 을사년(1905년)의 치욕으로 온 삼천리강산이 분노하고 수많은 애국지사들이 피를 끓이며 복수의 칼을 벼리던무렵이였다. 산천초목도 왜놈들과 을사오적의 죄행으로 치를 떠는데 또 하나의 흉흉한 소문이 생겨나 날개라도 돋힌듯 온 나라에 퍼져갔다. 그것은 왜놈들이 조선의 명산마다에 장수들이 태여나지 못하게 쇠말뚝을 박고있다는 끔찍한 소리였다. 이르는곳마다 사람들은 그 이야기로 수군덕거렸다.
《글쎄 〈홍의장군〉이 태여난 의령땅에는 세길이나 되는 쇠말뚝을 열군데나 박았다는군…》
《그러게말이요. 서산대사가 젊은 시절에 도를 닦았던 지리산은 왜놈들이 말뚝 박을 자리를 찾느라 온통 벌등지를 만들었다오.》
성미 급한 어떤 로인들은 장죽으로 문지방을 두드리며 《고현놈들 이제 하늘에서 벼락이 떨어지지 않나 두고 봐라.》하고 큰소리로 목청을 돋구기도 하였다. 정방산에선 어떤 새각시가 산나물 캐러갔다가 우연히 쇠말뚝을 박는 털부숭이 왜놈들을 **뎌여봤는데** 그만 시뻘건 피줄기가 세길이나 쭉 뿜어오르는바람에 그 자리에서 까무라치고말았다한다. 그 새각씨는 삼대독자 외며느리로 겨우 치성을 드리고 효험있는 약을 다 써서 밴 아이를 그바람에 떨어뜨리고 고민하던 나머지 정신이상이 생겨 늪에 빠져죽고말았다고 한다.

그런 소문이 떠돌던 어느날 후치령막바지의 자그마한 때기밭에서 한 더벅머리총각이 조밭김을 매고있었다. 바람 한점 없이 날씨는 몹시도 찌물쿤다. 한바탕 소나기라도 쏟아졌으면 시원하련만 하늘은 비자루로 쓸기라도 한듯이 구름 한점 없었다. 총각의 입에서 나오던 흥타령도 어느덧 사라진지 오랬다. 그는 버드나무 휘늘어진 시내가를 흘끔흘끔 내려다보며 밭머리를 향해 걸싸게 호미질을 해댄다. 밭이랑은 푹푹 줄어든다. 드디여 밭머리에 이른 총각은 엥히— 하며 다시 쓰지 않을것처럼 호미자루를 집어던지였다. 허리를 펴며 일어서는 순간 총각의 두눈은 화등잔처럼 커지고말았다.

（아니 저놈들이 혹시 쇠말뚝을 박으러 다닌다는 그 왜놈들이 아닐가?…）

보리방아 찧듯 가슴은 세차게 쿵쿵 뛴다. 그는 버들방천에서 눈길을 떼지 못했다. 방천길로 어깨에 커다란 말뚝들을 멘 일여덟의 사람들이 앞서거니뒤서거니 급하게 걸어가고있었다. 말뚝 하나가 해빛에 반사되여 번쩍 빛을 뿜자 더벅머리총각의 가슴은 덜컥 무너지는것 같았다. 어제밤 건너마을 좌상로인네 집에 마실을 갔다가 들은 소리가 생각났던것이다. 쇠말뚝 멘 놈팽이들은 시내물을 거슬러 계속 산골짜기로 들어가고있었다. 틀림없는 왜놈들이다. 총각의 두눈은 무섭게 불을 담고 이글거렸다. 저 골짜기를 따라 한참 올라가면 산중턱에 아담한 초가집 한채가 있는데 석달전 그 초가집에선 겨드랑이에 금빛 날개가 돋은 이상한 아이가 태여났었다. 아이는 태여나자마자 목소리가 쇠소리처럼 울리고 손과 발이 어른들처럼 큼직큼직 하고 용모가 비상하게 생겼는데 좌상로인은 틀림없는 장수아이라고 기뻐하였다. 더벅머리총각은 이따금 나무하러 갔다오던 길에 그 집에 들려 장수아이의 머리도 쓰다듬어주고 산열매도 따다 주군하였다. 깊은 산속에 숨어살다싶이 하는 그들에게 장수아이는 그야말로 기쁨이요 행복이요 생활의 희망이였다. 왜놈들이 무슨 냄새를 맡고 달려든게 분명하였다. 그런데 엎친데덮친다는격으로 장수아이의 아버지인 박포수는 지금 집에 없었다. 어제 아침 후치령 저쪽으로 사냥을 갔던것이다. 명사수인 박포수만 집에 있다면 무슨 걱정이랴…

총각은 더 지체할수 없었다. 우선 좌상로인한테 알려야 한다. 마을의 모든 대소사는 좌상로인과 토론이 없이는 하나도 성사되는것이 없었다. 총각은 불볕이 내리퍼붓는 산비탈길로 주먹을 부르쥐고 내달렸다. 목에서 겨불내가 나고 버들가지 드리운 맑은 시내물이 어서 뛰여들라 손저어부르건만 총각은 아예 그런데는 눈을 팔새가 없었다. 마침 좌상로인은 퇴마루에 앉아 옛날 《동국병감》이란 책을 소리내여 읽고있었다.

(허참 또 그 책을 읽고앉았구나.)백발수염이 비자루처럼 땅을 쓸게 됐는데 이제 병법이나 연구해서 무엇하려는지 총각은 아무리해도 리해할수 없었다. 총각의 말을 듣자 좌상로인은 길다란 채수염을 후들후들 떨었다.

《어허 그 불여우같은 왜놈들이 어디서 벌써 냄새를 맡았구나… 자네 빨리 가서 장수 어미더러 몸을 피하라고 전하게. 내 사람들을 휘동해서 뒤따르겠네.》

좌상로인은 늙은이답지 않게 자리를 차고 벌떡 일어섰다. 총각은 지름길을 탔다.

그러나 이미 때는 늦었다. 초가집 삽짝문은 다 깨여지고 방안에는 소복단장을 한 녀인이 머리를 풀어헤친채 쓰러졌는데 그옆에 숨 떨어진 장수아이가 누워있었다. 숯불이 담긴 화로며 그옆에 나딩구는 불인두… 총각은 어렵지 않게 왜놈들이 장수아이의 금빛날개를 불인두로 지져버리고 달아났다는것을 알았다. 그는 너무도 통분하여 주먹으로 문설주를 들이쳤다. 주먹에선 피가 흘렀다.

(아 내 잘못으로 한발 늦었구나…)

얼마후 좌상로인이 마을사람들을 데리고 숨을 헐떡거리며 달려왔다. 모두들 몽둥이며 쇠스랑과 도리깨들을 들었다.

빨래방치를 든 녀인들도 있었다. 모두들 왜놈들이 저지른 참상앞에서 치를 떨고 눈물을 흘리였다.

《어허 통탄할 일이로다. 왜놈들이 정말 이 나라 명산들의 혈을 다 끊어버리고 태여난 장수아이들마저 다 이렇게 만든다면 장차 이 나라는 어떻게 될것인가…》

좌상로인의 장탄식은 마을사람들의 가슴을 더 세차게 울리였다.

그날밤 좌상로인네 사랑방에는 오래도록 불이 꺼지지 않았다. 뜻밖에도 피나리보짐을 한쪽 어깨에 걸머진 어떤 길손이 들렸는데 그가 하는 말인즉 왜놈들이 혈을 끊어놓았다는 구월산과 묘향산에서 장수아이가 태여났다는것이였다. 그뿐이 아니였다. 어느 산에선가 왜놈들이 죽인 장수아이가 다시 살아났는데 큰 호랑이가 나타나 그애를 랑림산 깊은 수림속으로 데려갔다고 한다. 좌상로인은 허연 채수염을 내리쓸며 자못 흥분하여 목청을 돋구었다.

《아무렴 그렇구말구. 이 땅의 지맥은 다 백두산줄기가 뻗어내린 것인즉 왜놈들이 제아무리 날고 뛰여도 백두산의 혈이 그대로 있는데야 무슨 소용이 있을탠가. 내 오늘 새벽에 그러잖아도 저 북쪽 하늘에서 이상한 별이 하나 빛을 뿌리는걸 보았네. 멀지 않아 백두산에 큰 장수가 태여날 조짐일세!…》

바로 그때 문이 벌컥 열리며 사냥을 갔던 박포수가 방안에 들어섰다. 그의 두눈은 벌겋게 충혈되여있었고 사냥총을 쥔 손은 후들후들 떨리고있었다. 말하지 않아도 그가 벌써 집에 들려왔다는것을 모두 깨달았다. 박포수는 말없이 방안에 모여앉은 마을사람들을 둘러보다가 좌상로인앞에 무릎을 꿇고 엎드렸다.

《로인님! 소인은 이 길로 백두산으로 들어가겠소이다. 왜놈들이 필경 백두산으로 들어올것이 뻔하오니 거기서 이 피맺힌 원쑤를 갚겠소이다…》

《그래 장하이…집걱정은 하지 말고 어서 떠나게. 우리 마을사람 모두의 소원이니 백두산을 지켜주게.》

이리하여 박포수는 열흘전에 고향집에 몸져누운 안해를 남겨둔채 백두산으로 들어오게 되였던것이다.…

또다시 닷새가 지나갔다. 박포수는 여전히 사냥총을 그러쥔채 그 자리를 뜨지 않았다. 불현듯 그는 어깨를 솟구며 진대나무에서 몸을 일으켰다. 사냥군의 오랜 습관으로 멀리서 들려오는 이상한 소리들을 포착했던것이다. 그는 부르르 온몸을 떨며 길목을 쏘아보았다. 아닌게아니라 얼마후 오솔길굽이에 여라문명의 왜놈들이 나타났다. 그들은 한본새로 딱 바라진 어깨에 쇠말뚝들을 둘러메고 한손에는 신식보총들을 들었는데 두눈에는 살기가 내뻗쳐 당장 그 무슨 일을 저지를듯 기세들이 등등하였다.

(이놈들이 끝내 백두산에 기여들었구나. 오냐 잘 왔다. 이 박포수의 맛을 좀 봐라…) 박포수는 이렇게 중얼거리며 총가목을 으스러지게 틀어잡았다.
　이때 앞장서 걸어오던 우두머리가 멈춰서며 부하들에게 호통쳤다.
　《야, 기운들을 내라. 백두산이 멀지 않았다. 우리의 실책을 하루빨리 씻자면 저 백두산을 타고 앉아야 한다.…》
　그놈이 말한 실책이란 백두산부터 쇠말뚝을 박지 않았다는 그것이였다. 얼마전 본국에서는 그를 꾸짖는 불같은 호령이 날아왔다. 조선땅은 벌써 3백년전에 다 먹어놓았던 땅이였다. 그런데 왜 풍신수길이가 쫓겨났었는가. 조선의 명산들엔 예로부터 장수들이 많이 태여난다. 미리 명산들의 혈을 다 끊어놓았더라면 임진년에 무슨 장수가 그리도 많이 나왔겠는가… 그러나 백두산의 원줄기가 살아있는한 다른 명산들의 혈은 아무리 끊어놓아야 소용이 없다. 빨리 백두산으로 들어가라 ― 이러한 내용이였다. 왜놈들은 인원을 더 보강해가지고 부랴부랴 백두산으로 밀려들어왔다. 이제 백두산꼭대기에만 쇠말뚝을 박고나면 조선땅엔 영영 장수들이 나지 못할것이요 그러면 그 공로로 그들은 천황이 하사하는 막대한 상금을 타가지고 일생 부귀영화를 누릴 판이였다. 왜놈들은 해빛 한점 스며들지 않는 원시림이 무서워선지 흘끔흘끔 헛눈질을 하며 부지런히 걸음을 옮겨놓고있었다.
　박포수는 선뜻 방아쇠를 당기지 못했다. 혼자서 신식보총들을 가진 여러놈을 섭사리 당해낼것 같지 않았던것이다. 그는 잠시 망설이지 않으면 안되였다. 그렇다고 백두산을 저놈들이 하는대로 내맡겨버릴수도 없었다. 박포수는 이깔나무뒤에 몸을 숨기며 슬금슬금 그자들의 뒤를 따라갔다. 여차직하면 너 죽고 나 죽고 사생결단을 할 판이였다.
　얼마후 수림이 끝나자 어느놈인가 《백두산이다! ―》하고 탄성을 내질렀다.
　왜놈들은 일시에 멎어서며 백두산을 우러러 보았다.
　《야, 어느것이 제일 높은 봉우리냐?》
　《대장님. 저기 보이는게 병사봉입니다. 이쪽 봉우리는 소가 하늘을 향하여 영각하는 형국을 하고있다고 해서 망천후라고 할지요…》
　길안내자가 우두머리앞에 나서서 손세를 써가며 설명하였다. 우두머리는 고개를 끄덕거렸다. 그는 망원경을 꺼내 한참 백두산을 바라보더니 입을 열었다.
《어떻게 하든 저 병사봉에 쇠말뚝을 박아야 한다. 그리고 저 망천후도 심상치 않다.》
《옳소이다. 저의 소견에도 소가 하늘을 향하여 장수를 내려보내 달라고 영각을 하고있는것 같소이다…》
《자 모두들 날 따르라!》
우두머리가 소리치자 놈들은 와-함성을 지르며 부석등판으로 달려갔다.
단번에 백두산에 뛰여오를 기세였다.
(허허 거 정말 상사말같이 날뛰는군…)
박포수는 구수한 담배연기를 뒤모금 삼키고나서 사냥총을 든 채 왜놈들의 뒤를 먼발치에서 따라갔다. 그는 사방이 어둑어둑 해오자 고개를 들어 백두산을 바라보았다. 그렇게도 맑던 하늘이 어느덧 시커먼 구름장에 뒤덮이기 시작하였다. 어데선가 찬기운이 으스스 밀려오고 가슴을 서늘케 하며 첫 뢰성이 파르릉 머리우의 하늘을 뒤흔들었다. 그러자 후두둑후두둑 컴컴한 하늘에서 주먹같은 우박들이 떨어지기 시작하였다. 번개는 왜놈들의 목을 칠듯 장검처럼 내리꽂히기도 하고 때로는 불뱀처럼 사납게 구불떡거리기도 하면서 무시무시하게 번쩍인다. 고막을 찢을듯한 우뢰소리… 한데 맞붙었다 떨어지군하는 하늘과 땅… 비발치는 우박… 왜놈들은 그만 지옥의 문에 발을 들여놓지 않았나 하는 무시무시한 공포감에 갈팡질팡하였다. 그런데다 우박에 얻어맞아 여기저기서 아이쿠 아이쿠 비명소리들이 터졌다.
박포수도 뒤따라가다 어깨며 잔등에 우박을 맞았으나 전혀 아픈줄 몰랐다.
오히려 왜놈들이 얻어맞는것을 보며 웃음주머니가 흔들거려 통쾌했을뿐이다.
(옳지! 백두산신령이 노했구나! 이놈들 이곳이 도대체 어디라구 왔어… 어서 왜놈들을 묵사발을 만들어라…)
한식경이나 왜놈들을 두들겨패던 우박은 차츰 뜸해지고 날이 개이기 시작하였다. 그러자 왜놈들은 다시 터진 머리들을 감싸쥐며 백두산으로 올라갔다.

（허참 이런 고약한놈들을 봤나…）

박포수는 우박이 너무도 빨리 멎은것을 아쉽게 생각하였다. 그런데 방금전 눈앞에 보이던 왜놈들이 하나도 보이지 않았다. 이상한 일이였다.

（이놈들이 혹시 도술을 부린게 아닌가?…）

박포수는 잠에서 깨여난 사람처럼 두눈을 쏙쏙 부비였다. 아무리 눈을 똑바로 떠도 앞에는 여전히 아무것도 보이지 않는다. 그럴뿐더러 자기 몸이 어데론가 둥실둥실 떠가는듯싶었다. 그제서야 박포수는 한치의 앞도 분간할수 없이 짙은 안개가 꽉 낀것을 알아보았다.

이것 역시 백두산신령이 조화를 부린게 분명하였다. 박포수는 기뻐서 헤염을 치듯 두손으로 명주필같은 안개발을 헤갈랐다. 그러자 온몸이 안개바다우에 둥둥 뜨는것을 느꼈다. 사방을 휘둘러보니 저만치 앞에 사람들의 말소리가 들리고 쇠말뚝끄트머리가 한개 보였다. 박포수는 슬렁슬렁 그리로 걸어갔다. 한번 손을 내저으면 스무행보씩 앞으로 나가군했다. 참으로 신기하고 통쾌하였다. 백두산신령이 자기한테 도술을 쓴게 분명하였다.

박포수는 슬그머니 쇠말뚝을 잡아당겼다. 안개속에서 《아이쿠… 신령님, 용서하소서.》하는 왜말이 들린다. 박포수는 쇠말뚝을 힘껏 잡아챘다. 그러자 노란 나비수염을 기른자가 쇠말뚝에 끌려나오다가 기겁하여 땅에 떨어져버렸다. 박포수는 어방대고 쇠말뚝을 휘두르다가 멀리 집어던졌다. 잔등이 척척히 땀에 젖었다. 더는 왜놈들이 보이지 않았다.

（아니 이놈들이 어느새 백두산에 올라간것이 아니여?…）

그는 더럭 겁이 났다. 조바심이 난 박포수는 몸을 솟구었다. 그랬더니 한뭉치의 솜구름같은 안개가 그의 몸을 싣고 백두산우로 둥실둥실 떠가는것이 아닌가! 눈깜빡할 새에 박포수는 병사봉우에 가닿았다. 이윽고 안개도 걷히였다.

박포수는 산아래를 굽어보았다. 부석이 더미를 이룬 골짜기아래에 올챙이처럼 머리를 틀어박은 왜놈들의 모습이 보였다. 해가 나자 왜놈들은 고개를 쳐들었다. 그들은 저저마다 벌쭉거리며 좋아하였다. 우두머리가 뭐라고 하자 왜놈들은 모두 온몸이 꼿꼿해서 중얼중얼 무슨 주문같은것을 외웠다. 아마 무사히 백두산에 올라가게 해달라고 비는 모양이다.
（흥, 렴치도 곰 발바닥처럼 두터운 놈들이군. 삼년석달을 빌어봐라…）
이윽고 왜놈들은 다시 백두산으로 올라오기 시작하였다. 기어이 백두산에 쇠말뚝을 박고야말 잡도리였다. 그런데 홀연 해빛이 사라졌다. 왜놈들은 멈춰서더니 불안스레 하늘을 처다보았다. 너무도 린색한 백두산의 해빛이였다. 박포수는 다시 싱글벙글 한다.
《이런걸 백두산의 여우해빛이라 하지. 하하하…》
하늘은 시누렇게 흐려온다. 폭풍이 터질 징조다. 벌써 저 아래 이깔나무숲이 술렁거리고있었다. 왜놈들은 이번에는 결사적으로 산비탈을 기여오르기 시작했다.
박포수는 큼직한 바위돌을 내리굴렸다. 그 바위들은 내려가면서 련방 새끼를 친다. 왜놈들의 비명소리가 울렸다. 게다가 세찬 바람이 터졌다. 바위돌들은 저절로 윙윙 아래로 내려간다. 순식간에 세놈팽이가 망돌같은 바위를 그러안은채 산밑으로 디굴디굴 굴러내렸다. 박포수는 신바람이 나서 아래를 내려다보았다. 얼핏 보니 대장같은놈이 홈타기에 박혀있었다. 그놈은 날쌔게 굴러내려오는 돌을 피하고있었다. 박포수는 사냥총을 벗어들었다. 별로 겨냥하지 않고 방아쇠를 당겼는데 우두머리는 뒤로 나가자빠졌다. 그는 왜놈들을 찾아 다시 총을 겨누었다. 그러나 그는 방아쇠를 당기지 못했다. 별안간 후둑후둑 비방울이 떨어지더니 그것은 곧 눈송이로 변했다.
박포수가 서있는 병사봉엔 비가 내리는데 왜놈들이 있는 골짜기엔 흰 눈이 평평 쏟아진다. 백두산에 한두번만 드나들지 않은 박포수도 이런 조화로운 날씨는 처음이였다. 어찌나 세차게 함박눈이 퍼붓는지 삽시에 모든것이 눈속에 파묻혀버렸다. 박포수는 할수없이 산을 내려왔다. 눈은 온 밤 쉴새없이 퍼부어대더니 새벽녘에는 눈보라까지 터졌다.
구새먹은 진대나무속에 들어가 밤을 새운 박포수는 왜놈들이 어떻게 됐는지 궁금한 생각이 들었다. 그는 밖으로 기여나왔다. 눈은 허리를 쳤다. 뺨을 에이는 눈보라는 더욱더 기승을 부렸다.
사위를 둘러보던 박포수의 두눈이 화등잔처럼 커지고말았다. 가까스로 목숨을 건진 왜놈 셋이 눈보라에 비척거리면서 저쯤 앞에서 걸어가고있었다.
（허허. 그놈들 운수가 좋았군…）
눈보라에 왜놈들의 말소리가 도간도간 실려왔다.
《야마모도, 우린 정말 오지 말아야 할곳에 왔어…》
《글쎄말이요. 다른 명산들에서야 얼마나 일이 잘되였소.》
《후유… 백두산만은 가만 두어야 했네. 우린 아마 산신령의 노염을 산것 같네… 천벌을 받은셈이야.》
박포수는 천천히 사냥총을 들어 놈들을 겨냥했다. 조문으로 내다보이는 왜놈들의 모습은 너무도 작고 가련하고 처참해보였다.
《이 어리석은 놈들아, 새끼들을 데리고 뜨뜻한 제집 아래목에서 잔등이나 지질노릇이지 이 무슨 고생이냐… 하긴 옥황상제께서 이 백두산만은 다치지 못하게 한줄만 알았어도 죽을 고생은 안했을 걸… 허허… 참.》
그의 통쾌한 웃음소리에 눈을 들쓴 이깔나무숲이 우수수 설레였다.
박포수는 자꾸만 백두산의 고마움에 눈시울이 젖어들고 가슴이 화끈화끈 달아올라서 제대로 놈들을 겨냥할수 없었다. 그는 그만 저도 모르게 사냥총을 내리웠다. 총알이 아까웠다. 그리고 왜놈들이 저 꼴로 어찌 눈에 덮인 이 원시림속을 빠져나가랴싶었다. 아니 차라리 한두놈이라도 구사일생으로 살아가 제 족속들에게 백두산소리를 들려주었으면 하였다.
그후 박포수는 왜놈 하나가 겨우 살아서 일본으로 건너갔는데 저희들의 천황에게 백두산에 쇠말뚝을 다 박았다는 거짓보고를 하고 《특등공신》이 되였다는 소리를 들었다. 박포수는 그 말에 빙그레 웃기만 하였다. 자기의 뜻대로 되였던것이다. 쇠말뚝을 못박았다고 보고하면 숱한 왜놈들이 또 백두산에 밀려들것이 아닌가… 어느날 저녁 그는 마실군들에게 조용히 말하였다.
《실은 왜놈들이 백두산에 쇠말뚝을 못박았다네. 제아무리 날뛰여도 백두산의 혈은 끊지 못하네. 그러니 어느때인가 백두산에 이 나라 만백성의 념원을 담아 왜놈들을 삼대베듯 쓸어눕힐 큰 장수가 태여나리다!》
박포수는 그날을 가까이에서 기다릴 작정으로 왜놈들에게 불구가 된 안해를 데리고 백두산 깊은 수림속으로 집을 옮겼다고 한다.

백두산에 해빛이 밝은 날이면 박포수는 병사봉에 올라 천연의 바위돌들을 어루만지며 눈물을 뿌리군하였다. 그러다간 한참씩 서서 끝없이 물결쳐오는 천리수해와 저멀리 압록강상류의 천군바위쪽에 눈길을 보내는데 그때마다 구레나룻이 뒤덮인 검실검살한 얼굴에 한줄기 미소가 떠오르군하였다.

그는 병사봉이 장군봉으로 될 날을 믿었으며 천군바위며 끝없이 늘어선 이깔나무숲을 장수를 맞이하려고 늘어선 수천수만의 병사들로 그려보았던것이다.

황 청 일

과부바위

먼 옛날에는 백두산이 무산군에 속해있었고 그곳을 통해서 백두산으로 들어가군하였다. 고을소재지에서 산양바위를 지나면 박천이 나오고 그곳을 넘어서면 대로평이라는 덕지대에 들어선다. 덕지대에서 까마귀가 목말라 울었다는 오갈암을 지나고 서대천을 건너서면 삼산덕에 올라선다. 그 삼산덕에서 남쪽으로 얼마를 가면 풍파를 지나고 홍단에 들어서게 된다.…

이것이 그때 백두산으로 가는 길이였다고 한다. 외적들은 이 무산을 거쳐 백두산으로 들어가려 하였다. 그러니 무산을 잘 지키는것은 이 나라 백의민족의 근본인 백두산의 방비와 직접 련계되여있는 더없이 중요한 일이였다.

그런데도 력대 무산군수란 작자들은 다 백성들의 등을 긁어내는데만 급급하던 나머지 나라의 경비를 심히 소홀히 하였다.

이 틈을 타서 외적들은 우리 나라 변방에 기여들어서 민가를 습격하여 량곡과 집짐승을 빼앗아가고 부녀자들을 끌어가는 등 온갖 횡포한 짓을 다하였다.

바로 그 무렵, 무산읍에서 시오리 떨어진 어느 자그마한 마을에 홍씨라는 중년과부가 살고있었다.

홍씨는 비록 중년이긴 해도 살집이 좋고 얼굴이 환해서 옷차림만 정히 하고나서면 멋모르는 토총각들이 슬금슬금 뒤를 따라서다가 그만 집앞에서 《오마니!》 하고 뛰여나오는 다 자란 아들을 보고서는 꽁무니를 뺐다고 한다. 얼굴이 보름달같고 몸매가 고운 홍씨라 하여도 외기러기처럼 과부가 된것은 세상을 잘못 만난 탓이라고 하겠다.

10년전, 야밤을 타고 기여든 외적의 무리들에게 하늘같이 믿고 살던 남편과 딸을 잃고 그때 겨우 두살에 잡히던 아들과 함께 홍씨는 기나긴 겨울밤을 눈물로 베개를 적시며 하루하루를 고통스럽게 살아갔다.

그러나 흐르는 세월과 함께 그 모진 아픔도 흘러갔는지 요즈음은 그저 아들을 잘 키워 이다음에 손주나 무릎에 받아안고 재롱을 받을 생각밖에 여념은 없었다. 그래서 홍씨는 척박한 땅 한뙤기라도 제손으로 더 일쿠어 살림을 보태자고 아득바득 애썼다.

그러던 어느해 추석날이였다. 그날도 고을관청에서는 명절이랍시고 아침부터 군수이하 량반이란 량반은 다 모여앉아 기생을 옆에 끼고 술놀이에 제정신이 없었다.

하지만 목구멍이 포도청이라고 추석날마저 홍씨는 신새벽에 산소에 갔다온후르는 어린 아들과 함께 조가을을 하지 않으면 안되였다. 언제 추위가 터질지 모르는데다가 얄미운 참새떼들이 그 가랴지농사마저도 하루에 몇되박씩 축내고보니 집에 가만히 있을수 없었다.

어느덧 한낮이 가까와왔다. 더위는 아직도 제법이였다. 마지막 본때를 보이려는듯 내려쪼이는 불볕은 이마에 구슬땀을 줄줄이 흘러내리게 하고 입안에까지 떱떨한 맛을 보이군하였다.

홍씨는 일손을 재우치다가 저물녘에야 이마를 가리운 무명수건을 벗어들고 땀을 씻었다. 그러면서 자기가 이럴진대 아직 뼈도 여물지 못한 아들녀석이야 어쩌랴싶어 뒤를 돌아보았다.

그 순간 홍씨는 깜짝 놀랐다. 글쎄 저 멀리에서 웬 사람들이 말을 타고 먼지구름을 일쿠며 무리를 지어 달려오고있지 않는가.

(앗, 녀진의 무리들이구나!)

얼럭덜럭한 옷차림을 본 홍씨는 어렵지 않게 알아맞혔다. 얼핏 살펴봐도 백여명은 잘될상싶었다. 이놈들이 일을 치려는것이 틀림없었다. 10년전 그날도 바로 이렇게 방비가 약한 틈에 녀진의 무리들이 기여들었던것이다.

《애, 차돌아! 어서 관가에 알려라!》
 그는 아들을 다급히 불러대고는 재빨리 집으로 향했다.
 (내 오늘은 기필코 네놈들이 살아서는 이 하늘을 다시 못보게 할테다!)
 홍씨는 불이나게 궤짝을 뒤져내여 새옷을 갈아입고는 벌써 마을 어구에 당도한 녀진의 무리들앞에 나섰다. 여러필의 말들이 오호홍! 투레질을 하는데 한가운데 대장인듯한놈이 가라말을 타고 거만하게 앉아서 쏘아보았다.
 홍씨는 두근거리는 가슴을 달래며 적장앞에 다소곳이 머리를 숙이였다. 그리고는 은근히 눈웃음을 지으며 얼굴을 갈며시 치여들었다.
 《여봐, 아직 관가가 먼가?》
 적장놈은 자기의 비위를 맞추러 나온 녀인인줄 알고 소리를 낮추면서 슬그머니 눈길로 홍씨를 내려훑었다.
 녀인의 풍만한 앞가슴이 그의 눈뿌리를 뽑았다. 홍씨는 그 눈길을 피하여 고개를 외로 돌리면서 대답하였다.
 《여기서 얼마 멀지 않사와요. 그런데 오늘은 관가의 군사들이 가을 훈련을 끝내는 날이여서 한잔씩 하고 지금 기세가 충천하여 무술훈련을 하고있소이다.》
 《음, 그렇단 말이지.》
 적장의 목소리는 어지간히 주눅이 들었다. 이놈은 언젠가 우리 군사들과 맞다들어 단단히 쓴맛을 본 모양이였다.
 홍씨는 어떻든 적들을 여기서 지체시켜야만 하였다. 그는 적장앞에 바싹 다가들었다.
 《오늘밤 이 마을에서 편히 쉬시고 래일아침 쳐들어가면 사또는 물론 병졸까지도 술에 곤드라져있을터이오니 칼 하나 뽑지 않고도 관가는 대장님 손안에 넣을수 있는줄로 아뢰나이다.》
 적장놈은 홍씨의 말을 들어보니 그럴듯했다. 더구나 얼굴이 절색인 이 나라 북방의 녀인과 하루밤 즐기고싶은 생각이 그의 발목을 잡았다.
 놈은 말에서 슬쩍 뛰여내렸다.
 《들거라, 오늘밤은 이 마을에서 보내고 래일아침 일찌기 관가로 쳐들어가겠으니 이제부터 개미 한마리 얼씬 못하게 파수를 세우고

여느 병졸들은 집을 하나씩 골라잡아라!》

그 령이 떨어지기 바쁘게 마을의 길목마다에 창칼을 든 파수병들이 어마어마하게 늘어섰다.

그걸 보는 홍씨는 가슴이 조여들었다.

(차돌이가 동구밖을 벗어났을가?)

얼마있어도 딴일이 없는걸 보니 마을을 벗어난것이 틀림없었다. 그는 얼마간 마음이 놓이였다.

한편 대장의 령을 받은 녀진의 무리들이 집집에 마구 뛰여들었다. 저녁연기 느물느물 피여오르던 한가로운 마을은 일대 수라장이 되였다.

(나라를 잃으면 우리 백성들은 언제나 이 꼴이 된다.)

홍씨는 마을이 피해를 입게 해서는 안된다는 생각이 가슴을 매웠다. 순간 홍씨는 그럴듯한 생각이 피뜩 머리에 떠올랐다.

《대장님, 제가 그만 아차 잊었소이다. 얼마전에 관가에 이상한 청음기를 가져왔는데 거기에는 짐승들의 멱따는 소리가 백리밖에서도 다 들린다고 하옵니다. 그래서 사또가 모르게 우리 백성들은 개나 돼지 한마리를 제대로 잡아먹지 못하고있소이다.》

《으—흠, 이곳 사또놈이 보통이 아니구나. 그런데 그 말을 왜 이제야 하는가?》

적장은 홍씨를 흘겨보고는 당장 령을 내렸다.

《여봐라, 급히 병졸들에게 알려서 개, 돼지 한마리 잡지 못하게 하라!》

병졸 하나가 그 령을 받고 집집에 부지런히 뛰여다녔다.

그제야 홍씨는 안도의 숨을 내쉬며 대장놈을 자기집으로 이끌었다. 그의 이웃집에는 술을 좋아하는 좌상로인이 늘 담가두는 술독이 있었다. 그 술은 독하기로 소문난 술이였다.

대장과 수하장수 몇놈을 이끌고오는 홍씨를 본 좌상로인은 눈치를 알아채고 독을 밑창을 내서 깡그리 보내주었다.

홍씨는 정성스레 주안상을 차리였다. 그리고는 연신 술잔을 들어올리였다. 대장놈과 수하장수들은 입이 헤해서 그 술을 주는대로 받아마셨다.

이윽고 술에 취한 적장놈이 능글맞게 웃으며 홍씨의 손목을 잡았다. 순간 홍씨는 뱀에게 휘감기는듯했으나 언제 닥칠지 모를 일을 생각하며 애써 참았다. 그는 제법 신이 난듯이 자리에서 일어나 노래 한곡조 뽑았다.
《흥, 너에게 그런 자랑도 있구나!》
적장놈이 입이 함지박이 되더니 자기도 제멋대로 노래를 불렀다.

부어라 마셔라 이밤을 새워
이런멋 없이야 그 무슨 보람이랴

적장놈의 혀꼬부라진 노래소리에 잰내비수염을 기른 수하장수 몇놈이 덩실덩실 춤을 춘다. 흥이 날대로 난 적장놈도 털부숭이 팔목을 너덜너덜 흔들며 춤판에 뛰여들었다. 그바람에 궤춤에서 놈이 목숨처럼 중히 여기는 《길안내도》가 땅에 떨어져 너펄거리였다.
《대장님, 이 《길안내도》가》
한놈이 그걸 집어들고 대장놈의 코밀에 들이대자 취중에도 그놈은 눈이 둥그래졌다.
《이놈아, 어디라고 함부로 쥐는거냐, 그것만 없으면 백두산을 못타고앉는다. 래일 관가를 치고 그길로 말을 몰아 이 나라 조종의 산이라는 백두산만 타고 앉자.》
(뭐, 백두산을 타고 앉겠다고.)
홍씨는 또한번 흠칫 놀랬다.
《봐라, 여기에 박천, 대로평, 오갈암… 백두산로정이 다 그려져 있다.》
적장놈은 기고만장해서 뇌까렸다.
(이놈들이 그저 로략질이나 하는 무리들이 아니구나. 백의민족의 넋을 짓밟으려는 천하에 음흉한 무리들이구나.)
홍씨는 속에서 불이 붙었으나 애써 참으며 밤새도록 독한 술을 그들에게 퍼먹이였다.
집집에서도 병졸들에게 술을 내주었다. 마침 추석날이라 어느 집에나 술이 얼마간씩은 다 있었다.
마침내 자정이 넘어서자 한놈두놈 쓰러지더니 거의다 뻗드러지고말았다.
날이 푸름푸름 밝아오는 새벽녘에야 차돌이의 련락을 받은 우리 군사들이 마을에 들이닥쳤다.

녀진의 무리들은 미처 무장도 잡지 못한채 우리 군사들의 습격을 받았다. 집집에서 단말마적비명소리가 귀청을 쨌다.

그러나 검질긴 일부놈들은 어느새 창칼을 잡고 무작정 대항하여 나섰다. 한동안 창과 창이 부딪치고 칼과 칼이 허공에서 웡웡 울었다.

술에 곯아떨어졌던 적장놈이 사태를 알아차렸을 때에는 벌써 우리 군사들의 습격에 녀진의 무리들의 태반이 녹아난 뒤였다. 당황한 적장놈은 수하장수 몇놈만 거느리고 피거품을 끌고 도망쳤다. 그런 속에서도 적장놈은 미처 몸을 피하지 못한 홍씨를 잡아끌어 말에 태웠다. 때늦게나마 홍씨의 계교에 걸려 불의의 습격을 받게 된것이라고 생각했기때문이다. 적장놈을 따라 살아남은 병졸 몇놈이 다 쫓아갔다.

마을을 벗어나서 숲속들에 들어서자 적장놈은 말을 멈춰세우고 홍씨를 닦구기 시작했다.

《네년이 판가에 알렸지?》

《아니 대장님도 무슨 말씀을…》

대장놈이 눈을 부라리자 홍씨는 딴전을 피웠다.

《네년에게 애새끼가 있었다는걸 우린 알았다. 그 애새끼가 어데 갔어?》

아마 적장놈은 어느 병졸한테서 홍씨에게 다 큰 아들이 있었다는걸 얻어들은 모양이다.

《네년은 애새끼를 빼돌리고 우리에게 술을 먹였지?》

적장놈은 눈에 쌍심지를 달고 날뛰였다. 홍씨는 더 숨길 필요가 없었다.

《그래 내가 아들을 시켜 판가에 알리게 했다. 어쩔셈이냐?》

《네년이 정말 그런년이였구나!》

적장은 홍씨에게 속아넘어간것을 확정하자 그를 무섭게 족치기 시작했다. 옷을 벗겨 소나무에 거꾸로 매달고 채찍을 휘두를 때마다 피방울이 뛰고 살점이 뚝뚝 묻어떨어졌다. 그러나 홍씨의 입에서는 신음소리 한마디 새여나오지 않았다.

《오오냐, 나를 죽일수는 있어도 네놈들은 이 땅을 다시 밟지는 못한다.》

《지독한년!》

직장놈은 미친듯이 채찍을 휘둘렀다…

우리 군사들이 길목을 차단하고 뒤미쳐 달려왔을 때에는 홍씨가 마지막숨을 롷아쉴 때였다.

《오마니!》

아들 차돌이가 피가 질벅한 어머니의 품에 뛰여들었다.

《애야, 울음을 그쳐라. 나라를 지키는 일에서 목숨을 바치는건 장한 일이란다.》

홍씨는 마지막으로 우리 군사들을 둘러보며 힘없이 뗘염뗘염 말했다.

《여, 여러분… 나는 이미 십년전 애젊은 나이에 하늘같은 남편을 잃은 과부입니다. 남편을 잃고서는 살수 있어도 내 땅, 내 나라가 없이 우리는 못삽니다. 여… 여러분! 우리 무산땅이 백두산의 관문이라는걸 부디 잊지 말아주시오이다.》

그는 조용히 숨을 거두었다.

그때 홍씨가 매달린 소나무밑에는 커다란 바위 하나가 있었는데 그 바위는 홍씨의 붉은 피로 물들어졌다.

홍씨가 숨을 거두는 순간 그 바위가 이상하게도 우뚝 일어섰는데 그것은 죽어서도 이 땅을 지키려는 홍씨의 마음인듯싶었다. 그래서 그때부터 그 바위를 홍바위, 혹은 과부바위라고 불렀고 또 어떤 사람들은 백두산의 길목을 지키는 대문바위라고도 불렀다.

지금도 무산군에서 갈라져나온 연사군에 가면 홍씨의 붉은 피가 스머서인지 불그스레한 그 붉은 바위를 보게 된다. 그 바위에서 백두산은 얼마 멀지 않다.

박 상 용

옥샘에서 나온 장수들

백두산이 가까이 바라보이는 살기 좋고 오붓한 도택마을에 천덕이라는 총각이 있었다.

천덕은 원래 조상대대로 내려온 농부의 자손으로서 일찌기 어린 나이에 량친을 다 잃고 모진 가난과 고생 속에서 온갖 설움을 다

겪으며 살아왔다.

마음을 의지할 살붙이 하나 없는 천덕은 남의집살이를 하다가 이제는 이럭저럭 힘깨나 쓰는 더벅머리총각으로 자라났다.

천덕이의 아버지는 원래 기골이 장대한 포수였는데 나라에서 년년이 벌어지고있는 무술경기에 출전하여 슬기와 용맹을 남김없이 보여준 이름난 장수로 외적을 물리치는 변방지대의 싸움에도 여러번 참전하였다.

그러다가 끝내 그는 고향으로 돌아오지 못하였다.

그후 남편을 잃은 화병으로 어머니까지 세상을 떠나다보니 천덕이는 아홉살때 벌써 혈혈단신이 되였다.

천덕이가 물려받은 유산이라고는 아버지가 쓰던 장검과 활 그리고 전장에서 숨을 거두며 마을사람들에게 아들 천덕이를 장차 나라의 장수로 키워달라고 남긴 마지막 당부였다.

이러한 천덕이가 나이 열다섯이 넘어서부터 마음속에는 자기도 아버지의 유언대로 나라의 어엿한 장수로 되여볼 꿈을 품고있었다.

그래서 남의집살이를 하면서도 틈만 있으면 아버지가 물려준 장검을 휘두르며 칼쓰기를 익혔고 무성한 나무숲에서 날쌔게 몸을 빼며 창도 던지면서 자기를 늘 단련하였다.

천덕이는 활쏘기에도 능하여 해마다 단오명절 궁술경기에서 한다하는 궁수들도 다 물리치고 큰 상을 타군하였다.

천덕이의 마음은 하루빨리 장수가 되여 외적을 치는 전장에 나가서 아버지의 피맺힌 원한을 갚겠다는 한가지 생각뿐이였다.

이제는 검과 창을 쓰는 무술에도 도통해서 창을 던져 달리는 매돼지의 숨통을 눌러놓군하였다.

그러던 어느날이였다. 천덕은 소백산너머 곰산으로 혼자 사냥길을 떠났다.

그는 화살 하나로 하늘공중에 날아가는 독수리의 눈통을 쏘아맞혔는데 그것이 돌덩이처럼 떨어지면서 때마침 먹이사냥으로 어슬렁거리던 곰의 대가리우에 벼락치듯 떨어졌다.

그바람에 박달나무숲에서는 별안간 큰 소동이 일어났다.

백두산 천연림속에서 그 어떤 맹수도 두려움모르고 사는 검정곰이 그만 육중한 독수리의 몸통이 면바로 이마와 눈통을 내리치는바람에 독을 쓰기 시작하였던것이다.

（아차, 내가 잠자는 곰을 놀래웠구나.）

천덕은 천천히 활을 거두고 침착하게 장검을 뽑아들었다.

（네놈이 오늘은 나와 겨뤄볼 상대란 말이지?）

벌건입을 쩝쩝다시며 앞발을 들고 들이닥칠양으로 곰은 한동안 으르렁대더니 천덕이의 눈에서 펄펄 이는 불길과 시퍼렇게 뽑아든 장검에 그만 위압되여 주눅이 들었던지 앞발을 공손히 내리우고는 주둥이를 풀숲에 이리저리 비비면서 대들 잡도리가 아니였다.

천덕이는 천덕이대로 자기가 여기 곰산의 주인을 때없이 와서 놀래워놨으니 상대가 덤벼들지 않으면 자기도 물러설 잡도리를 하였다.

그는 뽑아들었던 장검을 천천히 칼집에 넣고는 떨어진 독수리를 거두어가지고 마을로 도로 내려가려고 발길을 돌리였다.

그런데 곰은 사방을 두리번거리더니 어슬렁어슬렁 먼발치에서 천덕이의 뒤를 따랐다.

그러나 천덕은 곰이 자기를 해치려 덤벼들지 않는 이상 곰과 싸우고싶지 않아 발걸음을 다그치며 가끔 뒤를 돌아보군하였다. 곰은 여전히 먼발치에서 슬근슬근 따라오고있었다.

곰이 언제 달려들지 몰라서 마음의 탕개는 조이면서 걸음을 다그쳤다.

어느덧 날이 어두워 마을의 불빛이 반짝거리는것을 보게 되자 천덕은 자기도 모르게 그만 길가에서 쓰러지고말았다.

곰과의 말없는 대결에서 너무 긴장하였던것이다.

비몽사몽간에 하얀 두루마기를 입고 지팽이를 짚은 백발의 할아버지가 말도 없이 자기앞에 나타났다.

천덕은 백두산의 신령님이라는 생각이 들어 가까스로 일어서서 인사를 올리려 하였지만 가위에 눌려서인지 말 한마디 나가지 않았다.

《어린장수, 너의 담찬 용맹과 너그러운 마음씨를 보고 내 왔노라.》

천덕은 신령님의 치하를 받자 몸둘바를 몰라 그에게 절을 하려고 움직여보았으나 온몸이 말을 들어주지 않았다.

《네 사는 도택마을에 장사는 얼마나 되느냐?》

천덕은 입이 얼어붙은듯 대답의 말이 나오지 않았다.

《너의 뜻은 크나 혼자의 힘만으로는 아무 일도 이룰수 없는것이니 군졸이 없이야 어찌 장수라 하겠느냐, 네가 아까 갔던 곰산의 깊은 골짜기를 지나면 길길이 높은 백두산폭포가 있을터이니 그 폭포우에 석판 스무석단을 오르면 보석이 달린 구슬나무가 있고 그 밑에 옥샘이 있느니라. 누구든 그 나무의 구슬 한알만 품에 간수하면 아이 어른할것 없이 소원대로 장수가 되느니라.》

맑은 하늘에서 한줄기의 회오리바람이 소용돌이치더니 신령은 어디론가 사라지고말았다. 천덕은 선듯선듯한 물기에 정신을 차렸다. 그는 깜짝 놀랐다. 곰이 앞발로 밤이슬을 모아 그의 이마를 적셔주고있는것이 아닌가.

(곰아, 네가 나를 온밤 지켜주었구나.)

천덕은 자기가 지금껏 곰의 보호와 백두산신령님의 가르침을 받았다는것을 생각하고 가슴이 후더워졌다. 이렇게 깨여난 천덕이를 본 곰은 이내 어디론가 사라지고말았다.

집까지 돌아온 그는 마을사람들에게 자기가 겪은 가지가지의 사연들을 자상히 이야기하였다.

천덕 또래의 총각들은 당장 구슬나무를 찾아가자, 우리도 어엿한 장수가 되자고 천덕에게 졸랐다.

그러자 저마끔 한마디씩 하였다.

《백두산에 찾아가자면 그 도중에는 만가지 재주를 부리는 마귀들도 있다는데 별일 없을가?》

《백두산병사봉에 장수가 되려고 떠나간이들은 한사람도 돌아오지 못했다던데?》 하고 말하는축들이 있는가 하면 《우리가 힘을 합치면 그 마귀를 당해내지 못할가.》고 하는 패들도 있었다.

그러지 않아도 요즘에 와서 동하기 시작한 천덕이의 마음에 키질을 하였다.

사흘후 이른새벽이였다. 천덕이는 마을에서 제일 친한 승비와 함께 백두산폭포를 찾아 길을 떠났다.

들쑹날쑹한 기암절벽이 병풍처럼 둘러선 깊숙한 골짜기에는 한밤 내려앉아 잠들었던 구름바다가 꿈틀거리며 흔들리더니 뭉게뭉게 피여오르기 시작하였다. 구름은 점점 엷어지더니 어데론가 사라져버리고 골짜기의 기암절벽이 하나하나 얼굴을 드러내며 맑은 아침을 맞이하였다.

까마득히 높은 벼랑꼭대기에서 한줄기 하얀 물길이 쏟아져내린다.
 기세찬 백두폭포의 줄기였다. 계곡에 차넘치는 폭포수의 우렁찬 메아리가 그칠새 없이 울린다.
 폭포가 떨어지는 바닥에는 바위가 밥가마모양으로 되여서 큰 소를 이루었다. 하얀 물방울을 수천만쪼각으로 날리며 떨어지는 폭포는 소안에 모여서 맑고 투명한 초록빛을 띠고 빙글빙글 구을며 흘러내린다.
 천덕이와 승비는 이 장쾌하고 신비로운 경치에 넋을 잃고있는 사이 어느덧 해가 서산에 넘어서는줄도 모르고 하루를 지냈다.
 울창한 백두수림속에 땅거미가 소리없이 다가들었다.
 폭포가에서도 스물세단의 석판을 올라야만 구슬나무가 있다 했는데 더 어둡기전에 그곳을 찾아야 했다.
 어둑컴컴한 밀림속에는 고요한 정적만이 깃들어 더욱 무시무시하였다. 당장 그 어떤 맹수가 뛰여나와 덮칠듯싶었고 그 어느 바위짬에서 피한이 도사리고 앉아 그들을 기다리고있는것 같았다.
 천덕이와 승비가 백두폭포의 벼랑턱을 간신히 넘어서는데 멀지않은곳에서 한점 불빛이 반짝이였다.
 《불빛이다!》
 둘은 반가우면서도 놀라왔다.
 (백두산호랑이가 눈에 불을 켜단것이 아닐가?) 그들은 이 깊은 산속에 무슨 인가가 있으랴싶었다.
 돌돌 소리를 내며 흐르는 개울물을 건너서 기암절벽으로 병풍을 두른 아늑하면서도 후미진곳에 네귀번듯한 집 한채가 보이였다. 마당에는 키낮은 정각도 세워놓았다.
 캄캄 어두운 밤이였건만 집은 기둥이며 벽체, 서까래, 지붕기와 모두가 다 금은보석을 다듬어 세운듯 눈부신 광채를 뿜었고 각자무늬로 지어만든 반쯤 열린 나들이문으로는 방안의 불빛이 내비치였다.
 천덕은 문앞에 다가가 주인을 찾았다. 그러자 대답소리 없이 사르시 열리는 문으로는 류다른 불빛이 쏟아져 나왔다.
 드디여 방안이 넓게 들여다보였다. 안벽에 차려놓은 가장집물은 금은장식이였고 그 앞에 황홀한 미모의 함박꽃같은 처녀가 다소곳이 앉아서 밖에 눈길을 보내고있었다.

옆에는 처녀의 어머니인듯한 로파가 하얀 옷차림을 하고 앉아서 살래살래 머리를 저었다.

《깊은 밤 잠을 깨워서 죄송하옵니다.》

천덕은 약간 머리를 수그리며 말을 했다. 그러자 로파는 문턱을 넘어서며 상냥하고 부드러운 목소리로 입을 열었다.

《어서 오소이다. 저희들이 잠을 잘리가 있습니까. 백두산신령님께서 귀한 손들이 온다고 일깨워주시여 보시다싶이 모녀가 기다리는참이오이다. 어서 방에 들어옵시소. 아가, 길손들이 시장하실텐데 어서 진지상을 차리여라.》

로파는 딸에게 말하였다.

《고맙소이다.》

천덕이와 승비가 다시금 두손을 모두고 머리를 수그렸다.

《그저 제집 다름없이 로독을 푸시오이다. 원래 여기는 길이 험해놔서…》

잠간 있더니 처녀가 푸짐한 저녁상을 두손으로 받쳐들고 들어왔다.

《차린것은 없으나 이건 암사슴고기이고 이건 낙진낙진한 진살이고 이건 여기 폭포가에만 있는 산천어회인줄 아시오이다. 반주로는 백록주가 있사오니 어서…》

로파는 진심인지 아니면 거짓인지 지나칠만치 나긋나긋하고 인사성이 밝았다.

《아가, 어쩌면 그렇게도 눈썰미가 뜨냐? 어서 젊은 손들에게 술이나 한잔씩 부어드리려무나. 녀자가 부어주는 반주야 술맛을 한결 돋구어주는걸…》

로파의 말이 끝나자 처녀는 두무릎을 꿇고앉아 새하얀 손으로 술항아리를 기울여 잔에 술을 붓기 시작하였다. 천덕은 얼른 그를 만류하였다.

《아니옵니다. 저희들은 체통은 크오나 나이가 어리여 아직 술은 배우지 못하였소이다.》

《원, 아닌말을…》 하고는 《술이란 원래 피로를 푸는 음식인데 한잔 들었다고 게 무슨 례절에 어긋날게 있겠소이까. 한잔씩만 들고 어서 푹 쉬시오이다.》

모녀의 성의를 너무 마다할수가 없어 천덕이와 승비는 한잔씩 받아놓고 저녁밥을 맛있게 먹었다. 그리고는 길잃은 나그네들이 불빛을 보고 들렸다가 환대를 받았다고 인사를 하고는 백두산의 밤경치를 보겠다고 하면서 뜨락으로 나섰다.

천덕이는 어딘지 모르게 의심쩍은 느낌이 들었다. (금은장식의 이 집은 무슨 집이며 절색의 미녀와 말을 청산류수와 같이 엮어대는 로파는 무슨 사람이란말인가? 저게 혹 마을사람들이 이야기하던 그 마귀들이 아닌가?)

이렇게 생각한 천덕은 이 집에서 자다가는 무슨 화를 입을지 몰라 슬그머니 승비에게 눈짓을 하여 같이 바깥으로 나왔던것이다.

백두산자락의 밤이라 찬기운이 온몸에 스며들어 마을을 떠날 때 포수할아버지가 망태기에 넣어주던 범가죽털저고리를 꺼내서 밖에서 밤을 새울 잠도리를 하고있었다.

이때 방안에서는 로파가 딸에게 이렇게 말하고있었다.

《얘, 저놈들이 우리의 구슬나무를 꺾으려 왔다. 독주는 한모금도 먹지 않았으니 이제는 마당에 나가서 이 부채살로 이마들을 툭툭 쳐서 돌멩이로 만들어 놓고말아라!》

이윽고 처녀가 부채살로 입을 가리우고 뜨락에 내려섰다.

범가죽을 함께 뒤집어쓰고 나무밑등에 승비와 나란히 기대누운 천덕이앞에 발꿈치를 들고 살금살금 다가서던 처녀는 《악, 범, 범이다!》 하며 질겁하여 방안으로 뛰여들어갔다.

그바람에 천덕이들은 벌떡 일어났다.

처녀가 문틱에 걸채이며 넘어지는데 칭칭 휘감겼던 치마자락이 벌어지면서 기다랗고 싯누런 꼬리가 드러났다.

《앗, 꼬리!》

천덕은 승비를 소리쳐부르며 장검을 뽑아들고 방안에 뛰여들어가 처녀와 로파를 단칼에 요정내고말았다. 그 순간 《꽝!》 하는 담벽이 자빠지는것 같은 육중한 소리가 들리였다.

방금 주안상이 놓여있던 방안에는 황소같이 큰 여우 두마리가 허리동강이 끊어져 쭉 너부러져있었다.

그것들은 여기 백두산으로 모여드는 나라의 장사들을 없애버리기 위해 밀림속으로 은밀히 기여들어 오만가지로 변신하는 마귀들이였던것이다.

천덕이와 승비가 밖으로 나와보니 금빛기둥의 집도, 뜨락의 정자도 잔곳없고 그자리에는 진주보석들이 열매처럼 주렁진 키낮은 나무 한그루가 현란한 빛을 뿌리며 서있지 않는가.

《아! 구슬나무!》

천덕이와 승비는 자기들이 찾고있던 구슬나무를 보게 되자 너무 기뻐 서로 부둥켜안고 어쩔줄을 몰라했다. 그러던 승비가 먼저 구슬나무밑에서 솟아나는 샘물을 보고 소리쳤다.

《여기 바위짬에 샘물이 있다. 구슬샘!》

맑은 물이 찰랑찰랑 넘치는 옥샘은 샘가에 드리운 구슬나무의 보석같은 잎사귀에서 떨어지는 이슬방울을 받아 더욱 신비스러워보였다. 천덕이는 백두산신령님을 만났던 그밤 구슬나무의 구슬을 한알씩만 가지면 장수가 된다던 말이 다시금 떠올라 사방을 두리번거리며 살펴보았다.

새소리, 풀벌레소리 하나 들리지 않았다.

승비가 갑자기 천덕이를 보고 웨쳤다.

《이쪽에 바위굴이 있어!》 천덕이가 승비를 따라 가보니 한길이나 실히 되는 굴속에는 닭알같은 흰차돌이 한벌 깔려있었다.

이런 돌이야 바다가에만 있을수 있겠는데 너무도 신기스러워 차돌 하나를 집어 옥샘에 가져다 고이 씻어보았다.

새하얀 차돌이 점점 물기를 머금고 분홍빛으로 붉어지기 시작하였다. 하더니 저절로 구을고 움직이며 신기한 소리를 내였다.

이윽고 그 차돌은 투구와 갑옷을 입고 활과 검을 잡은 장사가 되여 벌떡 일어섰다.

천덕이와 승비는 너무도 신기하고 놀라서 흠칫 뒤걸음을 치는데 《은인께 문안드리오.》 하고는 땅바닥에 꿇어앉아 큰 절을 하였다.

(아니?! 이 무슨 일일가?!)

천덕은 자기앞에 구척같은 장사가 꿇어앉아 절을 하며 고개를 수그리고있는것이 너무도 민망하여 몸둘바를 모르다가 승비와 눈길을 마주친 다음

《장사는 어인 사람인데 저 차돌무지속에 섞여있었소?》 하고 물었다.

그러자 장수는 《저희들은 십년전 백두산구슬나무샘을 찾아오던중 여기 팔각정자 미녀의 부채살에 맞아 차돌로 굳어졌던 몸들이

옵니다.》 하고 대답했다.
《아니 저 많은 차돌들이 다 장사와 같은 사람들이란 말이요?》
《사실은 그러하옵니다. 어서 빨리 저 장사들을 살려주옵소서.》 장사는 절을 하며 이렇게 간절히 사정을 하였다.
천덕이와 승비는 더 지체할 겨를이 없었다. 세 사람이 같이 굴안에 깔린 차돌을 모두 옥샘가로 날라다 깨끗이 씻어놓았다. 그러자 아까와 같이 수백명의 장사들이 벌떡벌떡 일어섰다. 그러더니 모두 천덕이와 승비 앞에 일제히 꿇어앉아 자기들의 청을 드리는것이였다.
《긴긴세월 잠자던 저희들을 깨워서 되살려준 이 은혜를 갚고저 이제부터 두분 귀인을 보호하는 장수가 되려 하나이다.》
《이러지들 마소이다. 나는 농부의 자손 도택마을의 천덕이라 부르오. 이 애는 나의 벗 승비이고…》 하고는 장사들을 다시 살펴보았다.
《그대들은 한갖 이름없는 나를 위해 장사가 될것이 아니라 자기가 사는 마을 사람들을 지켜주며 이 나라를 굽어보살피시는 백두산 신령님을 보호하는 나라의 장사가 되여주오!》
천덕이의 말이 떨어지자마자 그들 수백명이 《알겠소이다!》 하며 일제히 대답을 하였다.
이때 천덕이와 승비는 갑자기 너무 목이 말라 옥샘을 한바가지씩 떠마시고 시원한 김에 긴숨을 후-하고 내쉬였다.
그런데 이게 웬일일가. 이 두총각도 갑자기 구척장사로 되여 이 수백명의 장사들속에 우뚝 솟아있는것이 아닌가!
그날부터 구슬나무옥샘에서 솟아난 장사들을 이끄는 대장은 천덕이가 되고 승비는 부장이 되였다.
창과 검 그리고 활을 가진 장사 수백명은 《지군옥샘》에서 다시 살아난 그 기쁨을 안고 백두산 병사봉으로 줄달음쳐갔다.

삼천리에 뻗어내린 이 나라 산줄기들의 근원을 두고 높이 솟아 빛나는 조종의 산 백두산은 태고적옛날부터 장엄한 기상과 슬기, 지략으로 나라를 지켜낸 용감한 장수들과 무사들을 키워준 책원지로 되였으니 하늘에서 장사들이 내려왔다는 《천군바위》전설과 함께 《지군옥샘》과 같은 신기한 이야기가 오늘까지도 수없이 전해가고있는것이다.

《지군옥샘》이란 땅속에서 군사들이 나왔다는 뜻으로 《지군》이라고 전해오며 구슬나무밑에서 솟아난 샘물이라는 뜻과 함께 구슬같은 차돌들을 장수로 소생시켰다는 의미에서 《옥샘》이라고 전해지고 있다.

서 봉 제

삼인정과 강두수

진달래 붉게 타는 대홍단에 가면 버들꼴이라는 자그마한 마을이 있다. 그 마을에서 얼마 올라가면 삼인정이요, 아래로 이삼십리쯤 내려가면 강두수라 부르는곳이 있다. 그 삼인정과 강두수를 둘러싸고 이런 이야기가 전해진다.

옛날 백두산이 가까운 어느 마을에 솔봉이라고 부르는 스무살안팎의 총각이 살고있었다. 그는 홀어머니를 모시고 살았는데 몇해전부터 뜻밖에도 어머니가 중환에 걸려 자리에서 일어나지 못하게 되였다. 효성이 극진한 솔봉이는 어머니의 구미를 살펴 맛있는 음식을 끼마다 갈아드리고 잠자리가 식을세라 부지런히 나무를 해다 불을 때고 좋다는 약이란 약은 길이 멀다 하지 않고 구해다가 드렸건만 웬일인지 병은 차도가 없었다.

하루는 이름난 의원 한분이 어머니의 병을 보더니 이런 말을 하였다.

《여보게 총각, 어머니는 기력이 진해서 생긴 병이니 첩약보다는 산삼 한두뿌리를 대접하는것이 더 나을것 같네. 그러면 원기를 회복하고 자리에서 꼭 일어설수 있을거네.》

그 말을 들은 솔봉이는 저도 모르게 뒤더수기에 손이 갔다.

(내가 왜 진작 그 생각을 못했을가. 아직도 효도하려면 멀었어.)

그는 동네어른들을 찾아가 어머니의 뒤일을 부탁하고는 이튿날 산삼 캐려 길을 떠났다. 막상 길을 떠나고보니 어머니에 대한 걱정이 자꾸만 갈마들었다. 아무리 때거리랑 나무랑 다 마련해 놓았다고는 하지만 누가 친자식처럼 정성다해 어머니를 돌봐주랴! 빨리 산삼을 캐고 돌아와야겠다고 생각한 솔봉이였다.

그는 해질무렵 어느 나지막한 고개 길에서 역시 산삼 캐려간다는 다른 동네의 두사람을 만났다. 한사람은 몸이 좋고 눈이 부리부리한데 돌치라고 불렀고 다른 한사람은 몸매가 강마른데다가 눈이 약간 치쳐서 째진 간이라고 부르는 젊은이였다. 이야기를 나누고보니 돌치와 간이는 어려서부터 한마을에서 이웃을 하고 살았는데 네것내것 없이 살아간다는 사람이였다. 심산무인지경에서 만난 세사람은 퍽 의좋은 이야기를 나누며 다정히 길을 갔다.

그날밤 세사람은 어느 귀틀집에서 한밤을 보내였다. 다음날부터 그들은 산삼을 캐려 숲으로 들어갔다.

《여보게들, 우리 누가 삼을 캐든간에 꼭같이 나누어 가지세.》
돌치가 이렇게 말하자 간이가 머리를 흔들었다.

《여보게 돌치, 우리도 삼이 긴히 필요하지만 저 솔봉이의 어머니 병이 심하다지 않나. 먼저 삼을 캐거들랑 솔봉이에게 주자구. 그리고 다음것부터 우리가 나눠가지구…》

그 말을 들은 솔봉이는 돌치와 간이가 얼마나 고마운지 몰랐다. 그래서 나이도 두세살씩 우인 그들을 형님처럼 믿고 의지하리라고 마음먹었다.

몇며칠 그들은 산속을 헤매였다. 하지만 령약중에 령약이라는 산삼은 쉽게 나타나지 않았다.

어느날 그들은 물길을 따라 벼랑이 병풍처럼 둘러선 기암절벽길을 지나가다가 마침 배도 출출하고 경치도 구경할겸 거기서 점심을 먹고 가기로 하였다. 셋은 적당한 자리를 골라잡았다. 앞을 보니 천리수해를 너머 백두산이 한눈에 안겨왔다. 솔봉이는 멀리를 바라보다가 차츰 앉은 주위를 살펴보았다. 그런데 이게 웬 일인가. 그가 앉은데로부터 얼마되지 않은 벼랑짬에서 눈부신 빛갈이 새여나오는것이였다. 이상한 생각이 든 솔봉이가 다가가 들여다보니 바위짬새에 목침만한 샛누런 금덩어리가 배겨있지 않는가.

《여보게들, 이리 오라구.》
솔봉이는 돌치와 간이를 소리쳐불렀다.

셋은 한동안 바위짬에 박힌 금덩어리를 정신없이 바라보았다. 마침 솔봉이에게 삼을 캘 때 쓰려고 가지고가는 무딘 장도칼이 있었다. 그 장도칼을 정삼아 바위를 쪼아서 그들은 금덩어리를 파냈다.

금덩어리를 파내고보니 그것은 큰 횡재였다. 적게 쳐서 세사람이 꼭같이 나누어가진다 해도 몇십년은 풍청거리며 살수 있는 밑천이였다.

돌치와 간이는 산삼이고 뭐고 더 생각할 겨를이 없었다. 어서 빨리 금덩어리를 가지고 갈 생각뿐이였다. 그러나 솔봉이에게 필요한것은 금덩어리가 아니라 한뿌리의 산삼이였다. 솔봉이는 크게 기뻐하지도 않고 계속 삼을 캘 궁리만 하였다.

돌치와 간이는 어쨌든 이 금덩어리가 솔봉이에 의해 발견된것만큼 그를 제껴놓고 마음대로 이러구저러구 할수는 없었다.

금덩어리를 본순간부터 돌치의 부리부리한 눈이 희번뜩이기 시작했다. 간이의 뱁새눈에도 살기가 어리였다. 돌치와 간이는 겉보기는 어지간히 유순해보였지만 실은 둘이 다 일을 싫어하는 게으름뱅이요, 투전이나 하고 술항아리나 끼고 다니는 건달군이였다. 그들이 백두산으로 들어가는것도 긴히 산삼이 요구된것도 아니요, 그저 신수가 좋아서 무슨 횡재라도 얻을수 없을가 하여 떠나온것이였다. 그런것만큼 목침만한 금덩어리를 본 두 건달군은 가슴속 깊이에 묻혀있던 검은 속심이 꿈틀거리지 않을수 없었다.

《여보게 간이! 우리 저 솔봉이를 제껴버리고 금덩이를 둘이서 나눠가지는것이 어떤가?》

《쉿! 솔봉이가 듣겠네. 저놈이야 길 가다 만난놈인데 응당 그래야지.》

뱁새눈 간이가 한술 더 떴다. 그들은 솔봉이를 앞세우고 천천히 뒤따라가면서 연신 머리를 조아렸다.

그러는줄도 모르는 솔봉이는 앞만 살피면서 길을 갔다.

그들은 금캔곳에서 이삼리 더 올라가서 더욱 깊은 무인지경에 이르렀을 때였다. 삼을 찾는척하던 돌치가 갑자기 이런 말을 했다.

《여보게, 솔봉이! 예로부터 산삼이란건 산신령이 마음을 써야 얻는 법인데 이제라도 산신령에게 빌어보는것이 어떤가?》

《그것 참, 좋은 생각이네.》

간이도 얼른 맞장구를 쳤다. 솔봉이는 별로 그럴 생각이 없었지만 둘이 우겨대니 응하지 않을수 없었다.

돌치와 간이는 얼른 돌들을 주어다가 자그마한 제단을 쌓고 거기에 가지고 가던 음식을 대충 차려놓았다.
《신령님! 불쌍한 우리에게 산삼 한뿌리라도 찾게 해주옵소서.》
《신령님! 솔봉이 어머니의 병이 중하니 부디 마음을 써주옵소서.》
돌치가 먼저 절을 하자 간이도 얼른 허리를 굽히며 두손을 모아 절을 꼽싹꼽싹 하였다.
이번엔 솔봉이의 차례였다. 아무런 낌새도 모르는 솔봉이는 진심으로 굽석굽석 절을 하였다. 순간 그의 뒤에 섰던 돌치가 모두발로 솔봉이의 뒤등을 냅다 찼다. 동시에 간이가 모가 난 돌로 그의 머리를 깠다.《악!》뜻밖의 타격에 솔봉이는 정신을 잃고 쓰러졌다. 손쉽게 솔봉이를 해제낀 돌치와 간이는 격해진 숨결이 잦아들자 그를 깊숙한 풀밭속에 내던지고말았다. 그리고는 산을 내려오기 시작했다.
두《친구》는 말이 없이 부지런히 걸었다. 무거운 금덩어리를 서로 번갈아 지고 가는데 한번 지면 낑낑거리면서도 그걸 놓기 싫어했다. 두사람은 험한 길목에 나서면 서로 떨어져 걸었고 어느 누구도 쉬잔 말을 못했다. 종종 허공에서 서로 눈길이 마주치군했는데 거기에는 무서운 불이 이글거렸다. 하긴 그럴수밖에 없었다. 이미 황금에 환장이 되여 한사람을 해제낀 그들은 서로 상대방을 의심 안할래야 안할수 없었다.(난 네속을 다 알아.)
(흥 네놈이 힘센것만 믿는데, 어디 손만 대봐라.)
두《친구》는 말없이 으르렁거렸다. 마침내 금을 캐냈던 벼랑길목에 다다르자 말이 오고갔다.
《너 간이, 이걸 혼자 가지고싶지?》
《천만에, 그건 네 생각이지?》
돌치가 눈을 부라리며 묻자 간이의 뱁새눈에도 모가 섰다.
《난 아무래도 너를 가만 둘수 없다.》
《흥, 네가 그렇게 나올줄 알았다.》
돌치가 주먹을 쥐고 나서자 간이는 괴춤에서 장도칼을 빼들었다. 그 장도칼은 솔봉이의것이였는데 어느새 날까지 시퍼렇게 서있었다.
《네놈이 그 장도칼까지 미리 전사했구나.》

《그래 나라고 가만히 있을줄 알았니? 어디 덤벼봐라.》

간이는 제편에서 한결음두걸음 돌치에게로 다가갔다. 돌치는 뒤로 비실비실 물러섰다. 이제 몇발자국만 더 물러서면 천길벼랑으로 떨어지는 그 순간 갑자기 돌치가 앞으로 욱―날아들면서 간이의 배허벅을 걸어찼다. 그바람에 간이는 칼을 떨구어버리며 그자리에 나뒹굴었다. 몇바퀴 뒹굴다가 겨우 벼랑의 한 모서리를 걸어쥐였다.

《돌치야, 나를 좀 살려다구. 지난날 함께 지낸 정을 생각해서라두…》

《흥, 정은 무슨 말라빠진 정이야.》

돌치는 벼랑의 모서리를 잡고 겨우 몸을 지탱해가는 간이를 다시 걸어찼다.

순간 간이는 목이 터지게 《강도야―!》 하고 큰소리를 내지르며 벼랑밑으로 떨어져내렸다. 그러자 앞뒤산이 《강도야!》, 《강도야!》 그 소리를 받아외웠다.

돌치는 열이 쑥 빠졌다. 그런속에서도 메고오던 구럭을 헤치고 금덩어리를 만져보려고 했다.

그런데 이게 웬 일인가. 헤쳐보니 금덩어리는 간대 없고 목침만한 막돌이 들어있지 않는가.

《…아 이거 덤비다나니 제단을 만들던 막돌을 잘못 들고 왔군!》

돌치는 다시 내려가던 길을 돌아서서 솔봉이를 제껴버리던 제상자리로 올라갔다. 어둠속을 헤치고 혼자 수림속을 걷자니 무서운 환각이 소름이 끼치게 했다. 게다가 간이가 죽으면서 웨친 《강도야!》 하는 소리가 자꾸만 귀전에 울려왔다.

돌치는 탁 숨이 차서 슈―슈― 큰 숨을 쉬며 저도 모르게 입에 오른 《강도》소리를 번갈아외우며 걸었다. 《강도 슈―》, 《강도 수―》

고요한 수림이 그 소리를 받아외웠다. 《강도슈―》, 《강도 수―》

이때 솔봉이는 풀밭속에서 정신이 들었다. 허기증이 치밀어오른 솔봉이는 손을 내저어 잡히는것을 아무거나 마구 씹어먹었다. 그것은 무우같은 풀뿌리였다. 그것을 먹었더니 다시 취해들었다. 새벽녘에 잠에서 깨여나니 몸이 거뜬하고 금시에 날아가듯이 기운이 뻗치였다. 그가 쓰러졌던 그 풀밭이 바로 산삼이 소복이 몰켜자라는 삼밭이였다. 그는 산삼향기에 정신이 들어 저도 모르게 산삼 한뿌리를 씹어먹었던것이다.

잠에서 깨여난 솔봉이의 기쁨은 끝이 없었다.

그는 정성드려 산삼을 한뿌리 두뿌리… 큼직한것으로 골라캐였다. 그리고는 집에서 기다릴 어머니의 생각이 간절해서 다급히 자리를 차고일어나 풀밭에서 산등성으로 올라왔다. 어제저녁 제사를 지내던곳에 다다르니 웬 사람이 제단을 타고앉아 《강도수》《강도수》하고 끝없이 중얼거리며 이 돌 저 돌을 매만지고있었다. 찬찬히 보니 그는 돌치였다. 황금에 눈이 멀어진 돌치는 잡히는 돌마다 다 금덩이같았다. 그래서 이것 저것 마구 집어서 구력에 담고있었다. 그는 금덩어리를 틀림없이 지고 갔으나 사람을 죽여 살기가 오른 그 눈에는 진짜 금덩어리는 막돌같고 막돌은 다 금덩어리로 보였던것이다.

솔봉이는 더 참을수 없었다. 그는 주먹을 움켜쥐고 《돌치 이놈!》하고 불렀다.

그러자 돌치는 버쩍 얼굴을 쳐들고 솔봉이를 보더니 그만 《앗! 귀신이야!》하고 큰소리를 내지르고는 사지를 쭉 뻗고 죽고말았다.

솔봉이는 돌치가 버린 금덩어리를 손에 들었다. 그리고는 한참이나 넋을 잃은듯 그 금덩어리를 들여다보았다.

(아, 이게 뭐길래 사람이 미쳐 돌아가며 서로 물고뜯고 싸우게 한담!)

깨끗한 마음을 흐리게 하고 사람의 본심마저 잃게 하는 그 금덩어리를 그냥 둘수 없었다.

솔봉이는 두손으로 금덩어리를 높이 쳐들어 아득한 벼랑으로 집어던졌다.

이윽고 솔봉이는 가벼운 마음으로 마을로 돌아왔다.

그후 솔봉이는 산삼을 어머니에게 대접하여 병을 고쳐드리고 행복하게 살았다고 한다.

지금도 대홍단에 가면 삼인정과 강두수라는곳이 있는데 삼인정은 그들이 금을 캔곳이요 강두수는 강도수가 발음이 와전된것으로서 솔봉이가 삼을 얻은곳이라 한다. 지금 여기에는 아담한 림산마을이 자리잡고있다.

박 상 용

임진년의 백두산

해가 떨어지자 산골짜기엔 어둠이 깃들었다. **북방의 가을**은 오자마자 벌써 겨울에 자리를 넘겨주려는듯 아침저녁으로 제법 쌀쌀하다. 마른 새초덤불을 휘여눕히며 으스스 찬바람이 분다.

어둠이 깔린 한가닥 오솔길을 따라 람루한 옷을 걸친 한 사나이가 터벅터벅 걸어가고있었다.

팔소매며 옷자락은 찢길대로 찢어져 소슬바람에 제멋대로 너펄거렸고 허름한 전립은 자주 벗겨져 풀숲에 나딩굴군한다. 왼쪽 어깨엔 흥건히 피가 내뱄는데 상처의 동통때문인지 그는 이따금 이마살을 찌프리며 입술을 깨물군했다.

춥고 쓸쓸한 이 가을밤, 백두산근방의 수림과 골짜기를 헤매다니는 이 사람은 당년 27살의 북평사 정문부였다. 평퍼짐한 둔덕우에 올라선 정문부는 걸어온 아득한 천리수해를 바라보며 길게 한숨을 내쉬였다. 상처보다도 더 그의 가슴을 아프게 파고드는것은 나라와 백성들이 당하고있는 참변과 굴욕, 수치였다. 어떻게 되여 북쪽의 오랑캐들도 아닌 아득한 남해 건너 왜적들이 북관땅에까지 쳐들어왔는지 선뜻 믿어지지 않았다.

관북6진의 군사들을 거느린 북병사 한극함은 마천령에서 패한 남병사 리영의 군사들과 합세하여 다시 가등청정을 막으려 했으나 성공하지 못했다. 6진의 보루들은 물먹은 담벽처럼 너무도 쉽게 무너져버렸다. 그러자 왜적들에게 겁을 먹은 반역자들이 나타났다. 회령의 국경인, 경성의 국세필, 명천의 말수…회령까지 피난갔던 두 왕자 순화군과 림해군은 반역자 국경인한테 붙잡혀 왜놈들의 손에 넘어갔다고 한다. 집안의 원쑤가 더 무서운 때였다. 국세필일당은 정문부와 같이 청렴하고 지조있고 원쑤들에게 굴복하지 않는 사람들을 눈에 든 가시처럼 여기면서 그들을 잡아없애기 위하여 혈안이 되여 날뛰였다. 그러나 정문부는 평소에 사람들의 인망이 높았던까닭에 어데 가나 인민들의 보호를 받을수 있었다.

그는 지금 피로운 상념속에 자신의 첫 실수를 돌이켜보았다. 정문부는 전 함경감사 리성임과 전 경원부사 오응태 등과 같이 몇몇 사람들을 모아가지고 경성으로 들어가 국세필을 둘러세우려고 하였다. 그러나 인민들의 힘을 떠난 몇몇 관료와 선비들이란 한날 물우에 뜬 기름방울에 지나지 않았다. 국세필은 오히려 그들을 체포하여 처형하려고 하였다. 그렇게 되자 리성임, 오응태 등은 놀라서 뿔뿔이 달아나버리고 정문부도 할수 없이 몸을 피할수밖에 없었다. 그는 오히려 더 불리한 처지에 빠져버렸다. 국세필일당은 정문부를 찾아내려고 눈에 쌍심지를 켜고 쏘다녔다. 정문부는 놈들의 추격을 피해 숨어다니며 의병들을 모으다가 지금 백두산밀림에까지 오게 되였다. 고난에 찬 이 길은 과연 어떤 길이였던가. 그 나날은 고통스럽고 위험했어도 이 나라 백성들의 마음을 더 깊이 알게 된 귀중한 체험의 나날이기도 했으며 의병을 일으켜 왜적을 칠 뜨거운 각오로 가슴이 타번진 나날이기도 하였다. 정문부의 눈앞에는 열흘 전 일이 주마등처럼 떠올랐다. 그때 그는 무산의 어떤 뜻있는 선비를 만나려 걸음을 재촉하다가 부령의 어느 고개길에서 잠시 발길을 멈추었다. 방금 적들의 추격에서 벗어난 뒤였다.

그는 피로운 마음을 주책할길 없어 주먹을 으스러지게 틀어쥐며 길옆에 선 나무가지를 힘껏 내리쳤다. 우수수 단풍든 나무잎새들이 머리와 어깨우에 떨어져내린다. 의주에 피난간 선조왕과 무능한 조정의 관료들을 생각하는 그의 두눈엔 어느덧 뿌연 이슬이 맺히였다. 참으로 땅을 치며 통탄할노릇이 아닐수 없었다.…

그때 등뒤에서 인기척이 났다. 정문부는 흠칫하며 뒤를 돌아봤다. 어둠속에 낫을 든 키가 큰 사람이 그를 뚫어지게 바라보고있었다. 정문부는 등골이 오싹해짐을 느꼈다.

《저 북평사나리가 아니십니까?》

정문부는 깜짝 놀랐다. 이 외진 산골에서 자기 정체를 알고있는 사람을 만나다니…가슴이 떨렸다.

《허―사람을 잘못 보신것 같으시구려…나는 서울에 있는 장사군인데 란리를 만나 집으로 갈수 없어 밥을 빌어먹으며 여기까지 왔는데 당신은 무슨 허망한 말씀이시오.》

그러자 그 사람은 절을 하며 이렇게 말했다.

《아니올시다. 제가 아무리 눈이 어둡기로 북평사어른을 못알아보겠나이까. 일전에 경성에 갔다가 가까이에서 나으리의 모습을 뵈

움적이 있소이다.
 자, 밤도 깊었는데 저아래 우리 집으로 가십시다…》
 정문부는 망설였다. 그러자 그 사람은 다시 입을 열었다.
 《아직 저를 못믿어하나이까. 저는 이름을 한인간이라 부릅니다. 왜놈들이 란동을 부려도 며칠 못갈줄로 압니다. 소문에 경상도 일대에 큰 의병이 났다는데 우리 관북땅에서도 의로운 사람들이 들고 일어날겁니다. 그때까지 우리 집에 가 숨어있는게 좋을것 같습니다.》
 그의 말소리며 행동거지는 조금도 꾸밈이 없고 진실하였다. 달이 휘영청 밝은 밤이였다. 정문부는 한인간을 따라 그의 집으로 갔다. 방안에 들어서던 정문부는 두눈이 휘둥그래졌다. 좁은 방안을 꽉 채우며 커다란 제상이 차려졌는데 량켠에 초대가 조용히 불타고있었다.
 한인간은 안주인을 불러 빨리 상을 차리라고 말했다. 녀인은 제상을 쳐다보며 머뭇거리였다. 그러자 한인간은 손수 제상에서 통닭이며 어물들이며 떡그릇을 내리였다.
 정문부는 벌떡 일어서며 그의 손목을 잡았다.
 《주인은 이러지 마시오. 어떻게 감히 제도 지내기전에 제물에 손을 댈수 있겠습니까…》
 한인간은 얼굴에 빙그레 웃음을 띄였다.
 《나으리, 아무 걱정도 하지 마십시오. 우리 조상들은 다 천한 사람이였습니다. 선친도 어랑앞바다에서 고기잡이를 하다가 살수 없어 이 산골로 이사와 부대기를 일궈 감자농사를 지었는데 지난해에 병으로 세상을 떠났습니다. 부친이 살아계시면 북평사나으리께 먼저 대접안하고 자신이 먼저 드셨겠나요…그러니 아무 생각말고 어서 맘껏 드시옵소서…》
 한인간의 말은 정문부의 마음을 따뜻이 덥혀주었다. 한밤중에 몇몇 라졸들이 수색을 왔으나 한인간은 정문부를 무산에서 제사보려 온 동생이라며 멋지게 속여넘기였다. 그리하여 정문부는 한인간의 집에서 며칠 묵으면서 상처도 치료하고 겹쌓인 피로도 풀면서 앞으로 할일을 생각하였다. 그는 한인간과 마을사람들한테서 지금 백두산에 많은 사람들이 란을 피해 숨어있다는 소리를 들었다.
 그의 가슴은 널뛰듯하였다. 백두산에 들어가면 의병을 일으킬것

갈았다. 무산에서 백두산까지는 380여리다. 그는 경성에 있을 때 백두산에 대한 이야기를 많이 들었고 또 그리로 가는 길도 알아두었었다. 그때 평생에 한번은 꼭 조종의 산에 다녀와보리라는 결심을 가지였다. 하물며 지금 란을 피해 관북의 수많은 백성들이 찾아들어간곳이니 정문부의 마음이 어찌 동뜨지 않겠는가. 그리하여 길을 떠난 정문부는 벌써 열흘째 백두산 원시림속을 헤매고있었다. 어제는 백두산이 지척에 보이는 장파의 어떤 내버린 포수막에서 하루밤을 보냈는데 하마트면 로토(녀진의 한 종족)의 습격을 받아 목숨을 잃을번하였다. 로토들은 시국이 문란해진 틈을 노려 떼를 지어다니면서 민가를 습격하고 도적질을 일삼고있었다. 어깨의 상처는 바로 그때 입은것이다.

너럭바위우에 걸터앉아 다리쉼을 하고있던 정문부는 별안간 시내가쪽에서 울리는 소방울소리와 사람들의 말소리에 벌떡 몸을 일으켰다.

《야, 이놈아 좀 빨리 걸어라—그러단 날이 샐 때까지도 못가겠다.》

일행은 정문부쪽으로 오고있었다. 머리에 흰 무명수건을 질끈 동이고 날창을 든 세녀석이 소임자를 앞세우고 제잡담 떠들썩거리며 올라왔다.

소잔등에는 두세짝의 낟알포대까지 실려있었다.

갑자기 소임자가 길섶에 털썩 주저앉으며 앙탈을 썼다.

《난 이젠 더 못가겠소…아예 날 죽여주우.》

《뭣이, 얼른 일어나지 못할가…》

어깨가 딱 바라진자가 소임자의 가슴에 창을 들이댔다.

《아이쿠…》

소임자는 지레 겁을 먹고 비명을 질렀다.

정문부는 그들한테로 마주가며 소리쳤다.

《너희들 이게 무슨짓들이냐?》

그의 목소리는 높지 않았으나 우렁차고 위엄이 있었다. 무명수건을 동인자들은 머뭇거리며 대답을 못하였다.

《나는 백두산에 숨어있는 사람들을 찾는 북평사 정문부이다. 너희들은 도대체 무슨 사람들이냐?…》

그러자 소임자가 정문부의 발치에 넙적 엎드렸다.

《북평사나리, 이 소에 우리 집 여섯식구의 명줄이 걸렸소이다. 그런데 의병들이 나타나소 한짝 선심쓰라는바람에 여기까지 피치 못해 끌려왔소이다. 소인을 놓아주옵소서…》
정문부는 불이 이는 눈으로 의병들을 둘러보았다.
《의병이 어찌 백성들의 재물을 로략질하는가. 소는 당장 돌려주고 나를 너희들의 대장에게 안내하여라…》
의병들은 지은 죄가 있어 감히 정문부에게 맞서지 못하였다. 소임자는 황황히 소를 끌고 꽁무니를 뺐다. 정문부는 그들을 타일렀다. 알고보니 그들은 모두 가난한 농민의 자식들이였다. 백두산에 의병이 있다는바람에 종성과 풍산 등지에서 찾아왔는데 의병장이란 사람은 싸움은 하지 않고 밤낮 소와 돼지를 잡아놓고 술마시는 것으로 세월을 보내고 있다는것이였다. 어느 고을의 사령으로 있던 고경진이란 사나이가 자칭 의병장이라고 한다.
정문부가 의병들을 앞세우고 그들의 근거지에 도착했을 땐 밤이 퍽 깊은 때였다. 숲속 공지의 여기저기선 화토불이 활활 타오르는데 불무지마다 여라문명씩 둘러앉아 불고기를 하고 술을 마시며 와짜지껄 떠들고있었다. 고기굽는 냄새는 수림속에 진동하였다. 왜적들과 멀어진 백두산밑이라 그들은 아무런 위험도 느끼지 않고 주연을 베풀어 환락의 순간을 즐기고있었다.
정문부가 의병들을 따라 고경진의 막사로 향하는데 어데선가 화토불너머 컴컴한 수림속에서 계집애의 울음소리가 들려왔다. 정문부는 발길을 돌려 그곳을 찾아갔다. 새초를 건숭 올려놓은 초막안에는 헌 누데기를 걸친 늙은 녀인이 누웠는데 그의 머리맡에서 열대여섯살쯤된 계집애가 미음그릇을 든채 안타까이 울고있었다. 병자는 숨소리조차 없었다. 벌써 사흘째 물 한모금 넘기지 않고 이렇게 누워있다고 한다. 병자는 이밤을 넘길것 같지 못했다. 정문부는 한숨을 쉬고나서 초막을 나섰다. 여기저기 피난민들의 그런 초막이 많았다.
그들은 감히 의병들의 주연이 벌어진 화토불가에 다가갈 엄두를 못내였다. 정문부는 가는곳마다에서 굶주리고 병약한 늙은이들과 아이들을 만날수 있었다. 그는 숲속을 한바퀴 돌아본 다음 고경진의 막사로 향했다. 불빛이 환한 막사안에서 그 누군가를 꾸짖는 욕설이 흘러나왔다.

211

《이 얼빠진놈들아, 그래 품들여 끌고오던 소와 량식까지 내버리 면 이제 무얼 먹고 산단말이냐? 당장 돌아가서 군령을 집행하지 않 으면 한놈도 남기지 않고 목을 칠테다─》
 정문부는 기침소리를 내며 막사안으로 들어섰다.
 막사안에는 숯불이 이글거리고있었다. 가운데 상좌에 턱수염을 기르고 우악스럽게 생긴 사나이가 앉아있는데 그의 앞에는 바로 정문부와 같이 온 의병들이 무릎을 꿇고 엎드려있었다. 주육으로 하여 고경진의 얼굴은 불긋불긋 혈색이 좋았다. 그는 정문부를 보자 일순 당황한 표정을 지었으나 그의 차림새를 보고 거만한 태도로 돌아갔다.
 《북평사 정문부라 불러주시오.》
 정문부는 공손히 두손을 모아 머리를 숙여보였다. 고경진의 술진 눈섭이 굼틀하고 두볼이 실룩거렸다. 백두산은거지에 이런 높은 관원이 나타나리라고는 꿈에도 생각 못해본것 같았다. 그는 저도 모르게 헛기침을 곷더니 의병들을 나가보라고 말했다. 의병들이 후줄근해서 나가버리자 고경진은 채 먹지 못한 술과 구운 돼지갈비들을 내놓았다. 술대접이 몇순배 돌아가자 고경진은 정문부에게 물었다.
 《보아허니 북평사어른께서 란리나 피하자고 여기까지 찾아오신것은 아닌줄로 아옵니다…》
 저으기 비웃음이 섞인 그의 말에 정문부는 전혀 개의치 않았다.
 《옳은 말이요. 이 란통에 어찌 술놀이나 하려고 수백리 원시림을 헤매다녔겠소. 왜적의 발굽에 나라는 무지하게 짓밟히고 백성들의 원한은 구천에 사무쳤소. 나는 나라를 위하여 충의있는 사람을 얻고저 하였더니 뜻밖에 그대들을 만났소. 그러니 이는 곧 하늘의 뜻이 아닌가 생각하오…》
 고경진은 돼지갈비를 뜯을뿐 입을 열지 않았다.
 《그대도 조선사람이라 나라를 사랑하는 마음이 있을것이니 모든 힘을 다하여 나와 더불어 죽음을 무릅쓰고 왜적들과 싸워봄이 어떠하시오?…》
 고경진은 별안간 껄껄 웃음을 터뜨렸다.
 《옛날부터 중과부적이란 말이 있듯이 이 어중이떠중이같은 피난민들을 가지고 어떻게 가등청정의 군대를 대적하겠소이까. 게다가

왜군은 조총까지 탕탕 쏘아대는데 도대체 맨 주먹뿐인 북평사어른께서 그 기세를 무슨 힘으로 당하려 하시오?〉

정문부는 백성들의 의로운 마음과 그들이 떨쳐나설 때 세상에 무서운 적이 없다고 이르고나서 덧붙였다.

〈만일 힘이 부족하여 성공치 못하면 오히려 죽어서 꽃다운 이름을 얻으려니와 앉아서 죽기를 기다리는것은 백성의 도리가 아니니 재삼 깊이 생각하기를 바라오.〉

고경진은 턱수염만 어루쓸며 대답을 못하였다.

밤이 이슥하여 고경진의 막사에서 나온 정문부는 잠을 이룰수 없어 날이 밝을때까지 밀림속을 돌아보았다. 날이 푸름푸름 밝아올 무렵에 정문부는 희미하게 스러져가는 어느 모닥불앞에서 걸음을 멈췄다. 모닥불앞에는 창을 무릎새에 세운 의병 하나가 꺼떡꺼떡 졸고있고 모닥불 조금 떨어진 커다란 이깔나무엔 손에 오라를 진 사람 셋이 결박되여있었다. 그들도 피곤에 지친듯 서로 고개방아들을 찧고있었다. 곤장들을 얻어맞았는지 시뻘겋게 드러난 둥어리며 피칠갑을 한 이마며 부어오른 눈두덩…그것을 바라보는 정문부의 가슴은 찢어지는것 같았다. 그들은 바로 어제저녁 정문부가 만났던 의병들이였다. 왜놈을 치겠다고 의로운 마음을 먹고 집을 떠난 젊은이들이 이 무슨 꼴불견이란말인가…정문부는 한걸음에 달려가 그들을 이깔나무에서 풀어냈다. 처음 한순간 잠에서 채 깨지 않은듯 얼떨떨해있던 의병들은 정문부를 알아보자 다시 무릎을 꿇었다. 그들은 겁에 질려 사시나무 떨듯하였다.

〈북평사님 이러지 마시오이다. 우리는 군법을 어긴 죄인들이올시다….〉

〈우린 대장이 목을 치지 않은것만 해도 다행인줄 아옵니다….〉

그들은 오히려 정문부가 자기들의 오라진 손을 풀어주려 하자 다시 그 어떤 화가 미칠가봐 두려워했다. 정문부는 껄껄 웃었다.

〈너희들에게 후환이 없게 할터이니 너무 걱정 말라. 그래 저녁들은 먹었느냐?〉

정문부가 다정하게 묻자 의병들중 나이 어려보이는 총각이 고개를 숙이며 눈물을 떨구었다.

정문부는 그때까지도 끄덕끄덕 세상모르고 졸고있는 파수병을 깨웠다. 그는 입귀로 게춤까지 흘리며 자고있다가 놀라서 벌떡 일어서며 두눈을 비비였다. 이윽고 정신을 차린 그는 낯선 정문부며 결박에서 풀려난 의병들을 보자 얼굴이 하얗게 질려 창을 비껴들었다.

정문부는 창을 붙잡아 가벼이 물리치며 그에게 말했다.

《난 북평사 정문부니 그리 알거라. 앞으로 파수를 그렇게 서다간 용서 없을줄 알거라…》

정문부는 엄한 눈길로 그를 바라보았다.

《빨리 가서 밥 세그릇을 얻어오너라.…》

파수병은 군말없이 저쪽으로 사라지더니 얼마 지나지 않아 자그마한 옹배기에 보리밥 몇덩이를 담아가지고 왔다. 정문부는 의병들에게 옹배기를 넘겨주었다.

《어서 밥들을 먹고 기운들을 내야겠다.》

의병들은 서로 마주볼뿐 선뜻 옹배기앞에 나앉지 못했다. 밤낮 고경진한테 쌍욕을 얻어먹고 지지리 물리우던 그들로선 정말 이런 사람대접은 천만뜻밖이였다. 정문부는 그들이 밥을 먹도록 잠시 자리를 피했다가 다시 모닥불앞으로 왔다. 다 스러져가는 모닥불을 헤집고 알불을 그러모아 그우에 마른 나무가지들을 덧놓았다. 불길은 인차 퍼져올랐다. 정문부는 그들을 불가까이 다가앉게 하였다.

그는 의병들에게 왜놈들이 저지르고있는 만행이며 인민들의 생활에 대하여 말하고나서 이렇게 덧붙였다.

《우리는 어떻게 하나 한사람같이 뭉쳐서 왜놈들을 쳐몰아내야 하네. 왜 우리가 고생을 하고 목숨을 바쳐서라도 왜적과 싸워야 하는가? 모두 조상들의 뼈가 묻혀있는 자기고장에서 마음놓고 농사도 짓고 자식도 낳아기르며 편안히 살아보자는것일세…그런데 너희들처럼 왜적을 치기는 고사하고 불쌍한 백성들의 재물이나 략탈해서야 어느세월에 왜적들을 몰아내겠느냐?…》

나이 어린 의병이 울먹이며 입을 열었다.

《저희들은 그저 대장이 시키는바람에…》

《허허 대장이 설마한들 강제로 빼앗아오라고 시켰겠느냐…》

《북평사님, 저희들이 그만 잘못했소이다.》

의병들은 일시에 일어나 정문부앞에 엎드리며 잘못을 빌었다. 이때 모닥불에서 얼마 떨어지지 않은 나무뒤에 한사람이 서있었다. 그는 숲속을 돌아보고있던 고경진이였다. 얼마후 그는 어깨를 떨어뜨린 채 스적스적 어데론가 걸어갔다.

정문부도 의병들과 헤여졌다. 밀림속엔 아침해빛이 스며들고 새들이 우짖었다. 여기저기서 피난민들과 의병들이 돌가마를 걸어놓고 아침밥을 짓고있었다. 밥짓는 연기가 수림속에 안개처럼 떠돌았다. 그는 백두산이 바라보이는 어느 밀림의 가녘에서 걸음을 멈추었다. 백두산의 숭엄한 모습은 그의 마음을 뜨겁게 만들었다.

이 나라 력사의 시작도 력사의 세찬 소용돌이도 모두 이 백두산을 중심으로 대하처럼 굽이쳤거늘 저 백만년의 유구한 세월과 5천년의 풍파많은 력사의 그 모든 수난을 꿋꿋이 이겨내면서 백두산은 언제 한번 자기의 높은 이마를 숙여본적이 없었다. 아니 슬기로운 이 나라 백의민족을 위해 넋을 기울이고 진정을 쏟아부어 그 높은 머리는 저렇게 희여져 백발을 흩날리지 않는가! 의분에 넘친 정문부의 입에선 저도 모르게 남이장군이 지은 시 한수가 흘러나왔다.

　　백두산의 돌은 칼 갈아 다 없애고
　　두만강의 물은 말 먹여 다 말리리
　　사나이 스무살에 나라평정 못하면
　　후세에 그 누가 대장부라 일러주랴

그의 두눈엔 어느덧 눈물이 괴여 아침해빛에 이슬처럼 번쩍이였다. 바로 그때 정문부의 뒤에서 락엽 밟는 소리가 들리였다. 그의 등뒤엔 잠을 설친듯 눈이 움푹 꺼진 고경진이 서있었다. 정문부를 바라보는 그의 얼굴엔 때늦은 자책과 고민이 어려있었다. 사실 그도 어제밤 편안치 않았었다. 마음이 뒤숭숭해진 고경진은 온밤 막사안에서 궁싯거리며 잠을 못이뤘다. 새벽녘에야 가까스로 잠들었는데 그만에야 군사들을 다 잃고 왜적들에게 쫓기는 꿈까지 꾸게 되였다. 당장 뒤잔등에 적의 창끝이 닿을듯한 아슬아슬한 순간 어데선가 백마를 탄 장수 하나가 나타나더니 검을 휘둘러 적들을 베기 시작하는것이였다. 장수의 칼이 한번 번뜩일때마다 왜놈들의 머리는 백급이상 떨어져 락엽처럼 딩굴었다. 장수는 고경진더러 《칼을 잡고 내뒤에 오르라!─》 하고 소리쳤다. 고경진은 황급히 자기의 검을 찾았으나 그것은 어디에도 없었다.…

꿈에서 깨여난 고경진의 등골에는 식은땀이 쭉 흘렀다. 그는 자리를 차고 밖으로 나갔다. 동녘하늘이 휘유스름이 밝아오고있었다.

그는 북평사를 몰라본 자기를 꾸짖어 백두산신령이 그런 꿈을 준것이라고 생각하였다. 고경진은 정문부를 찾기 시작하였다. 그러다 바로 모닥불곁에서 그가 의병들과 같이 있는 모습을 띄여보았던것이다. 그것을 바라보는 고경진의 감동은 컸다. 자신은 역시 한낱 자그마한 고을의 아전에 지나지 않는 범속한 인간이요 정문부야말로 나라를 위해 큰 일을 할 비범한 사람임을 깨달았다. 그는 진심으로 자기를 사죄하고싶었다.

《어제는 소인에게 불민한 점들이 많았소이다. 늦게나마 나라에 지은 죄를 씻고저 하오니 군령을 내려주소이다.》

고경진은 무릎을 꿇었다. 정문부는 크게 감동하여 얼른 그의 두 손을 잡아일으켰다. 고경진이 이렇게 빨리 자기 잘못을 깨달을줄은 몰랐었다.

《옛날 을지문덕이나 강감찬장군이 나라가 위험에 처했을 때 일신의 모든것을 희생하여 외적들을 치니 나라는 위기에서 구원되고 백성들은 후손만대 그들의 공적을 찬양하고있구려… 그대도 이를 거울삼아 결단코 외적과 맞서싸우면 어찌 나라의 충신이 되고 그 이름 빛나지 않겠소. 더우기 이곳은 일찌기 절재 김종서와 남이장군이 북방의 오랑캐들을 정벌하고 피로써 지켜낸 땅인데 어찌 또 왜놈들에게 내여줄수 있겠소. 우리 힘을 합쳐 의병을 일으켜 충의를 다합시다!》

그날 고경진이 부하들을 시켜 여기저기 흩어진 군사들과 청장년들을 모아들이니 무려 500여명이 넘었다. 그리하여 병기들을 정비하고 대오를 편성하니 삽시에 의병들의 사기는 하늘을 찌를것 같았다. 정문부가 의병들의 훈련으로 밤과 낮이 따로 없던 어느날이였다. 그는 백두산 동쪽 어느 골짜기에 수백명의 의병들이 숨어있다는 소식을 들었다. 그 소식을 들은 때는 자정이 훨씬 지난 뒤였다. 정문부는 그 즉시로 의병들을 만나보겠다고 길을 떠났다. 고경진을 비롯한 많은 사람들이 밤이 깊었다고 만류하였으나 그는 흔연히 웃음을 지으며 《어찌 가만히 앉아서 날밝기만 기다리겠소. 의병들을 얻는길이라면 이런 밤길을 매일 걸어도 후회가 없으리다.》라고 해서 군사들의 가슴을 찡하게 울리였다. 그는 두명의 의병들만 데리고 끝내 호랑이가 출몰하고 승냥이무리가 청승맞게 우는 수십리 밤길을 걸어 의병들을 찾아갔다. 그들은 뜻밖에도 갑산부사 리유익의 군사들이였다. 리유익 역시 백두산 깊은 수림속에 숨어있다 의병을 일으키려고 하였던것이다.

정문부의 적극적인 노력으로 리유익이 거느린 의병들도 정문부의 부대에 합세하였다. 태고연한 정적을 깨뜨리며 백두의 원시림속에서는 병쟁기를 벼리는 마치질소리가 간단없이 울리고 군사들의 교련으로 밤낮없이 떠들썩하였다.

드디여 출전의 그날이 다가왔다. 의병들은 돼지와 마소를 잡아 백두산에서 제사를 지내였다. 제문에는 이렇게 씌여있었다.

《조선국 함경도북평사 정문부 등이 이제 의병을 일으켜 왜적을 소탕하고 나라를 회복하자 하오니 엎드려 빌건대 백두산신은 굽어 살피소서.

싸우면 반드시 이기고 큰공을 세울수 있도록 하여주옵소서.》

의병들의 머리우에는 명주필로 만든 기치와 《의병장 정문부》라고 쓴 큰 기발이 나붓기고있었다. 의병들의 전립우에는 모두 《충의》 두 글자를 새겨붙였다. 제문을 읽고 모두 백두산을 우러러 머리를 숙이는데 홀연 백두산분화구에서 검은 연기가 뭉게뭉게 타래쳐오르더니 천지를 진감하는 우뢰소리와 함께 삼단같은 불길이 활활 타오르기 시작하였다. 불길은 이 나라 하늘에 서린 임진년의 치욕을 활활 불태우며 거세차게 타올랐다. 땅이 드릉거리고 천리수해가 설레였다.

백두산일대는 화광에 휩싸여 천지개벽의 새 경륜을 맞이하는듯 싶었다.

허리 늘씬한 준마우에 올라앉은 정문부는 하늘높이 장검을 추켜들고 소리높이 웨쳤다.

《보라! 이 나라 조종의 산 백두산이 불을 뿜어 우리의 앞길을 밝혀주고있도다. 임진년의 이 비통하고 치욕스런 나날에도 백두산만이 우리를 품어주고 민족의 얼을 지켜내여 우리로 하여금 단군과 고주몽의 후손들답게, 이 나라의 아들들답게 살도록 이끌어주고 있도다. 싸우면 승리하고야 마는것이 백두산의 넋이요, 백두산에서 의병을 일으킨 충의지사들의 의지이거늘 왜적의 무리들은 이제 죽음을 면치 못할것이다. 군사들, 나를 따르라!》

정문부의 말에 호응하는 의병들의 함성에 하늘땅이 떠나갈듯하였다.

정문부의병부대의 활동에 대하여 《임진록》에서는 이렇게 쓰고있다.

《군기를 수습해서 회령에 들어가니 왜장 경감뇌가 듣고 미처 군사를 모으지 못하여 제혼자 말을 타고 나올 때 백성들이 달려들어 경감뇌를 쳐죽이고 정문부를 맞이하거늘 문부가 회령을 회복한후 각 고을에 격문을 전하였으니 글에 쓰기를 의병장 정문부는 충의지사들을 거느리고 함경도일대를 회복하고 도적을 소멸하여 나라를 받들고저 하나니 격문이 이르는 날 때를 놓지 말고 이에 응하라 하였더라.》

그리하여 정문부의 의병대는 도처에서 적들을 소탕하면서 9월말에는 경성을 장악하고 반역자들인 국세필, 회령의 국경인 등을 처단하였다. 정문부의 지휘밑에 의병부대는 그해 10월말 길주, 장평 돌고개 일대에서 800여명의 적을 소멸하고 림명과 쌍포에서도 수백명의 왜적들을 소탕하였다.

관북일대는 정문부의병대의 관할하에 들어왔다.

이듬해 1월 정문부의 부대는 적장 가또가 거느린 2만여명의 일본 침략군과 길주 백탑에서 싸우게 되였다. 정문부는 3천여명의 의병들을 거느리고 매복, 기습을 배합한 불의의 타격과 기병과 보병의 배합전술로 왜놈들을 거의 몰살시켰다.

적장 가또는 한낱 패군지장으로 겨우 목숨을 건지여 마천령을 넘어 뒤꽁무니를 빼고말았다.

※임진조국전쟁당시 관북 일대에서 활동한 의병장 정문부에 대한 이야기는 세월을 거듭하여 내려오는 과정에 여러갈래로 많이 전파되였는데 사실에 맞지 않는 전설화된것들도 있었다. 한것은 정문부가 젊은 의병장으로서 그만큼 인민들속에서 명성이 높았던까닭이였다.

황청일

오 갈 암

　백두산에서 무산쪽으로 칠팔십리 내려가노라면 대로평이라는 덕지대에 들어선다. 그 덕지대를 얼마 가기전에 좌우로 험한 벼랑이 둘러막힌 좁은 길목이 있는데 여기에 까마귀가 목말라 울었다는 오갈암이라는 큰 바위가 있다.
　원래 이 주변에는 물이 없고 땅이 메마른데다가 인가마저 없다보니 까마귀가 한마리도 날아오지 않았다 한다. 그런데 오갈암이라는 이름이 붙게 된데는 이런 사연이 전해지고있다.
　옛날 백두산에서 그리 멀지 않은 연사마을에 홀어머니를 모시고 사는 꽝이라는 소년이 살고있었다. 꽝이네는 서울에서 살았는데 얼마전에 이곳으로 이사왔다고 한다.
　한때 그의 아버지는 서울에서 훈련도감이라는 벼슬을 하였다.
　그때 우리 나라 변방에는 두만강너머에 있는 녀진의 무리들이 방비가 약한 틈을 타서 자주 기여들어 이 땅의 재부를 야금야금 뜯어먹고 있었다.
　어느해인가 꽝이의 아버지는 나라의 령을 받고 군사를 이끌고 먼 변방에 와서 그 녀진의 무리들과 싸우게 되였다. 그러던중 하루는 적들과의 판가리 싸움에서 그만 아쉽게도 적장놈의 철퇴를 맞고 땅에 쓸어졌다. 적장놈은 근 이백근에 달하는 큰 철퇴를 휘두르는 장수였는데 꽝이 아버지는 그 힘을 당해낼수가 없었다.
　우리 군사들에게 둘러싸인 꽝이 아버지는 마지막숨을 톺아쉬며 이런 유언을 남기였다.
　《군사들! 원쑤와의 싸움은 마음만으로는 안되니 적보다 힘과 재주를 더 키워야 하오. 내 아들에게도 이 말을 꼭 전해주오. …》
　서울에서 이 소식을 들은 꽝이 어머니는 남편을 잃은 그 모진 슬픔을 묵묵히 새기고 어린 꽝이를 이끌고 아버지의 무덤이 있는 멀고 먼 연사 마을로 이사를 왔던것이다.
　그때 꽝이의 나이는 겨우 여덟살이였다.
　연사마을로 이사를 온 꽝이와 그의 어머니는 어느 산정에 있는 아버지의 무덤을 찾아갔다. 잔디가 미처 뿌리를 내리지 못한 봉분가에서 광이는 무릎을 꿇고 엎드려 《아버지!》하고 목메여 불렀다. 부르면 금시에 무덤을 차고나오실것만 같은 아버지!

훈련을 마치고 돌아오는 저녁이면 어린 광이를 무릎에 받쳐안고 물었다.

《광이야, 이다음에 크며는 무엇이 될테냐?》

《아버지처럼 군사가 되지요뭐.》

《오냐, 장하다. 우리 광이가 제일이다.》

꺼실꺼실한 볼에 그의 얼굴을 마음껏 비벼주시던 아버지, 그 아버지가 정말 세상을 떠났단말인가.

어느새 광이의 눈에서는 눈물이 똘랑똘랑 쉴새없이 떨어졌다. 때마침 불어오는 새빨갛게 물든 단풍잎이 하나, 둘 봉분가에 떨어졌다. 그 붉은 단풍잎은 나라를 지키다 목숨을 바친 아버지의 넋인것만 같았다.

《애야, 아버지가 왜 이 바람 세찬 산정에 홀로 누워계시는지 알겠느냐?》

좀처럼 눈물을 보이지 않던 어머니의 눈에도 한점의 이슬이 맺혔다.

《너도 아버지처럼 나라를 지키는 끌끌한 무사가 되여야 한다. 그래서 아버지의 원쑤를 갚아야 한다.》

어머니의 목소리는 비분에 젖어있었다.

《어머니는 생각끝에 너를 백두산으로 들여보내기로 결심했다. 그곳에 가면 힘과 재주를 키워주는분이 있다더라. 거기서 힘도 키우고 재주도 배워가지고 오너라.》

어머니는 마련해두었던 길량식과 자그마한 보짐을 그의 어깨에 지워주었다.

《어머님의 뜻을 따르겠나이다.》

광이는 허리를 굽혀 어머니에게 큰절을 올리였다.

어머니는 멀리까지 바래주었다.

광이는 해종일 묵묵히 길을 갔다. 저물녘이 되여 어느 고개길에서 무거운 보짐을 지고가는 로인을 만났다.

백발수염의 로인이 지팽이에 의지하여 간신히 길을 가고있었다. 광이는 그저 보고만 있을수 없었다.

《로인님, 어데까지 가시는지 제가 짐을 져다 드리겠나이다.》

《아서라, 네 짐도 무거울텐데… 나는 저 고개를 넘어서도 이삼십리를 더 가야 한단다.》

로인은 굳이 사양하였으나 광이는 우득부득 로인의 짐까지 더 걸머지였다. 그러고보니 금시에 땅에 잦아들것만 같았다.

광이는 한걸음두걸음 가까스로 옮겨짚었다. 그런데 웬일인지 길을 갈수록 짐은 가벼워지고 걸음발엔 날개가 돋혔다.

광이는 로인과 함께 쉽게 고개를 넘어섰다. 고개를 넘어서 얼마를 가니 길가에 자그마한 초가집 한채가 나타났다.

《얘야, 저게 내 집인데 하루밤 쉬고 가려무나.》

《아니 로인님의 집은 고개를 넘어서도 이삼십리를 더 가야 한다고 하지 않았사와요.》

《음 저것도 내 집이라면 내 집이지.》

로인은 아리숭한 소리를 하며 광이의 손을 이끌었다.

로인을 따라 집안에 들어서니 방은 비였는데 누가 해놓았는지 김이 물물 나는 밥 두그릇이 소반에 챙겨져있었다. 로인과 광이는 겸상을 하고 맛있게 저녁을 먹었다. 저녁을 먹자마자 광이는 로인과 이야기를 나눌 사이도 없이 잠자리에 노그라졌다.

그 이튿날 광이가 눈을 떠보니 벌써 날이 밝았는데 어느새 소반에 어제 저녁처럼 밥과 찬이 챙겨져있었다. 조반을 먹고나니 로인이 이런 말을 했다.

《얘야, 나는 네가 어디로 무엇때문에 가는지 안단다. 넌 아버지의 원쑤를 갚으려고 힘과 재주를 키우러 가지?》

《로인님이 그걸 어떻게 아시나이까?》

《그건 더 묻지 말아라. 이제 여기서 이십리 더 가면 사자봉이 있는데 그밑에 대문바위가 있을게다. 그 대문바위를 세번 뚝뚝 두드리면 귀인이 나타나 너에게 재주를 배워줄게다.》

《고맙소이다.》

광이는 로인의 바래움을 받으며 집을 나섰다. 그런데 문을 나서자마자 로인도 집도 가뭇없이 사라졌다.

(이상한 일이구나. 혹시 내가 귀신에게 홀린것이 아닌가. 하여튼 시키는대로 해보자.)

광이는 줄곧 이런 생각을 하며 사자봉을 찾아갔다. 정말 이십리를 더 가니 가파로운 절벽으로 이루어진 사자봉이 나타났다. 그밑에는 대문처럼 생긴 큰 바위가 있었다.
　광이는 뚝뚝 세번 바위를 두드렸다. 그러자 대문바위가 좌우로 갈라지며 그속에서 어깨가 쩍 버그러지고 날파람있게 생긴 웬 젊은이가 나왔다.
　《저…》 광이가 입을 떼려는데 그 젊은이가 먼저 반색을 했다.
　《네가 재주를 배우리 온 광이라는 아이로구나.》
　그만 광이는 할 말이 없었다.
　《그럼 오늘은 푹 쉬고 래일부터 나와 함께 훈련을 해보자.》
　그 다음날 아침, 젊은이는 모래주머니를 내놓았다.
　《이걸 다리에 차고 뛰는 련습부터 하자.》
　그날부터 광이는 모래주머니를 차고 젊은이와 함께 높낮은 산발을 타고넘는 련습부터 하였다. 젊은이는 평시에는 느릿 느릿 걷다가도 일단 산발을 만나기만 하면 펄펄 날아다녔다.
　그걸 보는 광이는 한숨부터 나왔다.
　(나도 언제면 저 아저씨처럼 산발을 펄펄 날아다닐가?)
　보름이 지나고 한달이 넘어서자 광이도 어느새 모래주머니를 차고 산발을 훌쩍훌쩍 뛰여다니게 되였다.
　그러자 젊은이는 이번엔 땅을 차고 하늘로 솟구치는 련습을 하게 하였다. 젊은이는 제먼저 땅을 차고 오르더니 집채같은 대문바위우에 훌쩍 날아올랐다. 광이도 있는 힘을 다 내여 땅을 차고 올랐다. 겨우 한길도 뛰여오르지 못하고 엉덩방아를 찧었다.
　《첫술에 배부른 법은 없다.》
　젊은이는 너그럽게 웃으며 그를 땅에서 일궈세워주었다.
　광이는 입술을 깨물고 나섰다. 처음 얼마동안은 엉덩방아만 찧다나니 화가 났지만 한달 두달이 지나고 반년이 가까와오니 벌써 웬만한 바위벼랑쯤은 훌쩍훌쩍 날아올랐다.
　한해가 지나가니 광이는 네댓길씩 쉽게 뛰여올랐다. 이러기를 삼년 석달, 인젠 광이는 마음만 먹는다면 아찔한 절벽까지도 눈 깜짝할 사이에 휘―익 날아올랐다. 그때면 겨드랑이에 날개라도 돋은것만 같았다.
　어느날 젊은이는 광이의 어깨를 두드려주며 이렇게 말했다.
　《그만하면 괜찮다. 땅을 차고 오르는 장끼는 내가 다 배워주었으니 이젠 저 연지봉에 가봐라. 그곳에 가면 자그마한 돌집이 있는데

그 집주인이 너에게 힘을 키워줄게다.》
 이렇게 되여 쨍이는 다시 새 스승을 찾아 길을 떠났다.
 해저물녘이 되여 쨍이는 연지봉기슭에 다달았다.
 연지봉은 온통 부석으로 이루어진 봉우리였다. 그 기슭에 구멍이 숭숭 난 가벼운 부석으로 지은 돌집이 나타났다.
 《주인님 계시나이까?》
 쨍이가 소리쳐부르니 돌문이 찌궁 열리며 곱게 생긴 웬 아가씨가 나왔다.
 《어디서 오는 소년인가요?》
 그때 벌써 쨍이의 나이는 열뒤살이 되였다.
 《저 이 집 주인에게서 힘과 재주를 배우러 왔어요.》
 《그럼 어서 들어오세요. 내가 이 집 주인이애요.》
 알고보니 그 아가씨는 이름이 연지였다.
 연지아가씨는 싹싹하게 맞아주었다.
 그 순간 쨍이는 얼떠름해졌다.
 (저 연약한 아가씨한테서 어떻게 힘과 재주를 배운담.)
 연지아가씨는 쨍이의 이런 속마음을 아는지 모르는지 그저 발신발신 웃기만 했다. 이튿날, 연지아가씨는 쨍이에게 이런 청부터 하였다.
 《저 힘과 재주를 배우기전에 나를 먼저 좀 도와주세요. 여기는 보다싶이 부석으로 이루어진 산이다보니 물고생이 여간이 아니예요.》
 연지아가씨는 쨍이와 함께 집을 나섰다. 얼마쯤 가니 온통 바위 투성이인 자그마한 산이 나타났다.
 《미안하지만 이 산에서 샘물을 좀 찾아주세요. 내 생각엔 저 바위를 들어옮기면 그밑에서 샘물이 솟구칠것 같은데 어디 내 힘으로야 들수가 있어야지요.》
 그는 눈짐작을 해보니 아찔했다. (잘못 찾아왔구나.) 쨍이는 자기를 여기로 보낸 그 젊은이를 속으로 탓하기도 했지만 할수 없었다.
 그는 팔을 걷고 나섰다. 아무리 안깐힘을 다 써도 바위는 들기는 커녕 움직이기조차 못했다.
 《한다하는 장수들도 처음은 다 그랬대요.》

연지아가씨는 의미깊은 말을 한마디 하고는 총총히 사라졌다.

그날부터 꽝이는 매일과 같이 바위와 씨름을 했다.

반년이 지나자 꽝이는 겨우 바위를 들썩일수 있었다.

그러는 사이에 꽝이는 때이르게 어깨가 버그러지고 사자봉에서 얻어입은 옷이 한뽐이나 들리워 허리가 드러났다.

연지아가씨는 웃으며 새옷을 해주었다.

드디여 한해만에 꽝이는 바위를 겨우 들어 몇걸음 옮겨놓았다.

그러나 아쉽게도 그 바위밑에는 샘물이 솟구치지 않았다.

《미안하게 됐어요. 이번엔 저 바위를 들어보세요. 그러면 틀림없이 샘물을 찾아낼거애요.》

그 바위는 이미 들어옮긴 바위보다 한곱가량 더 컸다. 내친 걸음이니 할수 없었다. 꽝이는 또 반년이 지나서 그 바위를 가까스로 옮겨 놓았다. 그러나 이번에도 샘물은 없었다…

이렇게 이 바위 저 바위를 들어옮기는 사이에 어느새 삼년세월이 흘렀다.

어느날 꽝이는 집채같은 바위를 씽—하고 들어옮기니 그렇게도 찾던 샘물이 콸콸 솟구쳤다. 샘물을 찾은 꽝이는 기뻐서 어쩔줄 몰랐다. 샘물을 찾은 기쁨도 기쁨이지만 자기힘으로 집채같은 그 바위를 들어옮긴것이 더 기뻤다. 연지아가씨도 함께 기뻐하며 그의 어깨를 다독여주었다.

《정말 수고했어요. 그런데 바위를 몇걸음 더 옮길걸 그랬어요.》

연지아가씨는 그 바위를 넌쩍 들어 몇걸음 더 앞에 내던지였다.

그걸 본 꽝이는 깜짝 놀랐다. 이미부터 짐작은 했지만 연지아가씨가 자기의 힘을 키워주려고 이 바위 저 바위를 들어옮기게 한것은 틀림없지만 그 연약한 녀자의 몸으로 힘이 이렇게 센줄은 몰랐다.

《고마와요. 연지아가씨.》

《고맙긴…》

연지아가씨는 호호 웃었다.

《이봐요. 힘은 그만하면 됐으니 이젠 비로봉마루에 가보세요. 저기 가면 한 장수가 무술을 가르쳐줄거애요.》

이리하여 꽝이는 연지아가씨와도 헤여졌다.

꽝이는 해종일 걸어서 백두산천지가 한눈에 바라보이는 비로봉마루에 올라섰다. 그는 사방을 두릿두릿 살폈으나 장수는 나타나자 않았다.

(웬일일가? 혹시 장수가 어데로 가버리지나 않았을가?)

꽝이가 이런 생각을 하는 사이에 열살이 되나마나해보이는 아이 하나가 타발타발 걸어왔다.

《애야, 혹시 여기서 키가 구척이나 되는 장수를 보지 못했니?》

꽝이는 어리짐작으로 이렇게 물어보았다.

그러자 그 아이는 해해 웃었다.

《키가 구척이나 된다구? 네가 찾는 장수는 바로 나야 나. 이제부터 너는 나에게서 무술을 배워야 한다.》

그 아이가 제법 당돌하게 말했다. 그만 꽝이는 어이가 없었다.

(이런 코흘리개한테서 어떻게 무술을 배울가? 제법 반말까지 쓰누나.)

그때 꽝이의 나이는 벌써 열다섯살이였다. 그러나 할수 없는 일이였다. 꽝이는 그 아이한테서 무술을 배울수밖에 없었다. 이야기를 나누고보니 그는 쇠돌이라 하였다.

쇠돌이는 꽝이에게 또아리처럼 생긴 칼을 주었다.

《이 칼을 쓰도록 해라. 잘 휘두르게 되면 휘두르는것만큼 칼이 늘어날거다.》

꽝이는 한번 마음껏 칼을 휘둘러보았다. 늘어나기는커녕 칼날이 또아리처럼 뱅뱅 감겨들기만 했다.

그걸 본 쇠돌이는 씩 웃었다. 그리고는 칼을 넘겨받아 제가 한번 허공에 대고 가볍게 휘둘렀다. 그러자 칼이 윙-윙 울면서 열자 스무자로 칼날이 쭉쭉 늘어났다.

꽝이는 쇠돌에게서 칼 쓰는 법을 배웠다. 하루하루 꽝이의 칼 쓰는 솜씨는 몰라보게 달라졌다.

두해가 지나자 꽝이도 칼을 휘두르면 윙-윙 울면서 또아리처럼 생긴 칼날이 쭉쭉 늘어났다.

꽝이는 기뻤다. 그는 저보다 어린 쇠돌이를 형님으로 부르고싶어 머리를 숙이고 무릎을 꿇었다.

《형님, 고맙소이다.》

그러자 쇠돌이는 껄껄 웃더니

《애야, 나를 형님이라고 부를바에는 차라리 로인님이라고 부르는것이 어떠냐?》

광이가 어이가 없어 머리를 들고보니 쇠돌이는 간곳 없고 그 자리에 그 언젠가 짐을 져다주던 그 백발의 로인이 수염을 쓰다듬고 있는것이 아닌가.

《아니 로인님이 어떻게…》

광이는 너무도 놀라서 말끝을 맺지 못하다가 다시 말을 이었다.

《로인님은 과연 누구시온지?》

로인은 어느새 이상한 지팽이를 들었다.

《나는 백두산도사다. 여태까지 너에게 무술과 힘, 재주를 키워준 건 바로 나다.》

《그럼 로인님이 그 젊은이이고 연지아가씨이며 쇠돌이로 변신했단 말이나이까.》

로인은 머리를 끄덕이였다.

《이봐 총각!》

그때 광이의 나이가 벌써 열일곱이였다.

《총각에게 변신술까지 다 가르치려 했는데 지금 연사 마을에 원쑤들이 기여들고보니 후날로 미루고 어서바삐 마을로 돌아가야겠네.》

로인이 허공에 대고 한번 손을 휘젓자 어디선가 백두산호랑이가 나타났다.

《어서 이 호랑이를 타고 마을로 가보게.》

광이는 호랑이를 올라탔다. 그리고는 산을 넘고 골짜기를 뛰여넘으며 불이나게 마을로 달려갔다.

그때는 벌써 대로평덕지대에서 외적의 무리들과 우리 군사들이 판가리싸움을 한창 벌리고있을 때였다. 호랑이를 탄 광이는 지체없이 적진에 뛰여들었다. 또아리칼이 윙—윙 울면서 열자 스무자로 쭉쭉 늘어나자 외적들의 머리가 땅바닥에 데굴데굴 굴러떨어졌다.

적진에서는 일대 아우성이 벌어졌다. 겁질긴 외적들의 창과 화살이 광이에게 집중되였다. 번쩍이는 광이의 또아리칼이 비발치듯 날아드는 창과 화살을 다 꺾어버렸다.

이렇게 되자 눈에 피발이 선 적장놈이 마침내 이백근이나 되는 큰 철퇴를 들고 나섰다.

(저놈이 아버지를 죽인 피맺힌 원쑤이구나.)

광이의 눈에서는 불이 이글거렸다.

이윽고 광이와 적장놈이 맞붙어 빙빙 돌아갔다. 그런데 이게 웬

일인가. 갑자기 《쨍가당!》 소리가 나더니 적장놈의 목을 향해 날아들던 또아리칼이 철퇴에 부딪쳐 허리가 뭉청 부러졌다. 뒤이어 호랑이도 화살에 맞아 땅에 뒹굴었다.

맨몸이 된 광이는 서서히 뒤로 물러섰다. 그러자 《와—와》 함성을 지르며 적들의 무리들이 광이를 둘러쌌다.

광이는 아찔한 절벽으로 둘러막힌 좁은 길목으로 몸을 피했다. 어느새 적들이 앞뒤로 조여들었다. 우리 군사들이 결사전을 벌리며 달려왔으나 벌써 적들의 겹겹으로 된 포위속에 든 광이를 구원하기는 힘들었다. 그 순간 포위속에 든 광이가 불쑥 땅을 차며 절벽으로 씨—잉 날아올랐다. 마치도 사자봉을 날아오르던 그때처럼.

광이를 뒤쫓아가던 적장과 졸개무리들이 그의 재주에 놀라서 멍하니 쳐다보는 순간 광이가 절벽우에서 집채같은 큰 바위를 버쩍 들어던지며 연방 적들을 깔아뭉개기 시작했다. 바위로 내려칠 때마다 열스무명의 적들이 단꺼번에 뒈졌다. 결국 적장과 그의 무리들은 한놈도 살아남지 못했다.

마침내 싸움은 우리의 승리로 끝났다.

그후 광이는 어머니를 만난후 무술을 더 익히려 다시 백두산으로 들어갔다.

대로평 넓은 덕지대에는 적들의 시체들이 너저분했다. 침략자의 말로는 가련하고 추악하였다. 굶주린 까마귀들이 때를 만난듯이 광이가 내려치던 바위주변으로 무리를 지어 모여들었다. 그런데 땅이 메마른데다가 무리를 지어 까마귀들이 날아들다보니 한모금의 물도 얻어먹기 힘들었다. 그래서 목이 마른 까마귀들은 쉴새없이 《까—욱 까—욱》 울어대였다. 그때부터 그 바위를 《오갈암》이라고 부르게 되였다.

박상용

백두산의 옛 전설집 (1)

수 집	권택무 외
편 집	박현균
표 지	리수길
교 정	리정희
낸 곳	문학예술종합출판사
인쇄소	평양종합인쇄공장
인 쇄	1994년 1월 10일
발 행	1994년 1월 20일

ㄱ―36341   20,000부

海外우리語文學硏究叢書 120
백두산의 옛전설(1)

1996년 11 10일 인쇄
1996년 11 20일 발행

권택무 外

발 행 문학예술종합출판사
영 인 **한국문화사**
　　　　133-112
　　　　서울시 성동구 성수1가 2동 13-156
　　　　전화 464-7708, 3409-4488
　　　　팩스 499-0846
　　　　등록 2-1276호

값6,000원

ISBN 89-7735-324-6